DELIUS KLASING

Lothar Kaufeld / Manfred Bauer / Klaus Dittmer

Wetter der Nord- und Ostsee

Delius Klasing Verlag

Die Deutsche Bibliothek – CIP-Einheitsaufnahme

Kaufeld, Lothar:
Wetter der Nord- und Ostsee/Lothar Kaufeld/Manfred Bauer/Klaus Dittmer. –
Bielefeld: Delius Klasing, 1997
(Yacht-Bücherei; Bd. 120)
ISBN 3-87412-161-5
NE: Bauer, Manfred; Dittmer, Klaus; GT

ISBN 3-87412-161-5

© Copyright by Delius Klasing Verlag GmbH, Bielefeld
Zeichnungen: Lothar Kaufeld, Manfred Bauer,
Klaus Dittmer, Karin Buschhorn
Fotos: Bernt Hoffmann
Umschlaggestaltung: Buchholz/Hinsch/Hensinger, Hamburg,
unter Verwendung eines Fotos von Bernt Hoffmann
Gesamtherstellung: Kunst- und Werbedruck, Bad Oeynhausen
Printed in Germany 1997

Inhalt

1 Das Klima von Nord- und Ostsee

Nord- und Ostsee liegen im Bereich der nordhemisphärischen Westwindzone. Sie ist gekennzeichnet durch Hoch- und Tiefdruckgebiete, die meist vom Atlantik kommen. Wechselhafte Winde, Niederschläge zu allen Jahreszeiten, die über der Nordsee auch im Winter überwiegend als Regen fallen, gemäßigte Jahres- und Tagesgänge der Temperatur charakterisieren dieses Klima.

Allerdings nimmt der maritime Einfluß von Westen nach Osten hin ab, der Einfluß des Kontinents zu. Kühle Sommer, milde Winter und Regenreichtum weisen die nördliche Nordsee, die Orkneys, Shetlands und die Westküste Südnorwegens auf (s. Lerwick, Tab. 1). Dort regnet es an 200 bis 240 Tagen im Jahr. Am meisten Niederschlag fällt im Stau des norwegischen Gebirges in Bergen, nämlich 1958 mm pro Jahr. Ansonsten gibt es im Mittel an der Nordseeküste jährlich an 155 bis 200 Regentagen etwa 600–800 mm, an der Ostseeküste meist zwischen 500 und 700 mm (132 bis 194 Niederschlagstage). Besonders wenig regnet es über der südlichen Ostsee, nämlich weniger als 500 mm pro Jahr.

Durch häufigen Föhn hinter dem norwegischen Gebirge erhalten Skagerrak, Kattegat und die gesamte schwedische Ostseeküste viel Sonnenschein.

Ort Klima	Lerwick maritim	Oslo Lee-Klima	St. Peters- burg kontinental	Helgoland überwiegend maritim	Gdynia maritim- kontinental
Position	60,1°N, 1,2°W	60,2°N, 11,1°E	60,0°N, 30,3°E	54,2°N, 7,9°E	54,5°N, 18,6°E
Höhe ü. NN	82 m	204 m	4 m	4 m	2 m
Wärmster Monat	12,0 °C Juli/Aug.	17,0 °C Juli	17,5 °C Juli	17,0 °C Aug.	17,8 °C Juli
Kältester Monat	3,0 °C Februar	–3,9 °C Jan./Febr.	–8,1 °C Febr.	2,1 °C Febr.	–1,2°C Febr.
Mittlere Tages- schwankung	4,4 °C	7,1 °C	6,6 °C	2,7 °C	6,1 °C
Mittlere jährliche Re- genmenge	1003 mm	730 mm	559 mm	719 mm	499* mm
Regen- reichster Monat	Dez. 118 mm	Aug. 95 mm	Aug. 77 mm	Nov. 95 mm	Juli 73* mm
Regen- ärmster Monat	Mai 52 mm	März 26 mm	März 25 mm	Febr. 34 mm	März 19* mm
Jährliche Nieder- schlagstage	243+	160	191	195	161*

Tabelle 1

+ ≥ 0,25 mm, sonst ≥ 0,1 mm
*Gdansk

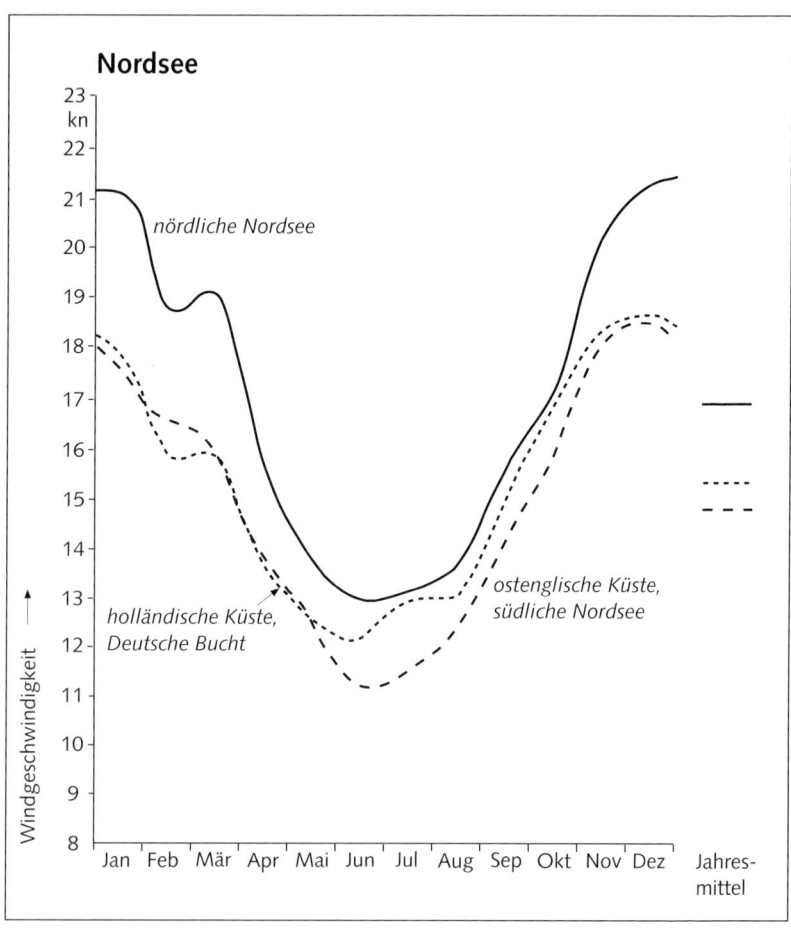

1a Jahresgänge und Jahresmittel der Windgeschwindigkeit über der Nordsee.

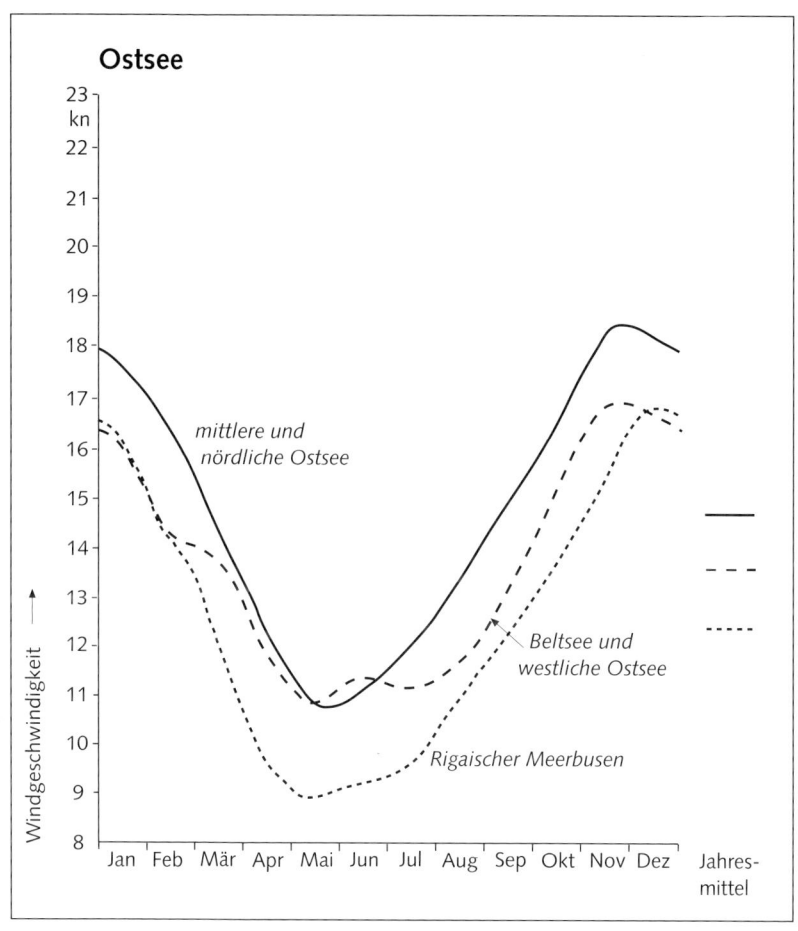

1b Jahresgänge und Jahresmittel der Windgeschwindigkeit über der Ostsee.

Die Tages- und Jahresgänge der Temperatur nehmen nach Osten hin zu: Der Unterschied zwischen Tag und Nachttemperatur erreicht auf den Inseln Helgoland und auf den Shetlands (Lerwick) nur 2,7 bzw. 4,4 °C, während er im Binnenland und an den Küstenorten mit kontinentalerem Klima 7 bis 8 °C beträgt.

Nord- und Ostsee liegen nicht in der Karibik; das zeigt sich vor allem an den Temperaturen. Die Jahresmittel der Lufttemperatur betragen in der Nordsee 9 bis 11 °C, in der Ostsee 8 bis 9 °C. Über den Meerbusen ist es aufgrund der nördlichen Lage, vor allem aber wegen des zunehmenden Kontinentaleinflusses im Winter recht kalt, was die Jahresmitteltemperatur z. B. im Ostteil des Finnischen Meerbusens auf 5 °C, in der Bottenwiek sogar auf 3,5 °C drückt.

Während es im Juli/August – mit Ausnahme der Inseln und Küsten der nördlichen Nordsee – überall etwa gleich warm ist, nämlich ca. 17 °C, werden die Winter nach Norden und Osten hin immer kälter. Die tiefsten Temperaturen beobachtet man im Januar und Februar an den Küsten des Finnischen und Bottnischen Meerbusens. Diese Seegebiete frieren auch in den meisten Wintern zu, während der mittlere Teil der östlichen Ostsee groß genug ist und einen ausreichenden Wärmevorrat besitzt, um in den meisten Jahren das Zufrieren zu verhindern. In kalten Wintern (etwa 1/4 aller Jahre) kann Eis die Schiffahrt auch in der Beltsee, im Kattegat und entlang der deutsch-dänischen Nordseeküste behindern.

Insgesamt weht der **Wind** in der Nordsee um etwa 2 Knoten (eine halbe Windstärke) stärker als in der Ostsee **(Abb. 1).** Die höchsten Windgeschwindigkeiten treten im Spätherbst und im Frühwinter (November bis Januar), die niedrigsten in der Nordsee im Juni, in der Ostsee schon im Mai auf. Ab August nimmt der Wind überall deutlich zu. Über das ganze Jahr gesehen ist er in der zentralen nördlichen Nordsee am stärksten, in den Buchten sowie zwischen den Inseln und Schären der Ostsee am schwächsten.

Die vorherrschende Windrichtung in Ost- und Nordsee ist von September bis Januar Südwest. Im Sommer dreht der Wind mehr auf West, in der Nordsee gebietsweise sogar auf Nordwest. Im Frühling (April/Mai) ist der Wind besonders unbeständig; eine vorherrschende Windrichtung ist dann kaum zu erkennen.

Sturm (Windstärken 8 und mehr) tritt in Nord- und Ostsee seltener auf als mancher es vielleicht befüchtet, nämlich im Jahresdurchschnitt zu 3 bis 7 % in der Nordsee, zu knapp 4 % im Kattegat und zu 0,5 bis 3,5 % in der Ostsee. Allerdings gibt es sowohl in der Nord- als auch in der Ostsee keinen sturmfreien Monat!

Windstille und schwach umlaufenden Wind gibt es meistens in den windschwachen Monaten Mai und Juni. Dann treten sie in der Nordsee mit Häufigkeiten von 4–7 %, in der Ostsee mit 6 bis 9 %, im Bottnischen Meerbusen mit 10 % auf.

Seegang: Die Windsee kommt meist aus der Richtung des Windes. Bei drehendem Wind hinkt die Seegangsrichtung allerdings leicht hinterher. Die Dünung kommt allgemein aus den benachbarten Seegebieten, die die größte Wellenhöhe aufweisen. In der Nordsee sind das die mittleren und nördlichen Teile.

In der Ostsee ist Dünung wegen der verhältnismäßig geringen Größe und der starken Zergliederung recht selten. Sie entsteht meist in deren südlichen oder mittleren Teilen.

Die größten mittleren Wellenhöhen findet man in der nördlichen Nordsee, die niedrigsten in den küstennahen Regionen der Nordsee und vor allem in der Ostsee zwischen den Inseln und in Buchten. In der freien mittleren Ostsee sind die Wellen etwa so hoch wie in der südlichen Nordsee oder der Deutschen Bucht.

Die Abbildung 2 zeigt den Jahresgang und den Jahresdurchschnitt der mittleren kennzeichnenden Höhe der Windsee in ausgewählten Gebieten der Nord- und Ostsee. Die Dünung, wenn denn eine beobachtet wird, ist im Mittel knapp einen halben Meter höher als die Windsee. Normalerweise sind die Wellen im Spätherbst oder Frühwinter am höchsten, im Mai, Juni oder Juli am niedrigsten.

Vor der deutschen und dänischen Küste sowie in der gesamten Ostsee nimmt jedoch im Juli wegen der stärkeren und beständigeren Winde (s. Kap. 2) die Wellenhöhe bereits merklich zu.

Meist ist die **Sicht** über der Nord- und Ostsee gut oder sehr gut mit Sichtweiten von 10 km oder mehr. Etwa $3/4$ aller Beobachtungen melden diese Sichtstufe; am Südausgang des Sundes (Ostsee) sind es nur etwa 68 %, in

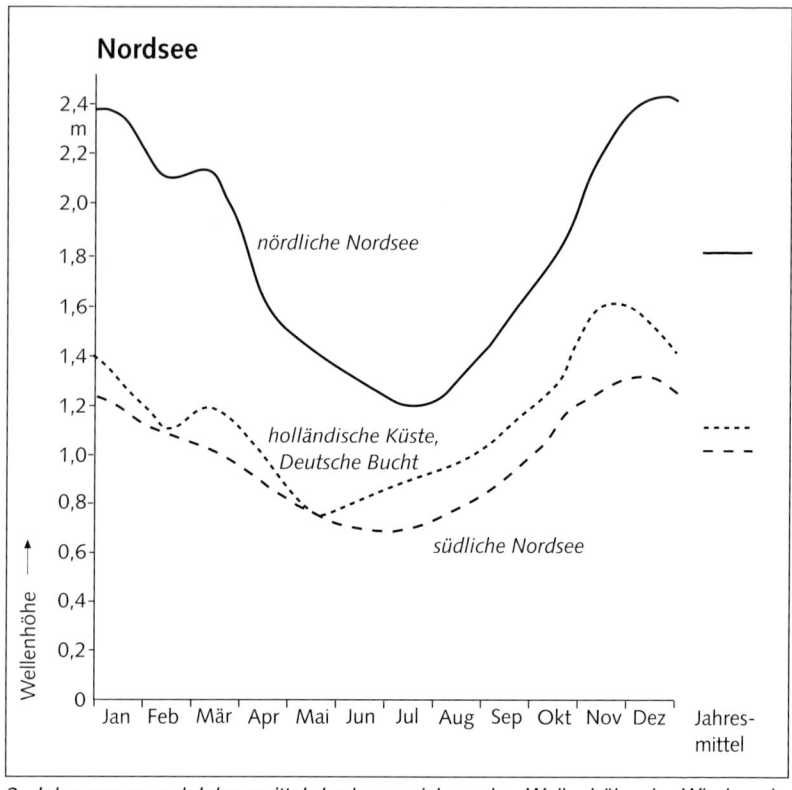

Nordsee

2 Jahresgang und Jahresmittel der kennzeichnenden Wellenhöhe der Windsee in verschiedenen Teilen der Nord- und Ostsee.

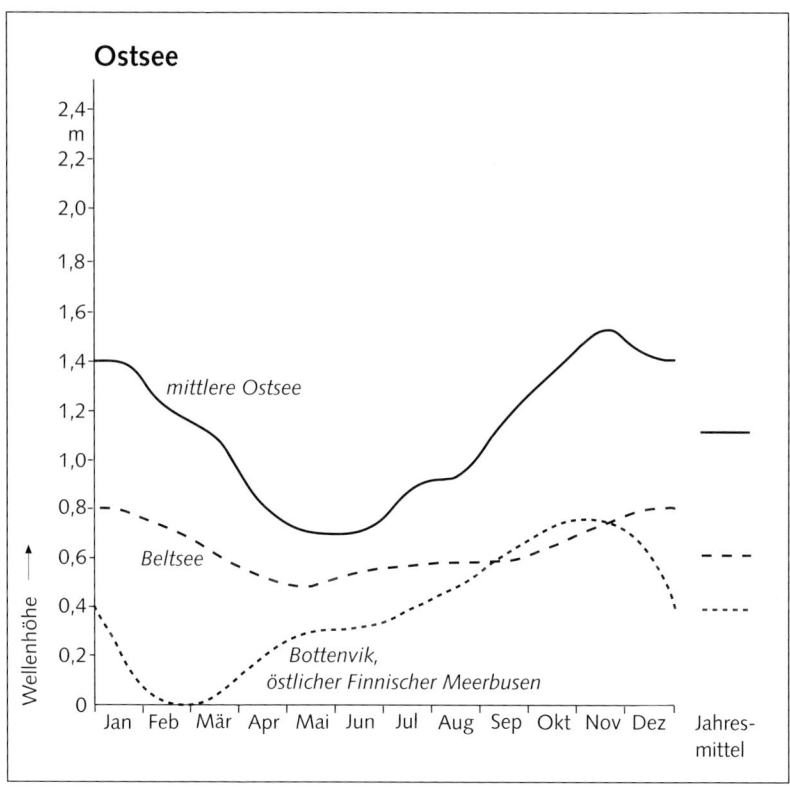

der nördlichen Nordsee knapp 82 %. Am häufigsten kommt diese Sichtstufe in der Nordsee im August, aber gebietseise auch im November vor, in der Ostsee im Juni, Juli oder August. Am seltensten, aber immer noch mit 57 bis 69 % Häufigkeit, tritt sie im Februar, in der nördlichen und westlichen Nordsee im Mai auf.

Mäßige Sicht (4–10 km) gibt es mit 12 bis 20 %, **Dunst** (1–4 km Sicht) mit 3,3 bis 7,5 % Häufigkeit.

Nebel (Sichtweiten unter 1 km) kommt verhältnismäßig selten vor, in den meisten Teilen der Nordsee mit einem Jahresdurchschnitt von nur 2,6 %; etwas nebelreicher ist die holländische und deutsche Küste mit 3,6 %. In der Ostsee zählt die Beltsee mit 5,1 % sowie der Westteil des Finnischen Meerbusens mit 7,0 % sowie die mittlere und die nördliche Ostsee mit 5,5 % Nebel im Jahresmittel zu den nebelreichsten Gebieten. Nebelärmer sind die westliche Ostsee, Teile der mittleren und südlichen Ostsee, der Rigaische Meerbusen und der Ostteil des Finnischen Meerbusens (etwa 3,5 %) sowie der Südteil des Bottnischen Meerbusens (3,3 %).

2 Grundlagen, Zusammenhänge und Definitionen

Ein paar Definitionen zum Wind

Die **Windrichtung** ist diejenige, aus der der Wind kommt. Sie wird entweder in Grad angegeben oder es wird die Himmelsrichtung genannt. Bei Windfahnen auf Segelbooten ist allerdings zu beachten, daß diese die scheinbare Windrichtung anzeigen, die sich aus wahrem Wind und Fahrtwind zusammensetzt.

Schwieriger ist die Bestimmung der **Windstärke.** Zur Messung dient meist ein Schalenkreuzanemometer. Boots- und Schiffseinflüsse verfälschen aber den wahren Wind. Geübte Segler schätzen die Windstärke anhand des Aussehens der Meeresoberfläche. Eine Windtafel mit der Beschreibung der Merkmale der einzelnen Windstärken (Beaufort-Skala) und der international gebräuchlichen Zuordnung von Windgeschwindigkeiten in Knoten, m/s und km/h sowie Bilder der gesamten Beaufort-Skala können Sie beim Deutschen Wetterdienst, Geschäftsfeld Seeschiffahrt, Postfach 30 11 90, D-20304 Hamburg, beziehen. Allerdings erschweren die Eigenheiten des jeweiligen Segelreviers (Windwirkdauer, Fetch (Wassertiefe)) eine genaue Schätzung.

Die Windsterne (s. Regionalteile) zeigen die mittleren Häufigkeiten (in Prozent) der Windrichtungen für 4 verschiedene Windstärke-Gruppen (1 bis 3, 4 bis 5, 6 bis 7 sowie 8 Beaufort und mehr). Mittels der beigefügten Skala kann man z. B. ablesen, wie häufig die Windstärken 4 und 5 aus Nordwest auftreten. Die Häufigkeit von Windstille und schwach umlaufendem Wind steht als Prozentangabe im Kreis.

Eine Beständigkeit von 100 % bedeutet, daß der Wind stets aus der gleichen Richtung weht; 0 % besagt, daß alle Richtungen mit der gleichen Häufigkeit vertreten sind. So trifft man in den Passatgebieten Beständigkeiten von 95 %

an, während sie in der subpolaren Tiefdruckrinne, bei Island, fast 0 % beträgt. In der Deutschen Bucht erreicht sie im Mai 9 %, im Juli aber 42 %. Als „Starkwind" bezeichnet man die Windstärken 6 und 7 Bft, entsprechend 22 bis 33 Knoten (kn), als „Sturm" alle Windstärken ab 8 Bft (34 kn).

Luftdruck und Wind

Luftdruck und Wind sind eng miteinander verbunden: Je größer die Druckunterschiede auf eine bestimmte Entfernung, z. B. 1000 km (man spricht hierbei vom „Luftdruckgradienten"), desto stärker weht auch der Wind. Infolge der ablenkenden Kraft der Erdrotation (Corioliskraft) weht der Wind nicht auf direktem Wege vom Hochdruckgebiet zum Tief, sondern wird dabei auf der Nordhalbkugel nach rechts (auf der Südhalbkugel nach links) abgelenkt. Daher kommt es, daß nördlich des Äquators Hochdruckgebiete im Uhrzeigersinn, Tiefdruckgebiete entgegengesetzt umströmt werden. Wenn also ein Tiefdruckgebiet im Norden, ein Hoch im Süden liegt, weht ein Westwind. Das gilt sowohl für die Barentssee als auch für die Nordsee, das Mittelmeer und die Karibik.

Ein wesentlicher Unterschied besteht allerdings zwischen den genannten Seegebieten: Je weiter man sich im Süden befindet, desto stärker ist bei gleichem Luftdruckgeradienten auch der Wind.

Ein Beispiel mag diesen Zusammenhang verdeutlichen: Der Abstand zwischen der 1010- und der 1015-hPa-Isobare betrage im Englischen Kanal (50°N) 3 Breitengrade, dann ergibt dies dort einen Wind von 15 Knoten. Bei gleichem Isobarenabstand würde die Windstärke am Nordpol (90°N) nur 12 Knoten, im Mittelmeer (40°N) 18 Knoten, in der Karibik (20°N) 35 Knoten und an der Nordküste Südamerikas (10°N) sogar 68 Knoten betragen. Näher als etwa 5 Breitengrade am Äquator gilt diese sogenannte geostrophische Bedingung nicht mehr.

Das gilt für geradlinige Isobaren. Sind diese um ein Tiefdruckgebiet herum (zyklonal) gekrümmt, nimmt die Windstärke bei gleichem Luftdruckgradienten um so mehr ab, je stärker die Krümmung wird. Umgekehrt wird bei der

Krümmung um ein Hoch herum (antizyklonal) die Windstärke mit zunehmender Krümmung größer!

Für 54° nördlicher Breite ergeben sich für geradlinige Isobaren unter Berücksichtigung der Reibung folgende Werte für den Wind:

IA	V	IA	V
400	6	100	25
350	7	80	32
300	9	60	43
250	10	50	51
200	13	40	65
150	17	30	85

Tabelle 2: 5 hPa-Isobarenabstand (IA, in Seemeilen) und Windstärke (V, in Knoten) auf dem 54. Breitengrad.

Bei warmer Luft über kaltem Wasser ist die Windgeschwindigkeit gut 10 Prozent niedriger.

Erläuterungen und Definitionen zum Seegang

Je weiter man von der Küste wegsegelt, desto höher wird im allgemeinen auch der Seegang. Er kann einen Segeltörn manchmal behindern oder sogar gefährden.

Die **Wellenrichtung** ist die Richtung, aus der die Wellen kommen (wie beim Wind).

Entsprechend der Beaufort-Skala wurde früher der Seegang nach **Seegangsstärken** von 0 bis 9 beurteilt, während heute Wellenhöhen in 0,5-m-Stufen angegeben werden (Wellenhöhe = senkrechter Abstand zwischen Wellenkamm und -tal). Als Seegangsstufen werden im folgenden die Zusammenfassungen mehrerer Wellenhöhen verstanden.

Bei allen Angaben der Wellenhöhen handelt es sich um die **kennzeichnende Wellenhöhe,** die auch in den Wettertelegrammen gemeldet wird. Als

Brandung an einer flachen sandigen Küste.

kennzeichnende Wellenhöhe wird der mittlere Wert der Wellenhöhen nur von den größeren, gut ausgebildeten Wellen genommen; dieser entspricht der mittleren Höhe des obersten Drittels aller Wellen in einem Beobachtungs-zeitraum. Gelegentliche Einzelwellen – Outsize Waves – können das Doppelte der kennzeichnenden Höhen erreichen.

Eine Periode ist der zeitliche Abstand zwischen den Durchgängen zweier aufeinanderfolgender Wellenberge. Wie bei der Wellenhöhe wird eine **kennzeichnende Wellenperiode** bestimmt, nämlich ein mittlerer Wert aus dem Periodenspektrum aller größeren, gut ausgeprägten Wellenberge eines Wellensystems.

Überlagerungen: Läuft der Seegang gegen die Strömung, wird er kurz und steil. Dieser Effekt tritt beispielsweise dort auf, wo die Gezeitenströme stark sind. Weht der Wind in Richtung der Gezeitenströme beziehungsweise Meeresströmungen, wird der Seegang flacher und länger.

Unangenehm oder sogar gefährlich für die Sportschiffahrt kann die **Brandung** werden, wenn sie die Zufahrt zu den Häfen behindert. An klippenreichen Küsten können in Brandungsnähe gefährliche Strudel entstehen.

Selbst eine über der freien See zwar niedrige, aber lange Dünung kann beim Einlaufen in flaches Wasser noch Brandung von beträchtlicher Höhe erzeugen. Aus diesem Grunde verursachen die aus SO bis NO wehenden Nordsee-Stürme besonders in den Flußmündungen Ostenglands eine gefährliche Brandung; im Kattegat nördlich von Göteborg wird die Brandung vorwiegend von Weststürmen erzeugt.

Zusammenhang zwischen Wind und Seegang

Je stärker der Wind, desto höher werden auch die Wellen. Theoretisch könnte man jeder Windstärke eine charakteristische Wellenhöhe zuordnen. Dies gilt aber nur dann, wenn der Wind genügend lange weht, damit sich eine „ausgereifte" Windsee aufbauen kann – bei 8 Bft z. B. 72 Stunden – und wenn der Wind eine ausreichend große Wegstrecke (Fetch) über das Wasser streicht (bei 8 Bft mindestens 2000 km). Tatsächlich sind diese Bedingungen

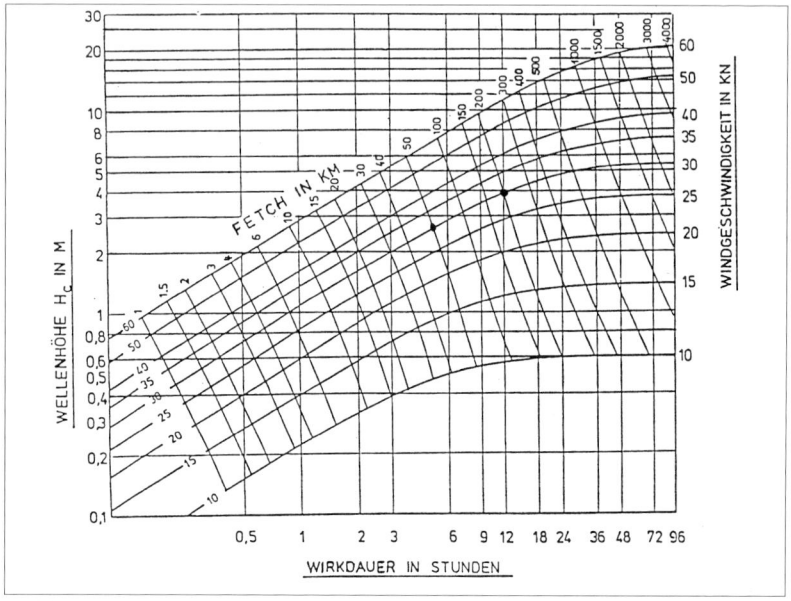

3 Nomogramm zur Bestimmung der kennzeichnenden Wellenhöhe aus Windge-schwindigkeit, Wirkdauer und Wirklänge (Fetch).

meist nicht erfüllt, so daß die charakteristische Wellenhöhe im allgemeinen geringer ist als bei einer voll ausgereiften Windsee.

Dies zeigt das Nomogramm, Abbildung 3 (Quelle: Deutscher Wetterdienst, Geschäftsfeld Seeschiffahrt): Um es anwenden zu können, muß das Meer hinreichend tief sein, also tiefer als die halbe Wellenlänge. Ein Anwendungs-beispiel mag die Handhabung des Nomogramms erläutern: Die Windge-schwindigkeit betrage 30 kn, die Windwirkdauer 12 h und die Wirklänge (Fetch) des Windes 50 km. Man geht auf der Linie = 30 kn Windgeschwin-digkeit von rechts nach links bis zum Schnittpunkt mit der senkrechten Linie für 12 Stunden Wirkdauer (rechter fett eingezeichneter Punkt). Würde der Fetch hierbei 200 km oder mehr betragen (schräge Linien), ergäbe sich eine

Wellenhöhe von knapp 4 Metern (vom rechten Punkt aus waagerecht bis zum linken Rand gehen und dort ablesen). Da der Fetch in unserem Beispiel nur 50 km beträgt, muß man auf der 30-kn-Linie weiter bis zum linken fetten Punkt gehen und von dort aus waagerecht weiter zum linken Rand, wo man eine charakteristische Wellenhöhe von 2,6 Metern abliest.

Bei einem Fetch von nur 1 km (ablandiger Wind) würden selbst bei einer Windstärke von 50 kn (entsprechend 10 Bft, schwerer Sturm) die kennzeichnenden Wellen gerade 0,8 m hoch.

Einflüsse der Küste und des Hinterlandes auf den Wind

Leezyklogenese

Als „Leezyklogenese" bezeichnet man die Bildung von Tiefdruckgebieten in Lee von Gebirgen.

Wenn der Wind ein Gebirge überqueren muß, bildet sich infolge Staus davor ein Hochkeil, in Lee des Gebirges aber ein Tiefdrucktrog (Tiefdruckrinne) oder sogar ein abgeschlossenes Tief. Solche Vorgänge beobachtet man häufig bei Westwind an der grönländischen Südostküste, bei Nordwestwind im Skagerrak und bei Nordwind über dem Golf von Genua.

Die Leezyklogenese über dem Skagerrak wird im Sommer von thermischen Gegensätzen unterstützt: An der Westflanke des Tiefs strömt nämlich Kaltluft zur Nordsee, während es auf der Ostseite wärmere skandinavische Festlandsluft ansaugt. Dadurch verstärken sich die Temperaturgegensätze, und aus einer rein dynamisch entstandenen Leezyklone kann ein „normales" Tief der Westwindzone werden.

Leezyklonen beeinflussen natürlich das Windfeld. Auf ihrer Rückseite (Westseite) verstärkt sich der Wind, vor allem, wenn von Westen her ein Hochdruckgebiet nachrückt. Dies ist die Ursache für die verhältnismäßig große Häufigkeit und teilweise lange Andauer des Nordwestwindes über der Nordsee und Norddeutschland im Frühling und Sommer. Im Bereich des Tiefzen-

trums ist der Wind schwach, auf seiner Ostseite weht er schwach bis mäßig aus Südwest bis Südost oder Ost; ohne das Leetief wäre dort ein mäßiger Nordwestwind zu erwarten.
Wetterbeispiele für Leezyklogenese finden sich im Kapitel 3.

Auswirkungen gebirgiger Küsten und Inseln auf den Wind

Küsteneffekte Die Winde unmittelbar an den Küsten unterscheiden sich meistens erheblich von denen weiter draußen über See. Stau und Lee können die Luftströmung auch über See verstärken beziehungsweise abschwächen, sowie ihr erhebliche Richtungsänderungen aufzwingen. Durch Hindernisse kann eine sonst gleichmäßige Luftströmung überraschend böig werden.

Kapeffekt In der Nähe von vorspringenden Kaps können sich Leewirbel der Luft in Analogie zu den Meeresströmungen bilden. Immer wenn der Wind annähernd küstenparallel weht, muß man mit der Möglichkeit rascher Windrichtungsänderungen beim Umfahren von Kaps rechnen (s. Abbildung 4).

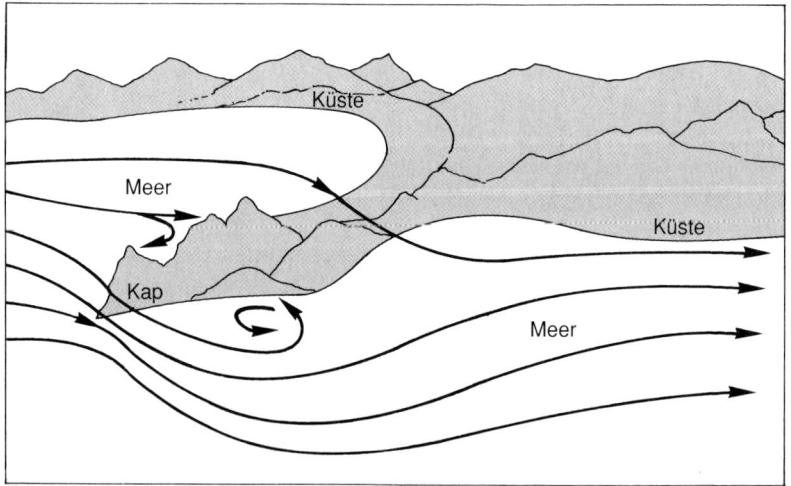

4 Umströmung eines Kaps.

Steilküsteneffekt Eine besondere Sturmgefährdung in Küstennähe kann sich dadurch ergeben, daß an Gebirgsküsten ein Stromstrich verstärkter, etwa küstenparalleler Winde entsteht. In der Abb. 5 ist das Zustandekommen dieses Stromstriches etwas übertrieben schematisch dargestellt: Wird eine Gebirgsküste von einem starken Wind leicht auflandig angeblasen, dann bewirkt der Stau am Gebirge eine Druckerhöhung sowie ein verstärktes Druckgefälle parallel zur Küste. Dies führt dort zu einem Stromstrich mit besonders heftigen Winden. Entsprechend kommt es im Seegang zur Überlagerung der auflandigen See mit ablandigen Wellenzügen vor der Küste. Stärkeres Abhalten von der Küste, das aus dem Stromstrich heraus führt, erscheint bei solchen Lagen empfehlenswert.

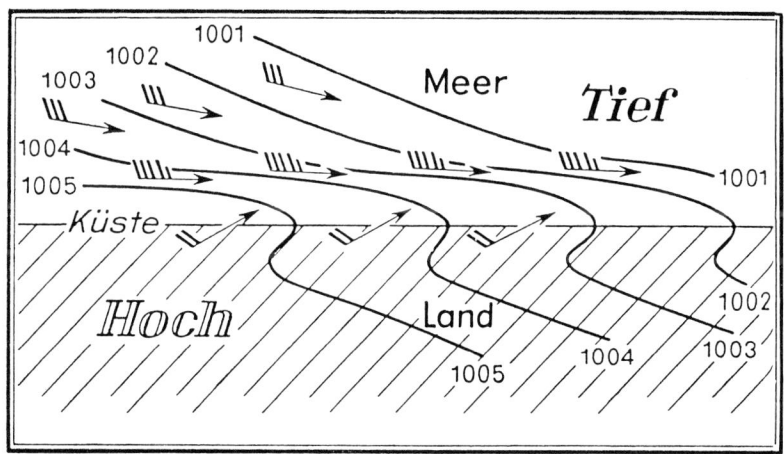

5 Windverstärkung vor einer Steilküste (schematische Darstellung).

Düseneffekt Der Düseneffekt entspricht etwa einem doppelten Kapeffekt bzw. ist ein verstärker Steilküsteneffekt: Die Strömung wird in der Düse eingeschnürt, die Windgeschwindigkeit wesentlich erhöht. Nach dem Passieren der Düse fächert die Strömung auf (s. Abb. 6). Beispiele für solche Düseneffekte bieten z. B. der Pentland Firth, die Straße von Dover oder das Bornholmsgatt.

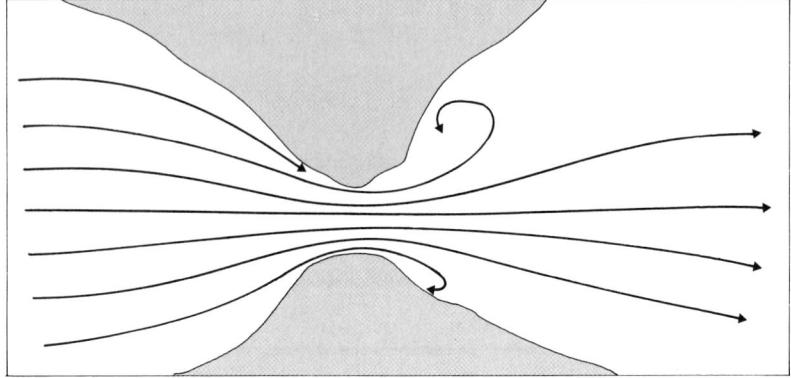

6 Düseneffekt in einer Meerenge.

Zu einer Art Düseneffekt kommt es auch, wenn sich ein Tiefausläufer (z. B. eine Okklusion) einer Steilküste nähert. Zwischen Front und Steilküste wird die Luftströmung immer mehr eingeengt und dadurch immer schneller, bis die Front die Küste erreicht. Das klassische Beispiel ist die Südküste Islands; aber auch westlich von Südnorwegen muß damit gerechnet werden (Südsturm).

An gebirgigen Inseln (Westnorwegen, Shetlands, Orkneys) kommt es zu Kap- und Steilküsteneffekten. Je nach Lage der Zugbahn des Tiefs sind unterschiedliche Teile der Inselküsten durch Düseneffekte oder Leewirbel betroffen. Auch boraähnliche Fallwinde können dort auftreten.

Thermische Zirkulationen

Das Land-Seewindsystem Bei wolkenarmem Wetter setzt der Seewind am Vormittag ein, erreicht seine größte Stärke am frühen Nachmittag, im Frühsommer etwa 5 Bft. Abends schläft die Seebrise ein, und es tritt dann gewöhnlich für einige Zeit Windstille auf.

Nachts, manchmal erst nach Mitternacht, entsteht ein seewärts gerichteter

Landwind, der bis nach Sonnenaufgang anhält. Er ist meist deutlich schächer als der Seewind.

Richtung und Stärke dieser Winde sind regional sehr unterschiedlich. Sie hängen sowohl von Form und Höhe der Küsten als auch von der jahreszeitlich bedingten allgemeinen Zirkulation ab. Eine Störung des Land-Seewind-Rhythmus, etwa die Andauer der Seebrise bis in die Nachtstunden, weist zugleich auf eine Wetter- und Windänderung am nächsten Tage hin.

See- und Landwinde überlagern das normale Windfeld, das sich aus der Luftdruckverteilung ergibt. Kommen Seewind und großräumige Strömung aus der gleichen Richtung, wie das z. B. an der deutschen oder schwedischen Ostseeküste oder der englischen Ostküste bei sommerlichem Ostwind der Fall ist, frischt der Wind mittags und nachmittags besonders kräftig auf. Dagegen wird der nächtliche Landwind stark abgeschwächt oder ganz unterdrückt. Umgekehrte Verhältnisse herrschen an der deutsch/dänischen Nordseeküste, der schwedischen Westküste und den Küsten Finnlands und der Baltischen Staaten.

Berg- und Talwind   An gebirgigen Küsten tritt zusätzlich zum Land-Seewind ein System von Berg- und Talwinden auf:

Sonnenzugewandte Hänge erwärmen sich am Tage schneller als die Täler und Schattenhänge. Daher steigt die Luft an den Sonnenhängen auf, und in vielen Fällen bilden sich Cumuluswolken über den Gipfeln, über den Schattenhängen sinkt die Luft ab. Diese talaufwärts gerichtete Strömung heißt Talwind.

Nachts kehrt sich auch hier die Zirkulation um: Die Hänge kühlen schneller ab, die Täler bleiben länger warm, so daß die Luft über den Tälern aufsteigt, an den Hängen aber absinkt (Bergwind).

An küstennahen Gebirgen Südnorwegens, vor allem in den Fjorden, wird bei Hochdruckwetter der tägliche Windwechsel durch die teilweise kräftigen Bergwinde in der Regel wirkungsvoll unterstützt, wenn der in der Nacht talabwärts wehende Bergwind Anschluß an den ebenfalls während der zweiten Nachthälfte zur See strebenden Landwind findet, der dann häufig heftige Fallböen aufweist.

Stau und Föhn

An der Luvseite des norwegischen Gebirges kommt es manchmal zu Stau-Effekten und in Lee zu Föhn. Nehmen wir einmal an, die Luftdruckverteilung zeige hohen Luftdruck über Nordwesteuropa, den Britischen Inseln oder den Färöern, tiefen Luftdruck über der östlichen Ostsee oder dem Baltikum, so daß dem Barischen Windgesetz entsprechend Nordwestwind wehen muß (Wind in Abb. 7 von links nach rechts). Die Lufttemperatur über der Norwegischen See sei 12 °C, relative Feuchte 82 %. Die Luft muß nun die Berge überqueren. Sie kommt wegen der Temperaturabnahme von 1 °C pro 100 m

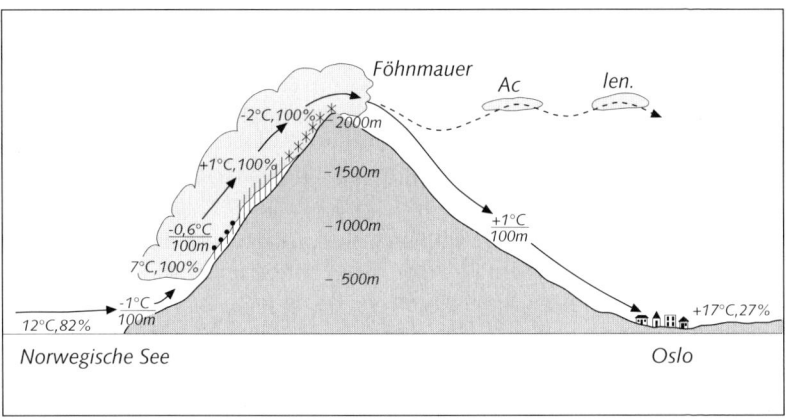

7 Stau (links) und Föhn (rechts); Erläuterung im Text.

Aufstieg mit 7 °C in 500 m Höhe an. Dabei hat sich infolge dieses Temperaturrückganges die relative Feuchte auf 100 % erhöht. Wenn die Luft weiter steigt, wird Wasserdampf in flüssiges Wasser überführt, wobei Wärme frei wird, wie umgekehrt zur Verdampfung des Wassers Wärme erforderlich ist. Diese freiwerdende Wärme verhindert ein rasches Weitersinken der Temperatur. Durchschnittlich kann man bei gesättigter Luft nur noch mit einer Temperaturabnahme von 0,6 °C pro 100 m Hebung rechnen. Die Luft kommt dementsprechend gesättigt feucht mit –3 °C über dem Gipfel des Berges in 2200 m Höhe an. Da die Luft bei –3 °C nur noch 4 Gramm Wasser pro Kubikmeter enthalten kann, bei +7 °C aber fast das Doppelte, ist inzwischen auf der Luvseite des Gebirges eine entsprechende Wassermenge als Niederschlag ausgefallen.

Bei dem nun folgenden Sinken der Luft auf der Leeseite wird die Luft schnell wieder ungesättigt, so daß wir für die Gesamthöhenänderung von etwa 2000 m beim Abstieg mit 1 °C Temperaturzunahme pro 100 m Höhe rechnen müssen. Die Luft kommt deshalb mit 17 °C am Fuß des Gebirges auf der Leeseite an, um 5 °C wärmer, als sie ursprünglich gewesen ist, obwohl das Gelände bei Oslo um 100 m höher liegt als die See auf der Luvseite. Kühles und wolkiges Wetter mit Niederschlägen infolge des Staus kennzeichnet die Luvseite. Über den Bergen sieht man von Osten her die „Föhnmauer" und über sich einige mittelhohe linsenförmige Wolken (Ac len), die durch eine wellenförmige Höhenströmung verursacht werden. Bei feuchtem Südostwind tritt der Stau auf der Ostseite, das Lee westlich des norwegischen Gebirges über See auf.

Solche Stau- und Föhn-Wetterlagen gibt es überall dort, wo hohe oder mittelhohe Gebirge quer zum Wind stehen, wie beispielsweise das schottische Bergland. Selbst niedrigere Berge oder Hügel wie z. B. die der Shetlands, Orkneys oder Nordenglands zeigen auf der Luvseite verstärkte Bewölkung, auf der Leeseite lösen sich die Wolken auf.

3 Luftmassen, Großwetterlagen

Luftmassen

Die Sonnenstrahlung und der Untergrund bestimmen die Eigenschaften der Luftmassen. Da am Äquator – über das Jahr gemittelt – mehr Strahlungsenergie auf den Boden trifft, ist es dort wärmer als am Pol.

Eine sehr wichtige Rolle spielt der Untergrund: Die direkte Sonneneinstrahlung geht fast ungehindert durch die Atmosphäre hindurch und erwärmt die Erdoberfläche oder das Meerwasser. Da aber das Wasser eine wesentlich höhere spezifische Wärmekapazität (höheres Wärmespeichervermögen) hat als Steine, Erdboden oder Vegatation, heizt es sich verhältnismäßig langsam auf, speichert aber auch sehr viel Wärme und gibt sie dann allmählich an die Atmosphäre ab. Außerdem liefert das Meer viel Wasserdampf. Somit sind maritime Luftmassen meist feucht und ihre Temperatur ist gemäßigt: im Winter mild, im Sommer kühl. Kontinentale Luft hingegen ist generell trocken, im Sommer warm oder heiß, im Winter kalt.

Eine Luftmasse, die über einen anderen Untergrund strömt, verändert ihre Eigenschaften. So nimmt z. B. kalte und trockene kanadische Kaltluft, die im Winter über den warmen Golfstrom weht, rasch Wärme und Feuchtigkeit auf. Weil sie in der Höhe immer noch kalt ist, sich von unten aber stark erwärmt, wird sie labil, sie beginnt zu „kochen". Schauer sind die Folge. Umgekehrt kühlt sich Warmluft über kaltem Wasser ab. Die oberen Schichten bleiben warm; in etwa 100 bis 200 m liegt die Grenze, eine „Inversion". Darunter bildet sich Dunst oder Nebel, darüber bleibt es klar und warm. Ähnlich ergeht es einer milden Meeresluft, die im Winter über kaltes schneebedecktes Festland strömt. Einen solchen Vorgang der Luftmassenveränderung nennt man „Luftmassentransformation".

Da Nordsee und Ostsee in der Westwindzone liegen, bestimmen meist die maritimen Luftmassen das Wetter. Entweder erreicht gealterte maritime Polarluft aus Westsüdwest vom Englischen Kanal her die Nordsee und Ostsee oder frischere aus dem Seegebiet um Island stammende Polarluft. Auf der Tiefrückseite fließt teilweise maritime Polarluft von Norden und Nordnordwesten in unsere Gebiete.

Großwetterlagen

Zirkulationsformen

Oft kommt es vor, daß die Wetterlage heute ziemlich ähnlich aussieht wie die von gestern. Zwar sind die Zyklonen weitergezogen, aber das nächste Tief ist bereits auf die Position des vorherigen gerückt. Andererseits kann tagelang ein und dasselbe Hoch für Sonne und schwachen Wind sorgen, und kaum ist es unter Abschwächung nach Osten abgezogen, hat schon das nächste Hoch, von Westen her kommend, seinen Platz eingenommen. Solche, mehrere Tage oder gar Wochen andauernden ähnlichen Wettersituationen nennt man Großwetterlagen.

Man unterscheidet zwischen **zonaler** und **meridionaler** sowie **zyklonaler** und **antizyklonaler** Zirkulation. „Zonal" bedeutet, daß die Luftströmung in der Höhe, mit der die Tiefdruckgebiete und deren Ausläufer ziehen, ziemlich glatt von West nach Ost verläuft. „Meridional" heißt, daß die Strömung sehr stark mäandriert, also einerseits von Nord nach Süd, in anderen Gebieten von Süd nach Nord verläuft. Abbildung 29 veranschaulicht diese Begriffe. Bei einer zyklonalen Strömung sind die Isobaren im Tiefdrucksinne gebogen, bei einer antizyklonalen Strömung um ein Hoch herum.

Neben der reinen zonalen und meridionalen Zirkulation kommen vielerlei Übergangsformen vor, sogenannte **gemischte Zirkulationsformen.** Hierzu zählen z. B. die Nordwestlage und die Südwestlage. Ein Hoch oder ein Tief über Mitteleuropa gehören entweder zu den meridionalen oder den gemischten Zirkulationen. Im folgenden werden 12 Großwetterlagen beschrieben, die charakteristisch für das Wetter über Nord- und Ostsee sind, s. Literatur [3]. Für eine Törnplanung lassen sich diese Großwetterlagen nur bedingt verwenden, da bei einzelnen Wetterlagen, z. B. der zyklonalen Westlage, Wind und Wetter sehr unbeständig sind. Außerdem weiß der Segler meist nicht, wie lange eine einmal bestehende Großwetterlage noch fortbesteht und in welche andere Wetterlage sie übergeht. Besser ist es auf jeden Fall, eine Törnberatung des Deutschen Wetterdienstes einzuholen.

Um eine Wetterlage richtig einschätzen zu können, muß man auch die Höhenströmung (in etwa 5 km Höhe) kennen, denn sie steuert die Randtiefs, die Fronten und die Zwischenhochs. Deshalb bezieht sich der Begriff „Großwetterlage" vorrangig auf die Höhenströmung. Daher sind – zumindest bei einigen Beispielen für Großwetterlagen – auch die Höhenwetterkarten dargestellt. Anhaltspunkte für den Verlauf der steuernden Höhenströmung kann man auch aus den Bodenkarten gewinnen: So entspricht der Verlauf der Isobaren in den Warmsektoren der Zyklonen etwa der Höhenströmung. Das steuernde Höhenhoch liegt meist etwas westlich vom (warmen) Bodenhoch, das steuernde Höhentief in der Nähe eines alten okkludierten, aber immer noch kräftigen Bodentiefs.

Die folgenden Wetterlagen haben sich tatsächlich ereignet; sie stammen fast alle aus dem Sommerhalbjahr, der Segelsaison. Lediglich die antizyklonale Südwestlage ist von Ende Oktober, da sie im Sommer nur sehr selten und auch nicht in so reiner Form auftritt. In Klammern stehen die offiziellen Kurzbezeichnungen der Großwetterlagen. Die Windgeschwindigkeiten sind bei den Bodenwetterkarten in Beaufort-Stärken eingetragen; ein langer Fieder bedeutet 2 Bft, ein kurzer 1 Bft, ein Dreieck 10 Bft, so daß z. B. zwei lange Fieder und ein kurzer 5 Bft markieren. In den Höhenwetterkarten handelt es sich um Knoten: Ein Dreieck bedeutet 50 Knoten, ein langer Fieder 10 und ein kurzer Fieder 5 Knoten. Dargestellt ist jeweils die Höhe der 500 hPa-Fläche in Metern. Der Wind weht in dieser Höhe immer genau parallel zu den Linien gleicher Höhe, den Isohypsen.

Typisches Wetter einer Tiefdruck-Rückseite (zyklonale Nordwestlage):
Aus einer Schicht von Stratocumulus- und Cumuluswolken ragt mächtig ein
„Cumulus congestus" hervor. Hieraus kann sich schon bald ein Schauer
entwickeln.

Antizyklonale Westlage (Wa)

Am Nordrande einer langgestreckten Hochdruckzone, die vom Seegebiet nordwestlich der Azoren über Frankreich bis nach Polen und Weißrußland reicht, ziehen Tiefausläufer auf relativ weit nördlicher Bahn nach Osten. Sie streifen beziehungsweise überqueren zwar die Nord- und Ostsee, ihre Wetterwirksamkeit bleibt in den südlicher gelegenen Seegebieten gering und nimmt nach Norden hin zu. – Auf unserer Wetterkarte sind die Isobaren über dem Bottnischen und Finnischen Meerbusen noch zyklonal gekrümmt. Das zugehörige Tief war am Vortage noch wesentlich stärker; nun schwächt es sich aber rasch ab.

In der Höhe verläuft die steuernde Westströmung zwischen 55 und 65 °N von West nach Ost. Steuerungszentren sind das Islandtief und ein zweites, meist schwächeres Steuerungszentrum über Nordskandinavien. Auch in der Höhe herrscht über dem mittleren Nordatlantik, über Südengland und Norddeutschland verhältnismäßig hoher Luftdruck.

Das Wetter ist über Nord- und Ostsee bei einer antizyklonalen Westlage meist stark bewölkt, an den südlichen Küsten zeitweise aufgeheitert. Im Sommer bleibt es kühl oder mäßig warm, zu allen anderen Jahreszeiten ist es verhältnismäßig mild. Es herrschen mittlere Sichtverhältnisse, im Frühling gibt es vielfach starken Dunst oder Nebel. Der Wind weht aus westlichen Richtungen, in den südlichen Seegebieten schwach bis mäßig, im Norden mäßig bis frisch; in der nördlichen Nordsee, im Skagerrak, Kattegat und in der nördlichen Ostsee mit ihren Meerbusen tritt zeitweise Starkwind (6–7 Bft) auf, Sturmböen sind möglich.

Am häufigsten ist diese Wetterlage im August und September, seltener im Winter, dann vor allem in Dezember und März.

Die Wetterlage Wa geht häufig in Wz (zyklonale Westlage) über, jedoch sind auch andere Übergänge möglich. So bildete sich im vorliegenden Wetterbeispiel am zweiten Folgetag nach Durchgang der schwachen Kaltfront über den Britischen Inseln ein Hoch, das nach Skandinavien, später zum Nordmeer zog (Großwetterlage: Hoch Nordmeer-Fennoskandien, HNFa).

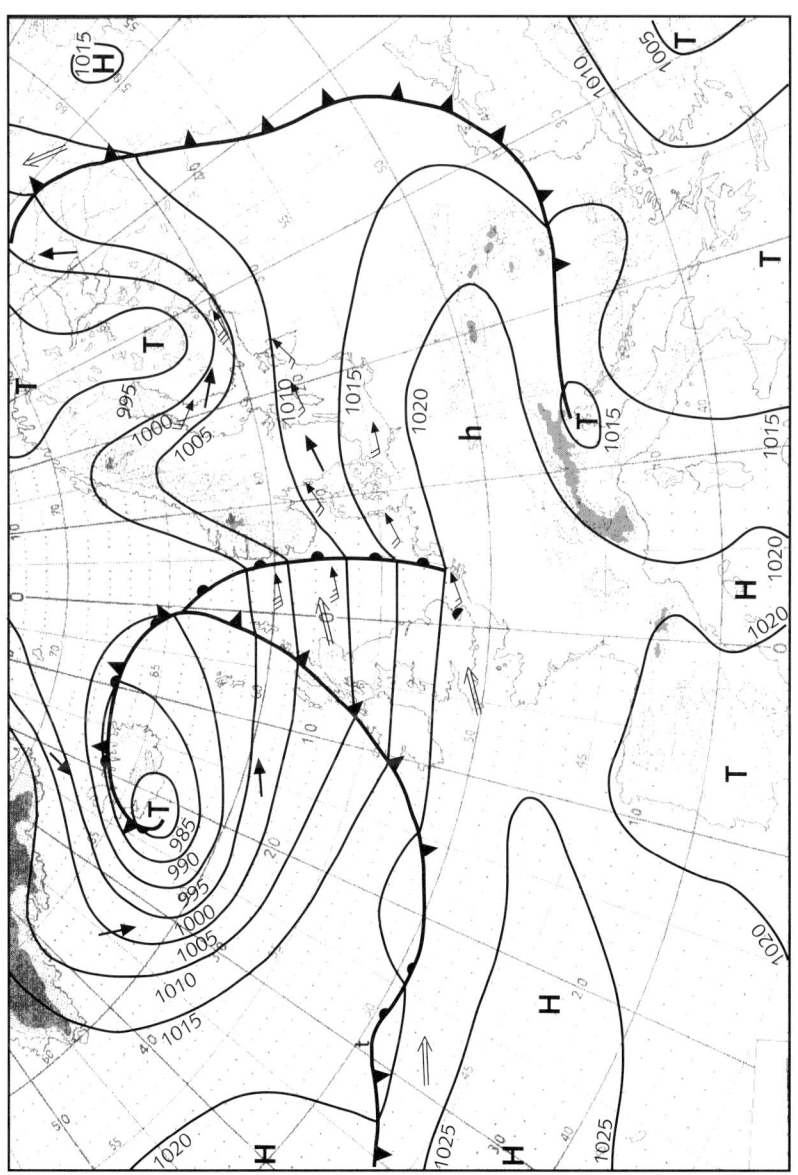

8 Antizyklonale Westlage (Wa).

Zyklonale Westlage (Wz)

Nordwestwind über den meisten Teilen der Nordsee, Südwest über der Ostsee, dem Skagerrak und der Deutschen Bucht: Zeigt Abbildung 9 überhaupt eine Westlage? Ja, denn die gerade erwähnten Windrichtungen sind ein Zeichen der Zyklonalität, der Wind dreht um ein Tief herum, das über Südskandinavien liegt. Ansonsten verläuft eine recht stramme Westströmung, schon erkennbar an den Isobaren der Bodenkarte, von Neufundland bis Irland über den Nordatlantik. In der Höhe weht der stärkste Westwind zwischen 45 und 55°N, etwa 10 Grad südlicher als bei der antizyklonalen Westlage. Das steuernde Tief liegt zum Kartentermin über Südskandinavien, es schwächt sich aber ab und das Tief südlich von Island übernimmt seine Rolle.

„Wie der Freitag sich neigt, so der Sonntag sich zeigt." Diese Regel, die natürlich auch für die übrigen Wochentage gilt, ist typisch für eine sommerliche zyklonale Westlage. Sie besagt, daß das nächste Tief nach zwei Tagen die Stelle der vorherigen Zyklone eingenommen hat oder daß das Tief oder seine Ausläufer am Folgetage die Position des vorlaufenden Hochkeils erreichen. In unserem Wetterbeispiel (Abb. 9) liegt das isländische Tief 24 Stunden später nördlich von Irland.

Generell kommt der Wind über der Ostsee bei dieser Großwetterlage vielfach aus Südwest, da die Tiefdruckgebiete den Höhenpunkt ihrer Entwicklung meist über Schottland, der nördlichen Nordsee oder Südskandinavien erreichen. Über der Nordsee wechselt dabei die Windrichtung zwischen Südwest, West und Nordwest. Die Windstärken im Bereich der Tiefdruckgebiete schwanken im Sommerhalbjahr, je nach deren Intensität, zwischen 4 und 7 Bft und erreichen auch kurzzeitig Sturmstärke (8–9 Bft), insbesondere im Skagerrak, der nördlichen und mittleren Nordsee. Die schwersten Stürme des Spätherbstes oder Winters treten bei dieser Großwetterlage oder bei einer zyklonalen Nordwestlage auf.

Die Wetterlage Wz ist typisch für Nord- und Ostsee und ist häufiger als alle anderen Großwetterlagen. Sie kommt besonders oft im Sommer vor, seltener von März bis Mai. Sie geht oftmals in eine zyklonale Nordwestlage über, wenn sich das steuernde Tief über Finnland oder dem Baltikum festsetzt. Manchmal jedoch, wenn sich das neue, von Westen heranrückende Tief

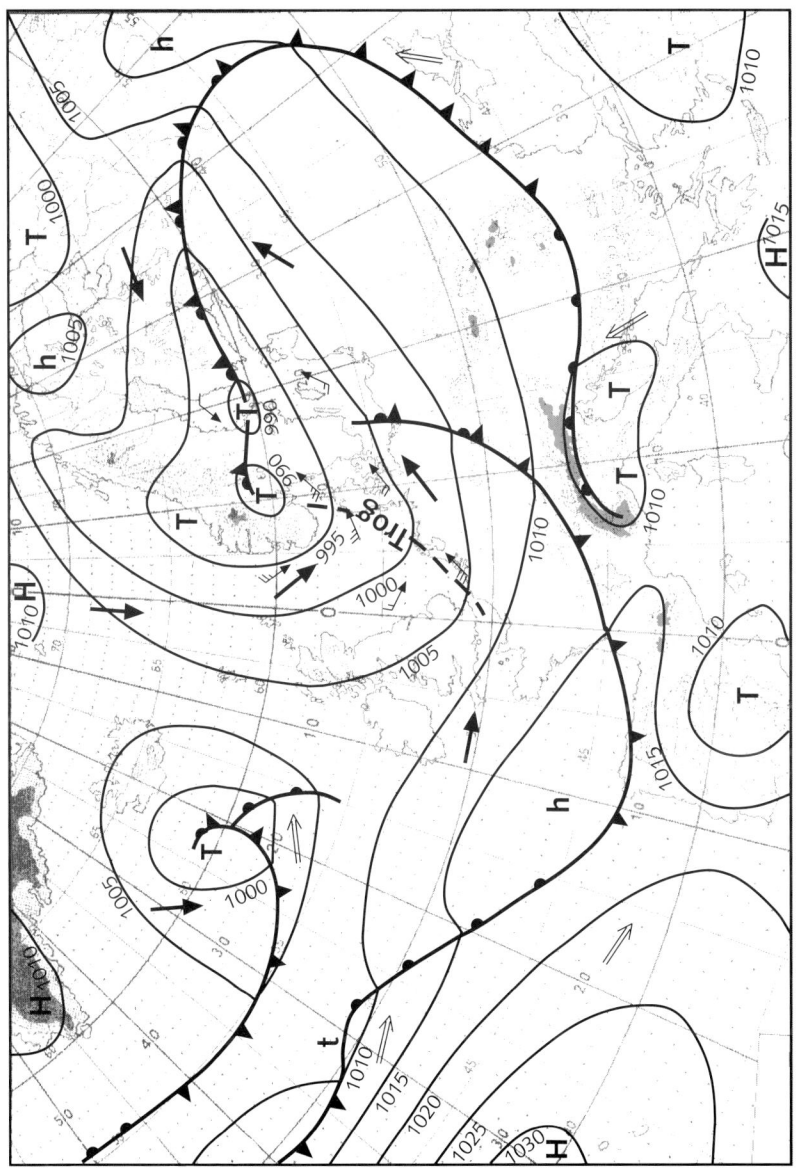

9 Zyklonale Westlage (Wz).

schon frühzeitig vertieft, geht – zumindest für wenige Tage – eine Südwest-lage daraus hervor.

Im Spätherbst und Winter bringt die Großwetterlage Wz mildes, zu den übrigen Jahreszeiten aber kühles und immer ein recht niederschlagsreiches Wetter mit sich. Die Sicht ist überwiegend gut, in den Warmsektoren sowie in Schauern oder bei Regen jedoch herabgesetzt.

Antizyklonale Nordwestlage (NWa), Hoch Britische Inseln

Eine antizyklonale Nordwestströmung über Nord- und Ostsee stellt sich dann ein, wenn das Azorenhoch nördlich oder nordöstlich seiner normalen Position liegt. Die Frontalzone (die steuernde Höhenströmung) an seinem Nordrand verläuft dann meistens von Südgrönland über Island und das Nordmeer zur Ostsee. Die mit ihr ziehenden Tiefausläufer bringen zwar oftmals starke Bewölkung, aber nur wenig Regen, in der östlichen Ostsee und über den Meerbusen einzelne Schauer. Im Sommer ist es sehr kühl, in den Übergangsjahreszeiten normal temperiert, im Winter mild. Der Wind weht in der südlichen Nordsee nur schwach, sonst meist schwach bis mäßig, im Bereich der Tiefausläufer auch frisch (5–6 Bft) aus West bis Nordwest.

Diese Wetterlage tritt am ehesten im Juni/Juli auf. Sie ist aber meist nur von kurzer Dauer und geht vorwiegend in eine zyklonale West- oder Nordwestlage über. Seltener kommt sie im Herbst und Winter vor; dann leitet sie manchmal eine dauerhafte Wetterlage „Hoch Britische Inseln" ein.

Bei der Großwetterlage „Hoch Britische Inseln" hingegen strömt die Luft im weiten Bogen über das Nordmeer und Nordskandinavien nach Nordrußland, die Tiefausläufer berühren die Nordsee nicht und streifen höchstens den Bottnischen Meerbusen und den Finnischen Meerbusen. Das Wetter dabei ist also viel freundlicher als bei einer NWa-Lage. – Aus Platzgründen mußten die zugehörigen Abbildungen entfallen.

Skagerraktief

Diese zyklonale Wettersituation stellt für die Nordsee eine Nordwestlage, für die Ostsee jedoch eine Südwestlage dar. Gerade das ortsfeste Skagerraktief

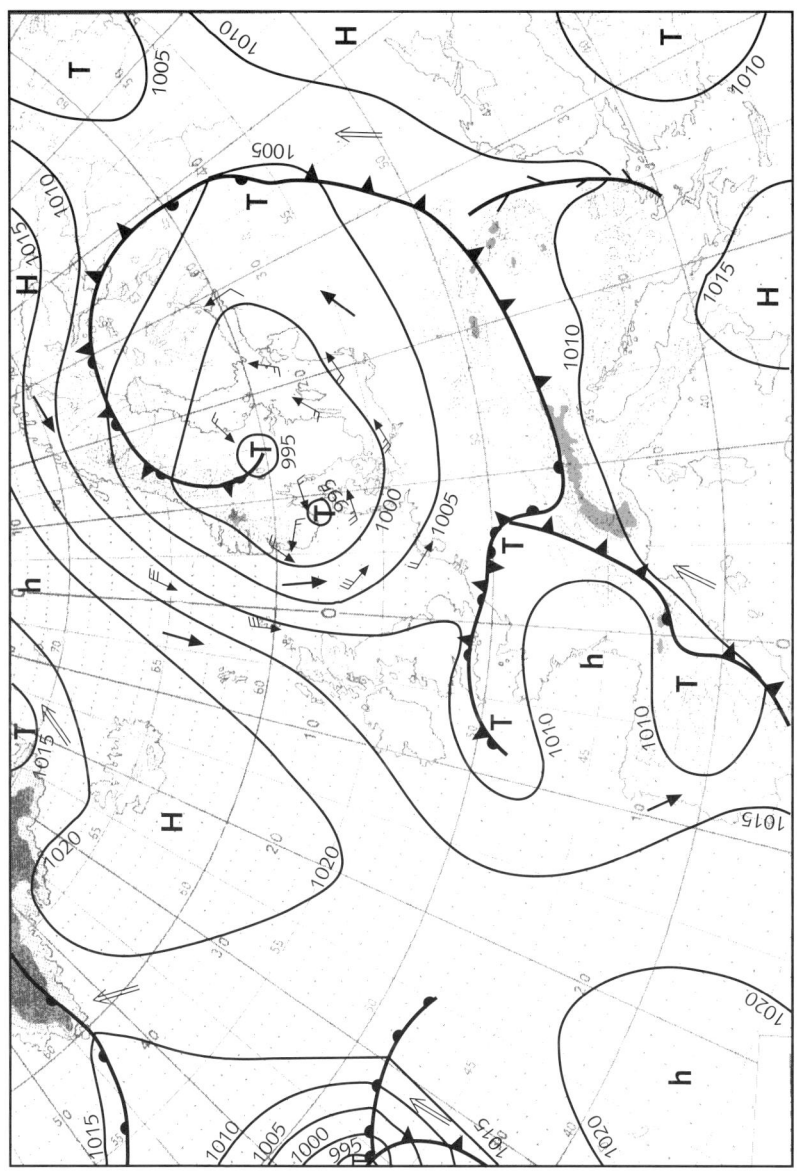

10 Skagerraktief.

sorgt dafür, daß der Wind über der Ostsee nicht auf Nordwest drehen kann. Ein Skagerraktief entsteht immer dann, wenn sich die aus Westen herangezogene Zyklone über der norwegischen See und Südskandinavien stark vertieft und über Süd- oder Mittelschweden festsetzt. Auf seiner Rückseite dreht dann die Boden- und Höhenströmung auf NNW bis N, so daß Stau- und Lee-Effekte am norwegischen Gebirge wirksam werden. Dann beulen sich die Isobaren südlich von Norwegen nach Westen aus und bald entsteht eine zyklonale Zirkulation: Ostwind an der Südspitze Norwegens, Westwind an der Nordküste Dänemarks (s. Abb. 10).

Durch das westliche Ausgreifen der Isobaren verschärft sich natürlich auch der Druckgegensatz zwischen dem Hochkeil über Schottland und dem Skagerraktief, so daß der Wind etwa zwei Windstärken heftiger weht, als es ohne Skagerraktief der Fall wäre. So beträgt die Windstärke in unserem Beispiel in der nördlichen Nordsee 6 Bft; die Böen erreichen sogar Sturmstärke. Wesentlich schwächer ist der Wind in der Ostsee: 5 Bft in der südlichen Ostsee, sonst 2–4 Bft aus südwestlichen bis südlichen Richtungen; im Bottnischen Meerbusen kommt er aus Ost bis Nordost. Im Herbst und Winter sind bei Wetterlagen mit Skagerrakzyklonen besonders die nördliche Nordsee durch schweren Sturm und die dänische und deutsche Nordseeküste durch Sturmfluten gefährdet. In der Ostsee hingegen ist dabei die Sturmgefahr wesentlich geringer.

Diese Wetterlage bringt besonders unfreundliches Wetter: Im Frühling und Sommer kaltes, im Herbst und Winter normal temperiertes „naßkaltes" Schauerwetter, vor allem in der Deutschen Bucht. Relativ gutes und sonniges Wetter gibt es nur im Skagerrak, manchmal auch noch im Kattegat. Die Sicht ist außerhalb von Schauern gut.

Eine solche Wetterlage dauert meist mehrere Tage an. Zwar schwächen sich das Zentraltief und das Skagerraktief allmählich ab, aber trotz steigenden Luftdrucks flaut der Nordwestwind über der Nordsee nur allmählich ab. Leider besteht in kühlen Sommern die Tendenz, daß sich diese Wetterlage mehrfach erneuert.

Zyklonale Nordwestlage (NWz)

Eine zyklonale Nordwestlage geht oft aus einer zyklonalen Westlage oder aus einer antizyklonalen Nordwestlage hervor, indem sich eine Zyklone über dem Nordmeer stärker vertieft und sich dann über Skandinavien oder der östlichen Ostsee festsetzt. Von Westen her folgt dann zunächst kein weiteres Tief, sondern ein Hoch oder ein kräftiger Hochkeil. In der Höhe verläuft dabei die steuernde Strömung über Island, die Nordsee und die südliche Ostsee oder Polen nach Nordrußland.

Die Abbildung 11 zeigt eine solche Nordwestlage, bei der die Isobaren über der Osthälfte der Nordsee, Skagerrak, Kattegat und der Ostsee zyklonal, über der südwestlichen Nordsee jedoch antizyklonal verlaufen. Der Begriff „zyklonale Nordwestlage" gilt also nur für die erstgenannten Seegebiete. Auch in der Höhe sind die Strömungslinien dort zyklonal, über dem Westteil der Nordsee aber antizyklonal gebogen. Zwar deutet sich über dem Skagerrak eine besonders starke zyklonale Biegung der Isobaren an; es bildet sich jedoch keine Skagerrak-Zyklone. Wahrscheinlich ist die Luftströmung über dem norwegischen Gebirge zu kräftig.

Obwohl der Luftdruck über der Nordsee recht hoch ist – im Sommer ist eine solche Druckverteilung schon selten –, weht dort ein starker Nordwestwind. Am kräftigsten ist der Wind zum Kartentermin zwischen Bornholm und Südschweden, nämlich 7 Bft, aber auch in den übrigen Teilen der Ostsee weht er mit etwa 5 Bft aus West bis Nordwest.

Die Witterung bei solch einer Wetterlage ähnelt der beim Skagerraktief beschriebenen. Im Herbst und Winter ist allerdings die Ostsee stärker sturmgefährdet als bei Bildung einer Skagerrak-Zyklone.

Im Sommer betragen die Windstärken bei dieser Wetterlage in Nord- und Ostsee typischerweise 5–7 Bft, vor der Westküste Südnorwegens und im Skagerrak auch zeitweise 8 Bft; im Spätherbst und Winter muß man allgemein mit Sturm rechnen, der sich bis zum Orkan (in der Ostsee selten) steigern kann.

Zyklonale Nordwestlagen kommen vorwiegend im Sommer vor, am seltensten treten sie in den Übergangsmonaten Mai und Oktober auf.

Manchmal geht eine zyklonale Nordwestlage in eine Nordlage über, die aber

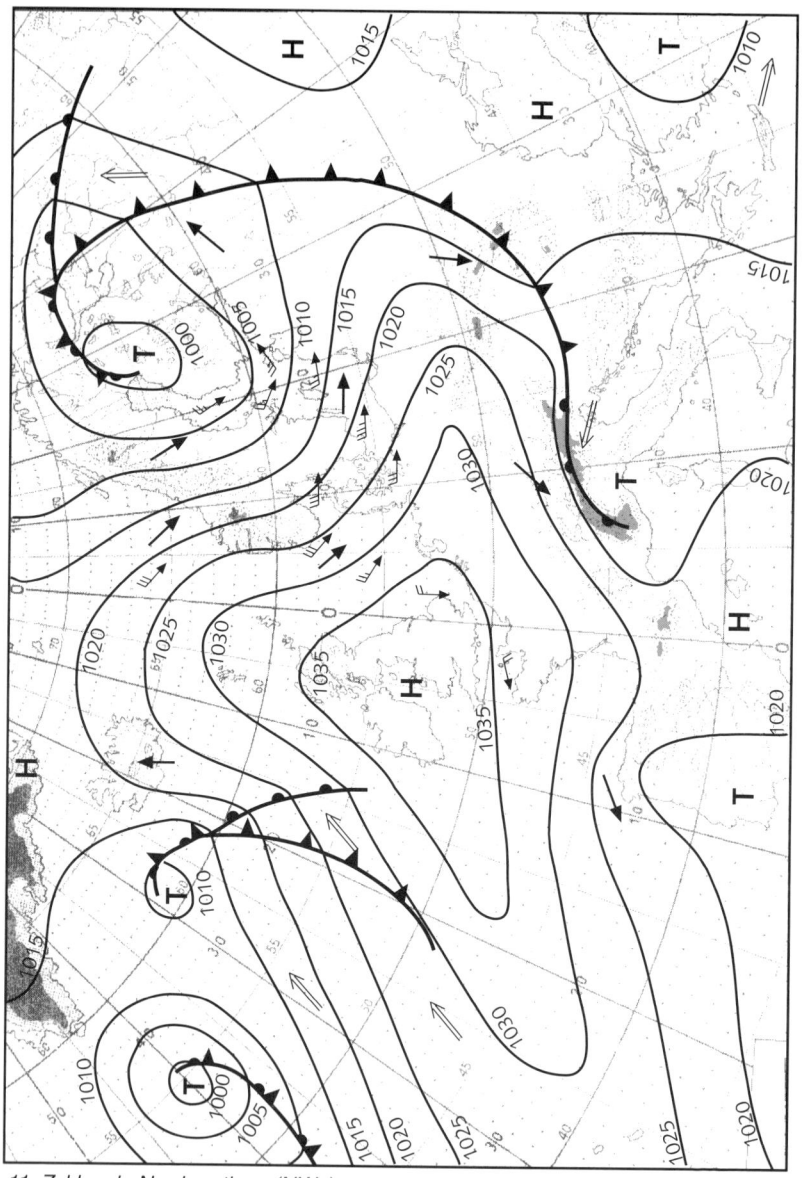

11 *Zyklonale Nordwestlage (NWz).*

zu allen Jahreszeiten verhältnismäßig selten ist; häufiger findet ein Übergang zu einer antizyklonalen Nordwestlage oder zu einer Wetterlage „Hoch Nordsee" statt.

Zyklonale Nordlage (Nz)

Dies ist eine typisch meridionale Großwetterlage: Auf der einen Seite fließt Kaltluft von Spitzbergen über die Nordsee bis ins Mittelmeer, weiter im Osten dringt arabische Heißluft über Rußland bis in die Barentssee vor (Abb. 12). Zum Kartentermin fließt die Kaltluft hauptsächlich über die Nordsee nach Süden. Es handelt sich um eine zyklonale Wetterlage, denn bis auf die Hochkeile im Stau des norwegischen Gebirges und der Alpen ist die Luftströmung zu den Tiefdruckgebieten hin gekrümmt oder verläuft gradlinig. Über dem Skagerrak hat sich sogar ein kleines Leetief gebildet. In der Höhe kommt die Strömung aus Nord bis Nordnordwest; sie ist über Deutschland und der nördlichen Ostsee zyklonal gekrümmt (s. Abb. 12a).

Während über der Ostsee, und vor allem über Südschweden, dem Kattegat und Skagerrak Wolkenlücken erkennbar sind, ist die Nordsee von Schauerwolken bedeckt, die über Norddeutschland im Trogbereich besonders mächtig sind, Graupelschauer (die Karte stammt von Ende August!) und Gewitter enthalten. Der Wind weht über der Nordsee stark und böig, vor Südnorwegen herrscht Sturm! Ruhiger geht es auf der Ostsee zu mit 4–5 Bft, über der östlichen Ostsee sogar nur 1–2 Bft, aber schon 30 Stunden später gibt es dort sogar Sturm.

Allgemein gilt: Bei zyklonalen Nordlagen gibt es – meist über der Ostsee – im Bereich des Troges beziehungsweise der Fronten schauerartigen Regen, über der Nordsee zahlreiche Schauer. Ziehen Randtiefs über die westliche Nordsee nach Frankreich, stellt sich über dem Skagerrak und Kattegat, Dänemark und oft auch noch über Norddeutschland der „Skandinavien-Föhn" mit sonnigem Wetter ein. In diesen Gebieten ist es im Sommer tagsüber mäßig warm. Sonst aber bringen zyklonale Nordlagen zu allen Jahreszeiten feuchtkaltes und windiges Wetter. Die typischen Windstärken liegen bei 4–6 Bft, in Trögen und Kaltfronten um 2 Windstärken höher. Der Wind ist sehr böig. Die Sicht außerhalb von Schauern ist meist sehr gut.

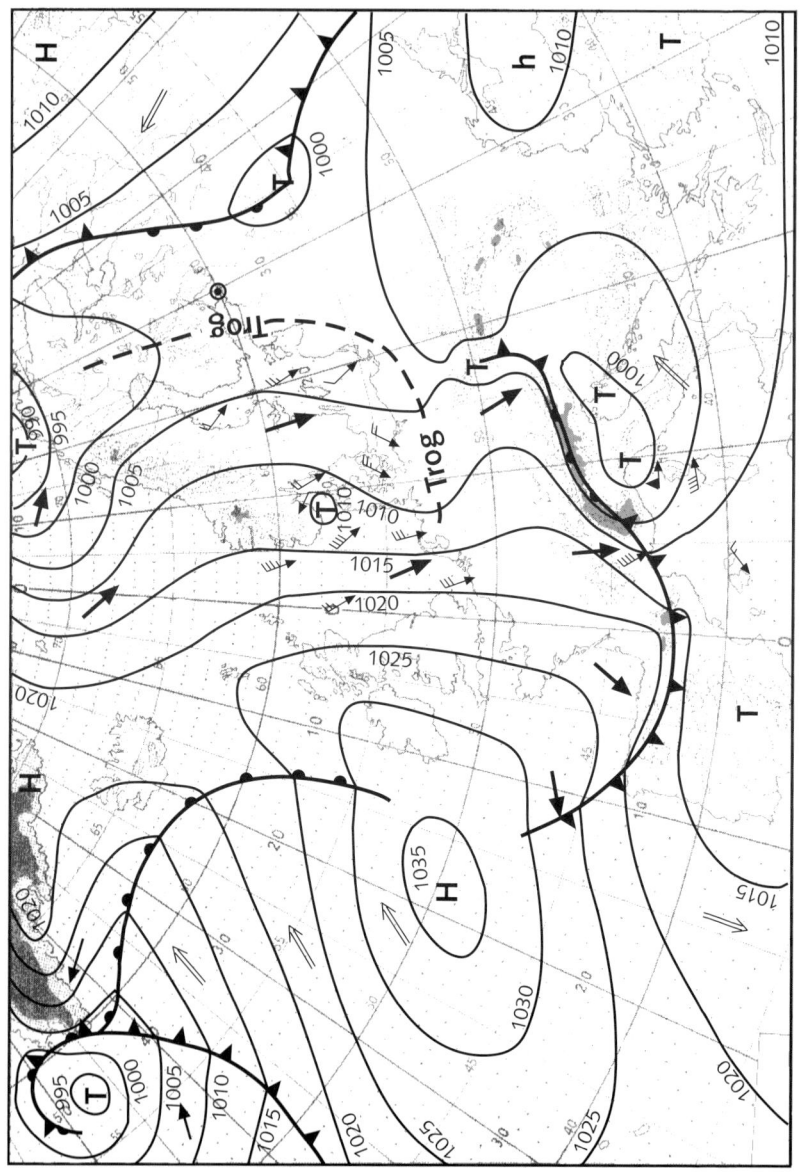

12 Bodenwetterkarte zyklonale Nordlage (Nz).

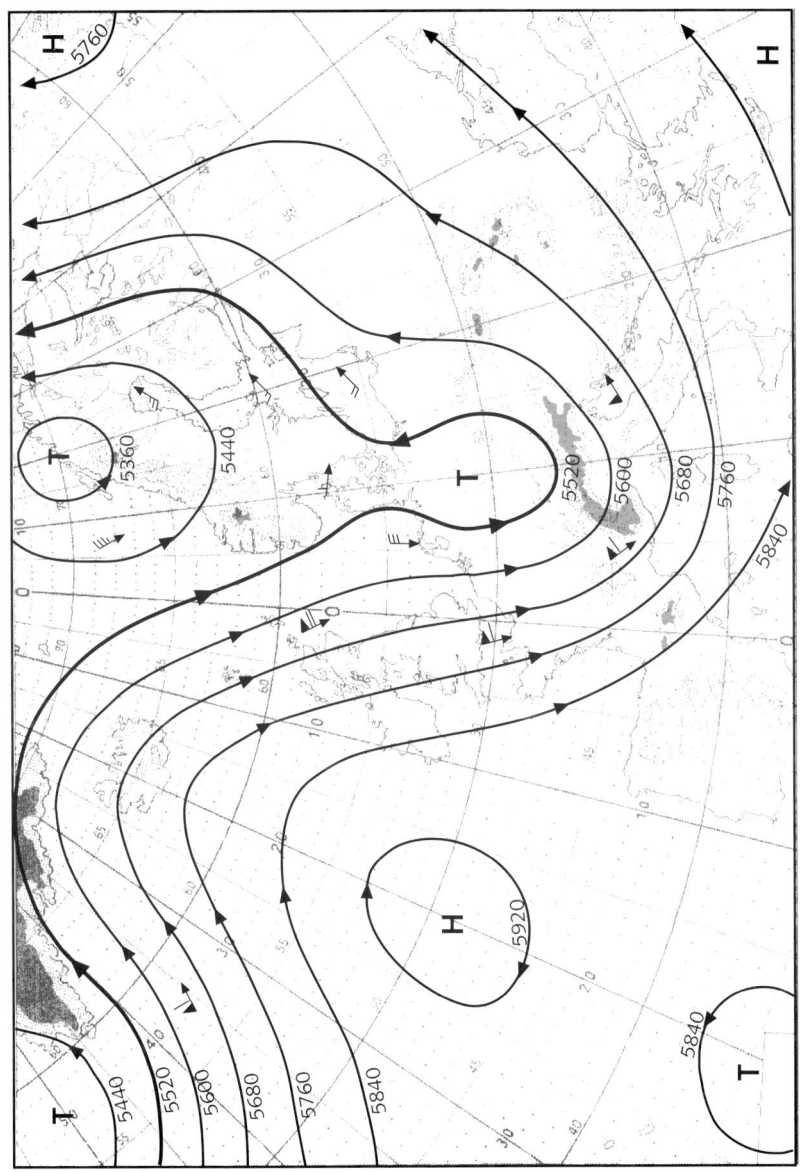

12a Zyklonale Nordlage, Höhenkarte 500 hPa (etwa 5,5 km Höhe).

Bei zyklonalen Nordlagen muß man stets mit der Bildung von sogenannten Vb-Tiefs (s. nächstes Kapitel) rechnen. Mit oder ohne diese Entwicklungen gehen sie vielfach in antizyklonale Nord- bis Nordwestlagen, später auch in Zentralhochlagen über. Manchmal kommt es aber auch zu Zentraltieflagen über Norddeutschland, wie im vorliegenden Wetterbeispiel. Am ehesten kommen zyklonale Nordlagen im Mai und Juni, am seltensten im Spätherbst und Frühwinter vor.

Vb-Tief

Die Abbildung 13 zeigt die Wettersituation 36 Stunden später als in Abb. 12. In der Zwischenzeit haben sich die Verhältnisse umgekehrt: Nun hat die Ostsee Starkwind und Sturm aus Nord bekommen, während das von Westen vorrückende Hoch der Nordsee Wetterberuhigung (antizyklonale Nordlage, Na) bringt.

Ursache für den etwa 24 Stunden nach dem Kartentermin einsetzenden Ostseesturm ist eine sogenannte Vb-Entwicklung (sprich: Fünf Be). Damit bezeichnete van Bebber [29] eine Bahn, auf der Tiefdruckgebiete vom Golf von Genua östlich an den Alpen vorbei über Polen zur östlichen Ostsee ziehen. Genau dies tut die Sturmzyklone, die auf der Wetterkarte der Abb. 12 über dem Golf von Genua und der nördlichen Adria zu sehen war. Mit der Höhenströmung (Abb. 12a) zog sie erst nach Nordosten, dann nach Norden. Starke Luftmassengegensätze, polare Kaltluft gegen feuchtwarme Mittelmeerluft (Frankfurt meldet mittags 13 °C, Rom jedoch 26 °C bei Regen!), bewirkten, daß sich das Tief trotz seiner Zugbahn über Land (s. Abb. 13) noch auf 995 hPa vertieft.

Bei Vb-Lagen gilt das Motto „von hinten durch die Brust geschossen", denn das Unheil naht von Süden oder Südosten her. Dabei ist die Kaltfront oder der Trog bereits von Westen oder Nordwesten her durchgegangen und Druckanstieg hat eingesetzt. Man denkt, alles sei vorüber. Der Wind flaut aber nicht ab, sondern nimmt aus NNW bis NE ständig zu. Wenn es sich dann von Osten her bezieht, Regen einsetzt und der Druck allmählich anfängt zu fallen, ist der Sturm oft schon da.

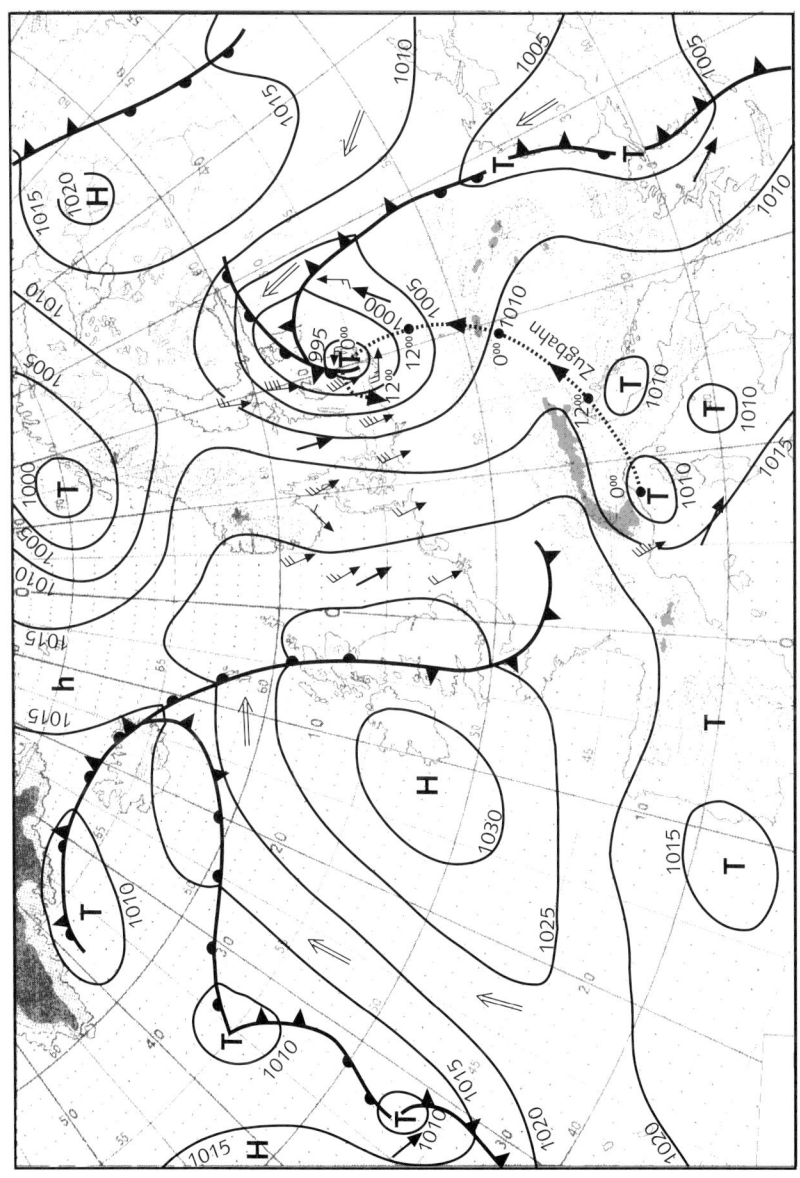

13 Vb-Tief.

Meist erreichen solche Vb-Tiefs nicht die Nordsee, jedoch kann der Nordwind vor allem in ihren östlichen Teilen zunehmen. Auf jeden Fall sollte man die Wetterentwicklung genau verfolgen, denn sonst kann man böse Überraschungen erleben.

Diese Vb-Tiefs ziehen entweder nach Norden ab oder setzen sich über der Ostsee, Südschweden, Polen oder Mecklenburg fest und schwächen sich dort langsam ab. Manchmal ziehen sie auch westwärts zur Nordsee. Sie bringen meist starken Regen, teilweise mit Gewittern, mäßige Sicht, Starkwind oder Sturm auf der Westseite, leichten bis mäßigen Südwind an der Ostflanke. Es ist überwiegend kühl bis kalt; gelegentlich gelangen jedoch die nördlichen Seegebiete und die Meerbusen der Ostsee in die wärmere Luft, die auf der Ost- oder Nordflanke der Vb-Zyklonen westwärts vordringt. Über kaltem Wasser kann sich dabei Nebel bilden.

Vb-Lagen treten am häufigsten von April bis Juni, selten jedoch im Spätherbst und Winter auf.

Tief Mitteleuropa (TM)

Wenn eine Nordlage dadurch beendet wird, daß ein kräftiges Hoch im Norden die Kaltluftzufuhr abriegelt, so bildet sich in der Höhe und am Boden über dem westlichen Mittelmeer, Frankreich oder Deutschland ein sogenanntes Cut-off-Tief. Eine weitere Entstehungs-Möglichkeit ist, daß ein Tief auf verhältnismäßig südlicher Bahn von Westen her durch den Englischen Kanal nach Westdeutschland zieht, dann aber nicht mehr weiter gegen ein Hoch über Skandinavien vorankommt.

In beiden Fällen fließt die Kaltluft ins westliche Mittelmeer, wo neue Tiefdruckgebiete (Genuazyklonen) entstehen, die auf der Vorderseite des Höhentiefs nach Mitteleuropa ziehen und sich dort festsetzen. Diese Wetterlage ist also ähnlich wie die im vorigen Kapitel beschriebene, nur verläuft die Entwicklung der Tiefs hier südwestlicher, nämlich über Deutschland, weil der Weg zur Ostsee oder nach Skandinavien durch ein starkes Hoch oder einen Hochkeil versperrt ist (Abb. 14).

Die Strömung verläuft zyklonal, die Nordsee erhält also eher Nordostwind, die Ostsee Ost- bis Südostwind. Wenn das Tief etwas westlicher, also über

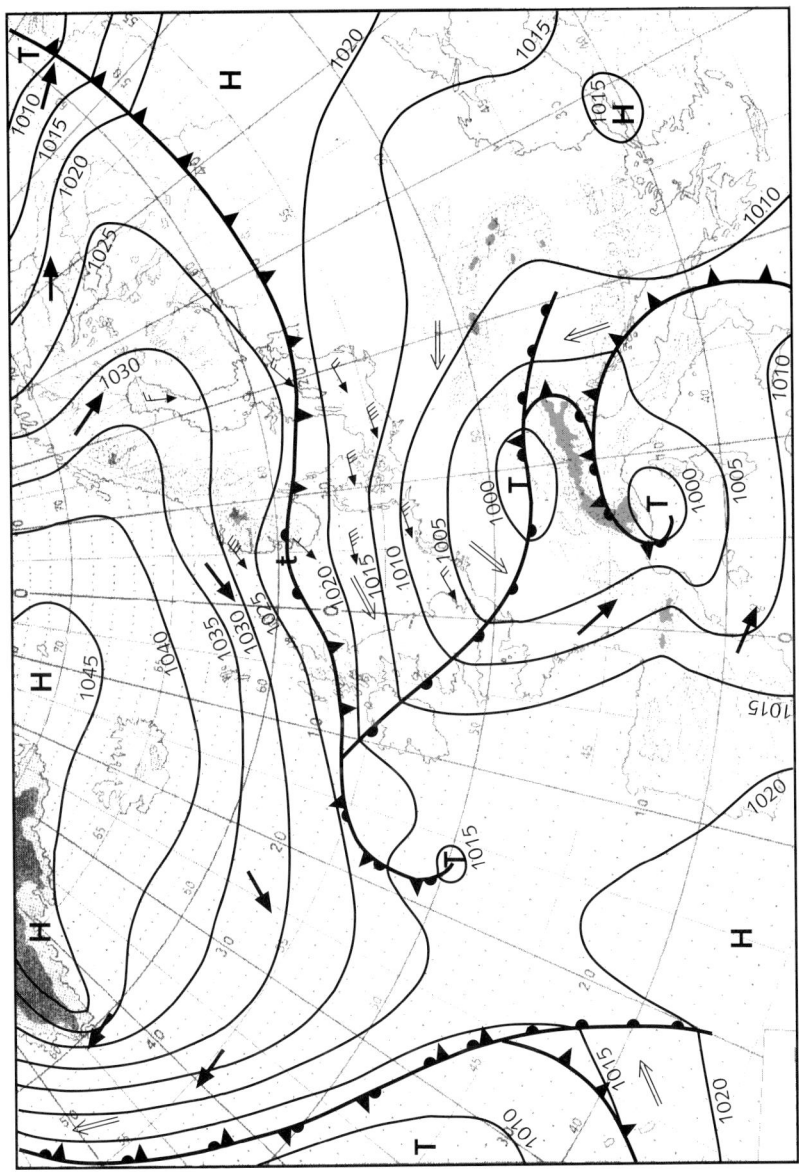

14 Tief über Mitteleuropa (TM)

Westdeutschland/Ostfrankreich liegt, kommt der Wind mehr aus Südost; bei Tiefzentren über Ostdeutschland hingegen weht er eher aus nordöstlichen Richtungen. Interessant ist die Bildung eines Leetiefs westlich des südnorwegischen Gebirges. Zu unserem Wetterkarten-Termin beginnt sie gerade. Nördlich des Leetiefs erhöht sich die Windstärke zum Sturm, im Tief und südlich davon ist er schwach umlaufend. An Steilküsten und zwischen den Inseln ist der Wind verstärkt (s. Kap Arkona mit 8 Bft), sonst weht er mäßig bis stark, im Hoch oder Hochkeil über dem Bottnischen und Finnischen Meerbusen auch schwach. Im Bereich vor Tiefausläufern oder sich verstärkender Randtiefs, die auf Vb-artiger Zugbahn vom Mittelmeer heranziehen, kann es auch Sturm geben. Betroffen ist hier in erster Linie die Ostsee.

Im Bereich der Tiefs oder ihrer Ausläufer gibt es zum Teil ergiebige Niederschläge; über Deutschland führt diese Wetterlage durch tagelangen heftigen Regen zu Überschwemmungen. Über Ost- und Nordsee hingegen ist es oftmals aufgeheitert und verhältnismäßig warm. Im Frühling bildet sich über dem kalten Wasser vielfach Dunst oder Nebel. Sonst ist es vielfach diesig. Falls von Nordosten oder Norden Kaltluft einfließt (in unserem Wetterbeispiel erreicht sie nach 2 1/2 Tagen die deutschen Küsten), bessert sich die Sicht, aber vor allem im Frühling erfolgt ein empfindlicher Kälterückfall.

Die Wetterlage „Tief Mitteleuropa" dauert meist mehrere Tage an. Dann füllen sich entweder Boden- und Höhentief auf und/oder werden von einem aus Westen heranrückenden Hochkeil nach Osten abgedrängt oder das Tief bricht – nach Abschwächung des Skandinavien-Hochs – nach Norden durch. Dann geht die zyklonale Ostlage in eine zyklonale Westlage (Wz) über.

Hoch Nordmeer-Fennoskandien, zyklonal (HNFz)

Eng verwandt mit der gerade beschriebenen Wetterlage TM ist die Wetterlage HNFz.

Hierbei liegt das Hoch jedoch näher an Nord- und Ostsee als beim vorigen Wetterbeispiel, das Bodentief ist schwächer und liegt meistens über Südfrankreich oder dem nördlichen Mittelmeer. Zusätzlich sorgt oftmals ein Höhentief (das ist eine nur in höheren Luftschichten gut ausgeprägte Zyklone) über Deutschland oder den Benelux-Ländern für Wolken und Regen.

So ist das Wetter nicht so freundlich, wie man es bei einem Skandinavien-Hoch erwarten sollte: Der Wind weht stark aus Nordost; in Düsen zwischen Inseln und an Steilküsten (Kap Arkona) erreicht er Sturmstärke. Bei dieser Wetterlage ist die Ostsee besonders betroffen: Bei dem großen Fetch und der langen Andauer des Windes entsteht in der südlichen und westlichen Ostsee eine hohe See mit kennzeichnenden Wellenhöhen von etwa 3 m (nach Abb. 3). Etwas schwächer ist der Wind in der Nordsee, besonders im Bereich des Lee-Troges an der südwestnorwegischen Küste. Nördlich davon bläst der Wind – trotz hohen Luftdruckes – aber recht stark.

Im Bereich des Boden- und des Höhentiefs regnet oder schauert es. Zu allen Jahreszeiten ist es bei dieser Wetterlage kühl oder kalt, lediglich im Osten und Norden scheint die Sonne; im späten Frühling und Sommer ist es dabei angenehm warm. Im Regen ist die Sicht herabgesetzt, sonst mäßig bis gut. Diese Wetterlage ist meist recht zählebig; in kalten Wintern wiederholt sie sich wochen- und monatelang. Auch im Frühling kann sie lange andauern. Sie geht erst dann zu Ende, wenn sich das Hoch abschwächt und Zyklonen von den Britischen Inseln ostwärts vordringen. Das führt dann zu einer Wetterlage TB (s. nächstes Beispiel) oder auch zum TM (voriges Beispiel). Häufig kommt die HNFz-Wetterlage in kalten Wintern und Frühjahren vor, selten im Sommer und Herbst.

Hoch Nordmeer-Fennoskandien, antizyklonal (HNFa), Tief Britische Inseln (TB)

In warmen, hochdruckbestimmten Sommern tritt dagegen oftmals eine antizyklonale Ost- oder Nordostlage auf mit einem Boden- und Höhenhoch über dem Nordmeer, Skandinavien und Finnland. Zu dieser Jahreszeit ist sie durch geringe Druckgegensätze gekennzeichnet. Das Wetter dabei gestaltet sich wesentlich anders als beim Wettertyp HNFz.

Im Sommer weht der Wind meist schwach. In feuchte, warmer Luft bildet sich über dem kälteren Wasser Nebel, wie das im Wetterbeispiel (Abb. 15) über der Ostsee der Fall ist (das Zeichen für Nebel sind drei übereinanderliegen-

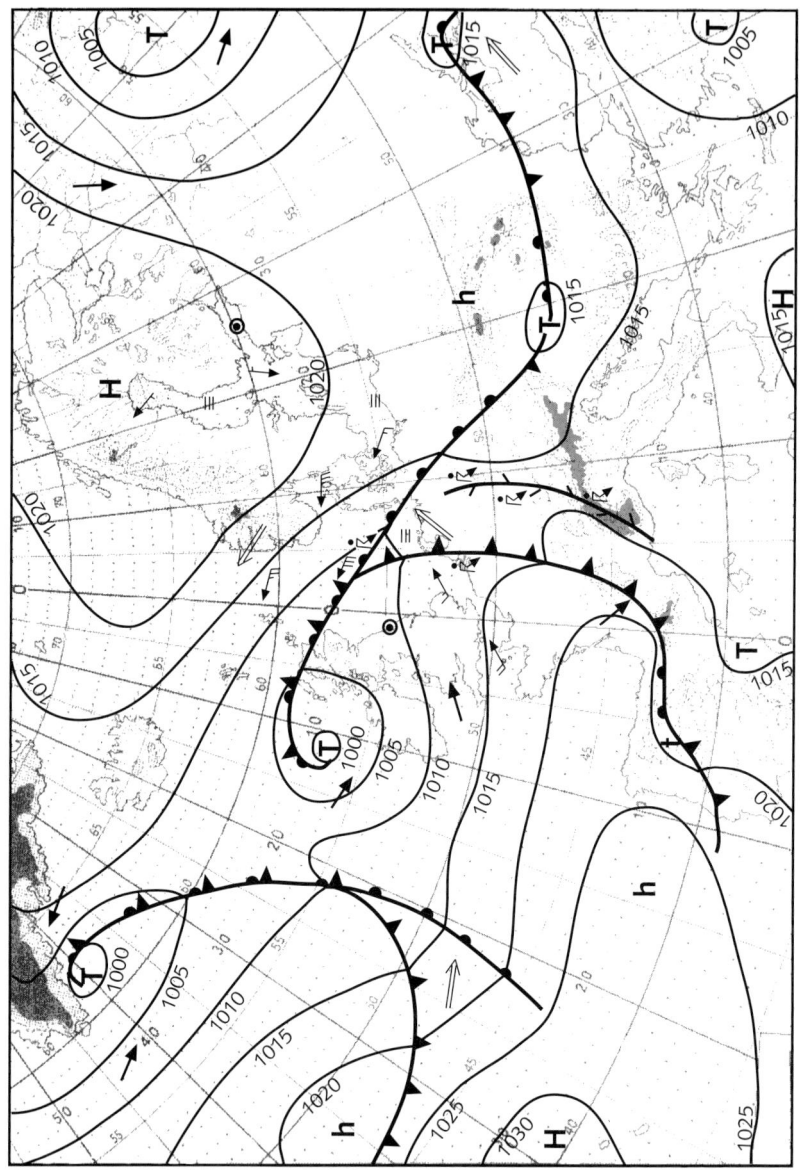

15 Hoch Nordmeer-Fennoskandien, antizyklonal (HNFa); Tief bei den Britischen Inseln (TB).

de waagerechte Striche). Ansonsten ist die Sicht meist gut, es herrscht heiteres und warmes Wetter.

Mit antizyklonaler Krümmung ist der Wind bei gleichem Isobarenabstand stärker als bei zyklonaler Krümmung. Es gibt im Winter, aber auch im Frühling und Frühsommer antizyklonale Hochdrucklagen mit recht starkem Gradienten, so daß die Großwetterlage HNFa durchaus Sturm bringen kann!

Wenn eine kräftige, auch in der Höhe gut ausgeprägte Zyklone über beziehungsweise bei den Britischen Inseln liegt, gelingt es ihren Ausläufern, nach Deutschland und zur Nordsee vorzudringen. Allerdings gelangen sie nur selten bis zur Ostsee. Auch in unserem Wetterbeispiel (Abb. 15) schaffen sie es gerade noch bis in die westliche Ostsee und den Skagerrak.

Im Gegensatz zur antizyklonalen Südwestlage tritt bei der Wetterlage TB nur selten eine stärkere Vertiefung der Randstörungen auf der Vorderseite des Britischen Tiefs auf. Dies verhindert das Skandinavienhoch, das auch in der Höhe gut ausgeprägt ist.

Der Wind weht aus Südost, in der westlichen Nordsee aus Südwest bis Süd. In der Nordsee ist er gebietsweise stark, im Frontenbereich sogar stürmisch; es treten Gewitter, aber – vor allem im Warmsektor – auch Nebelfelder auf. Über Land bildet sich häufig eine Konvergenzlinie (in der Abbildung über Westdeutschland), die auch die küstennahen Seegebiete der Nordsee und eventuell die Dänischen Inseln erreichen kann.

Abgesehen davon ist das Wetter der Ostsee störungsfrei. Im Sommer wird es warm; über kaltem Wasser gibt es Nebelfelder, sonst ist die Sicht gut. In den Übergangsjahreszeiten ist es teils heiter, tagsüber mäßig warm, nachts recht kühl, oder es ist hochnebelartig bewölkt und kalt. Im Winter über der Ostsee und nördlichen Nordsee ähnelt diese Wetterlage der bereits beschriebenen HNFz-Lage mit kaltem Wetter und böigem Nordost- bis Ostwind; in der südlichen und westlichen Nordsee ist es bei schwachem bis mäßigem Südwestwind wesentlich milder und gebietsweise neblig.

Die Wetterlagen HNFa und TB treten bevorzugt im April und Mai sowie in kalten Wintern und in warmen Sommern auf. In den „normalen" nordwestwindbestimmten Sommern sind sie selten.

Hoch Mitteleuropa (HM)

Bei dieser Wetterlage liegt eine kräftige Hochdruckzelle über Mitteleuropa. In der Höhe befindet sich ein abgeschlossenes Hoch oder zumindest ein starker Keil des ostatlantischen Hochs etwas westlich des Bodenhochs, also auf dessen warmer Seite. Diese Antizyklone steuert alle Störungen in weitem Bogen im Uhrzeigersinne um sich herum. Im Bereich der Nord- und Ostsee verläuft dabei die Frontalzone (das ist das Gebiet der stärksten Höhenströmung) mit leicht antizyklonaler Krümmung zwischen 55 und etwa 62°N, also dort, wo am Boden noch hoher Luftdruck mit schwachem bis mäßigem Wind vorherrscht.

Die nördlichen Seegebiete sowohl der Nordsee als auch der Ostsee werden also von Tiefausläufern gestreift beziehungsweise überquert, während es in der südlichen Nordsee, der Deutschen Bucht, der westlichen und südlichen Ostsee störungsfrei bleibt.

In diesen Gebieten ist der Wind recht schwach; weiter nach Norden hin nimmt er immer mehr zu. Über der Nordsee kommt er aus Südwest bis West, über der Ostsee aus West bis Nordwest.

Im Sommerhalbjahr ist es südlich von etwa 55°N sonnig und warm, im Frühling und Frühsommer gibt es über dem verhältnismäßig kalten Wasser einige Nebelfelder; der Seewind an der Küste ist tagsüber gut ausgeprägt. Im Winterhalbjahr herrscht über Land und an den Küsten, vor allem an der Ostseeküste, oft recht kaltes Wetter.

In den nördlichen Seegebieten gibt es zeitweise stärkere Bewölkung, in der nördlichen Nordsee, vor allem im Stau des skandinavischen Gebirges, auch Sprühregen und Regen, über der nördlichen Ostsee und ihren Meerbusen vereinzelt Schauer. Die Sicht auf der Nordsee ist oft nur mäßig, auf der Ostsee meist gut.

Die HM-Wetterlage ist recht häufig; sie kommt am ehesten im September/Oktober sowie im Januar vor, seltener ist sie im April und November. Sie wird meist dadurch beendet, daß das mitteleuropäische Hoch nach Osten, im Winter auch nach Skandinavien abwandert. Dann dringen Zyklonen von Westen her zur Nordsee und später zum Teil auch zur Ostsee vor.

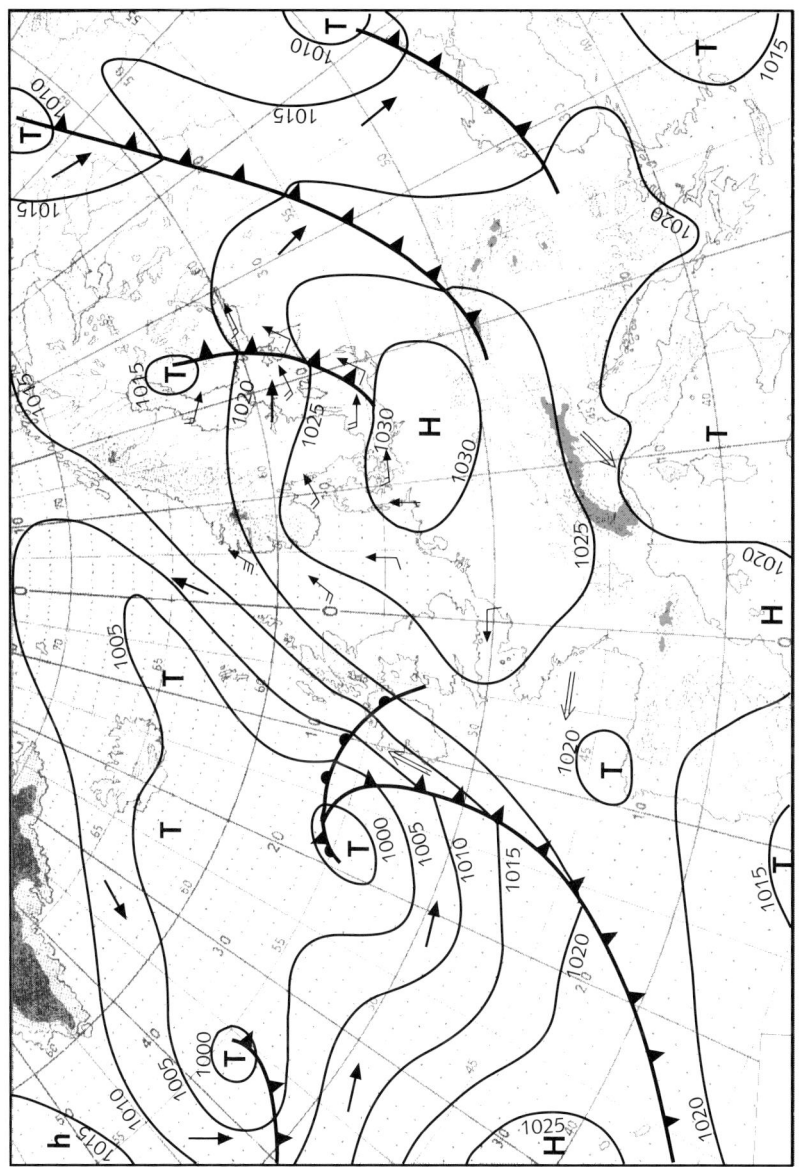

16 Hoch Mitteleuropa (HM).

Mächtige Haufenwolken (untere) und die „Sonnenstrahlen" obere Bildhälfte) bei einer feuchten zyklonalen Südwest-Wetterlage. Sie sind Vorboten von Schauern und Gewittern.

Antizyklonale Südwestlage (SWa)

Wenn sowohl am Boden als auch in der Höhe das umfangreiche Hoch weiter südöstlich liegt als im vorigen Wetterbeispiel, z. B. über dem Balkan, und ein kräftiges Tief bei Island, herrscht über der Nordsee sowohl unten als auch in der Höhe eine Südwestströmung; über der Ostsee dreht die Strömung von Südwest am Boden auf West in der Höhe, ein Indiz für Warmluftzufuhr. Dann tritt auch ein Stromstrich verstärkter Winde vor Südnorwegen auf.

Die Witterung bei dieser Großwetterlage ist meist recht beständig, niederschlagsfrei und warm, im Sommer sonnig. Generell ist es diesig, im Frühling über kaltem Wasser ist auch mit Nebel zu rechnen. Die typischen Windstärken bei dieser Wetterlage liegen in der Nordsee und Ostsee bei 3–5 Bft, vor Südnorwegen bei 5–7 Bft. Die Großwetterlage SWa geht vielfach, wie auch im vorliegenden Falle, nach mehreren Tagen Dauer in eine zyklonale Südwestlage und dann in eine zyklonale Westlage über. Recht häufig ist diese Wetterlage im Februar und Oktober/November anzutreffen, besonders selten von Mai bis August.

Zyklonale Südwestlage (SWz)

Beim Betrachten der Abbildung 17 kann man kaum erkenen, daß es sich hierbei um eine Südwestlage handelt: Über der Nordsee und der Beltsee weht ein schwacher Südwind, über der Ostsee ein schwach umlaufender oder ein sehr schwacher Süd- bis Westwind.
Ein Blick auf die Höhenwetterkarte, Abb. 17a, zeigt jedoch, daß die steuernde Strömung über der Nordsee aus Südwest, über der Ostsee aus Westsüdwest kommt. Das steuernde Hoch über dem Balkan ist hier viel besser ausgeprägt als in der Bodenkarte. Recht stark ist die Luftströmung in 5 bis 6 km Höhe über dem Festland, nämlich 50–60 Knoten aus SW bis WSW. Besonders kräftig (70 Knoten) weht es über dem Englischen Kanal aus Südwest.

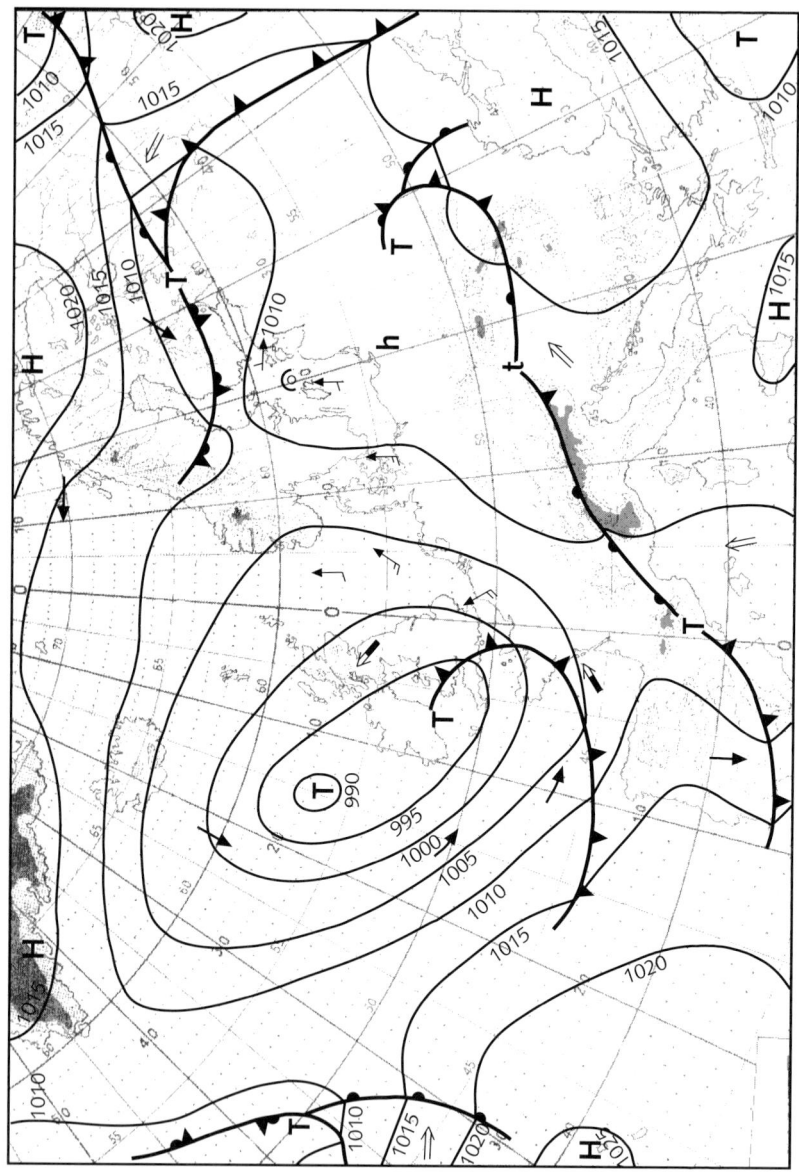

17 Bodenwetterkarte zyklonale Südwestlage (SWz).

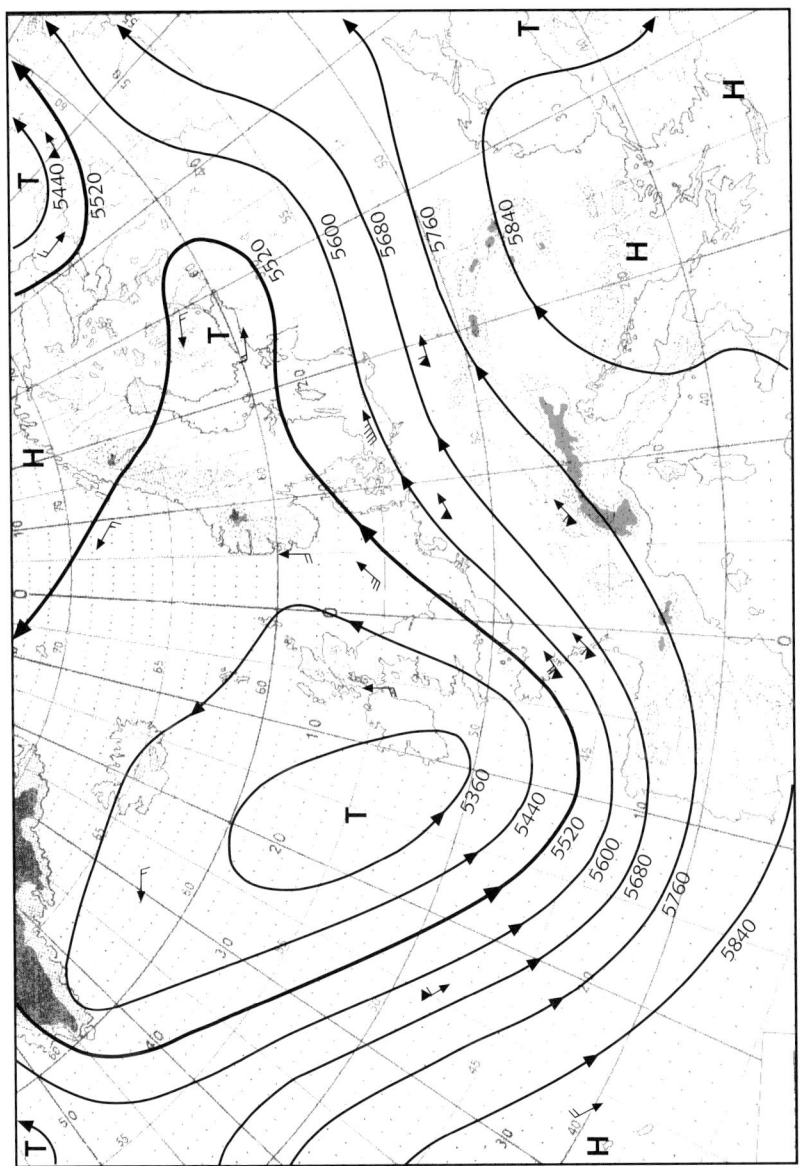

17a Zyklonale Südwestlage, Höhenkarte 500 hPa (etwa 5,5 km Höhe).

Diese starke Strömung führt auch verschiedene Luftmassen gegeneinander, die feuchtwarme Subtropikluft vom westlichen Mittelmeer gegen die erwärmte Polarluft über der Biscaya; hinter der Kaltfront strömt frische Polarluft südlich von Irland heran. Da es sich um drei Luftmassen handelt, die hier über Südfrankreich „zusammenprallen", spricht man von einem „Dreimasseneck". Eine solche Situation führt fast immer zu einer starken Tiefdruckentwicklung. In unserem Falle vertieft sich das nordspanische Randtief über Deutschland zur Sturmzyklone und dreht dabei nach Norden ein. Zwei Tage später liegt es mit 985 hPa über Südnorwegen. Der Wind über Nord- und Ostsee frischt auf, erreicht in der Nordsee 4–6 Bft aus WSW, in der Ostsee 6 Bft aus SW. Der Frontdruckgang ist mit Gewittern und Starkregen verbunden.

Eine zyklonale Südwestlage birgt immer die Gefahr, daß (gewittrige) Tiefausläufer oder Randtiefs unter Intensivierung in die Nord- oder Ostsee ziehen und für böse Überraschungen in Form von teilweise schweren Sturmböen sorgen. Im Sommer ist es bei dieser Lage nur mäßig warm, in den übrigen Jahreszeiten deutlich milder als normal. Es ist teils sonnig, teils stark bewölkt mit Regen, Schauern oder Gewittern; bei relativ kaltem Wasser kann sich Dunst oder Nebel bilden. Die Windstärken sind meist ähnlich wie bei der antizyklonalen Südwestlage, aber im Bereich von Randtiefs muß – auch im Sommer – mit Sturm und schweren Böen gerechnet werden.

Am ehesten kommt diese Wetterlage im Spätherbst und in milden Wintern vor, recht selten ist sie im Juni und Juli. Ab Ende August muß man vermehrt mit ihr rechnen.

Wetterregeln

Regeln zur Verlagerung von Tiefdruckgebieten

Als Anhaltspunkte können gelten:
Die mittlere Zuggeschwindigkeit von Tiefdruckgebieten über See liegt bei 20 Knoten, über Westeuropa bei 15 Knoten.

Ein neu entstandenes, also junges Tief zieht mit 25 bis 30 Knoten; ein okkludiertes, älteres Tief mit 10 bis 15 Knoten.

Im Sommer ist die Verlagerungsgeschwindigkeit etwa 5 Knoten niedriger, im Spätherbst und Winter etwa 10 Knoten höher als in den Übergangsjahreszeiten.

Zyklonen verlagern sich so, daß sie das Gebiet warmer Luft oder das warme Hoch auf ihrer rechten Seite lassen.

Eine junge Zyklone zieht in Richtung der Isobaren ihres Warmsektors. Sie vertieft sich so lange, bis der Warmsektor verschwunden ist (Okklusion).

Nach der Okklusion schwenkt die Zugbahn nach links und wird langsamer.

Bildet sich am Okklusionspunkt ein Teiltief, verlagert sich dieses nach der Warmsektorregel, manchmal schert es sogar nach rechts aus.

Ziehen sich die Isobaren einer okkludierten Zyklone in die Länge, so bildet sich häufig ein Teiltief, das in Richtung der Längsachse weiterzieht (Abb. 18)

Alte, restlos okkludierte große Tiefdruckgebiete verlagern sich nur wenig oder unregelmäßig.

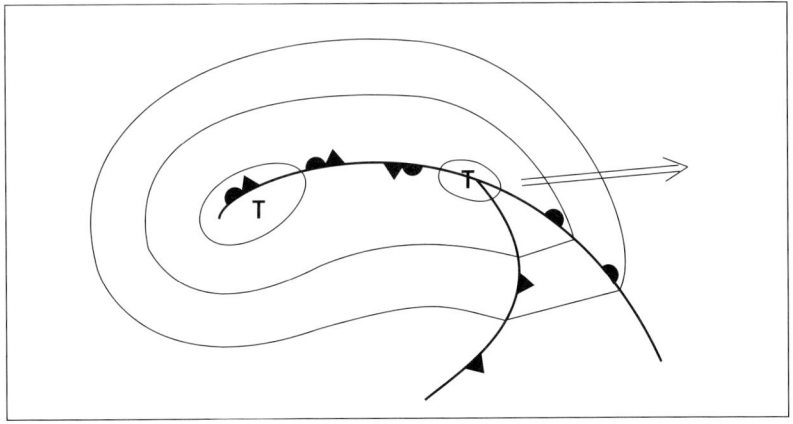

18 Teiltiefbildung am Okklusionspunkt und weitere Verlagerungsrichtung des Teiltiefs (Pfeil).

Hat ein größeres Tiefdruckgebiet zwei Zentren etwa gleicher Intensität, so haben diese die Tendenz, in zyklonalem Sinne – gegen den Uhrzeiger – um den (gedachten) Mittelpunkt zwischen beiden zu schwenken.

Ein Randtief umrundet das Haupttief (Zentralzyklone). Es nähert sich dabei dem Zentrum des Steuerungszentrums um so mehr, je größer der Vertiefungsprozeß ist. Es kann auch selbst zum Haupttief werden, also dessen Position einnehmen.

Findet keine Vertiefung statt, schwenkt das Randtief gegen den Uhrzeigersinn so weit, daß es nach 24 Stunden etwa auf der tiefsten 5-hPa-Isobare liegt, die beide Tiefs einschließt (Abb. 19)

Entwickelt sich bei einem okkludierten oder frontenlosen Tief ein ausgeprägtes einseitiges Sturmfeld, so hat das Tiefzentrum die Tendenz, in Richtung der Sturmisobaren zu wandern.

Tiefdruckgebiete erreichen nach 24 Stunden oft die Position des ihnen vorauslaufenden Zwischenhochkeils.

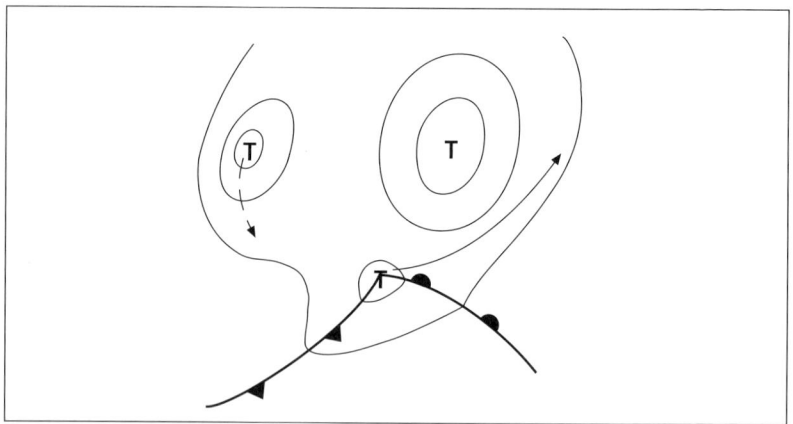

19 Verlagerung eines Randtiefs, wenn keine Vertiefung stattfindet; neue Position nach 24 Stunden bei der Spitze des durchgezogenen Pfeiles.

Regeln zur Entwicklung und Abschwächung von Tiefdruckgebieten

Zyklonen mit einem breiten Warmsektor vertiefen sich und werden oft schneller.

Eine sich abschwächende Zyklone wird wieder intensiver, wenn neue Kaltluft in ihre Rückseite oder neue Warmluft auf ihre Vorderseite gelangt.

Eine Zyklone vertieft sich, wenn ihre Luftmasse labiler wird; z. B. beim Übertritt vom kalten Wasser auf wärmeres Land oder umgekehrt im Winter beim Übergang vom kalten Land auf das oft noch warme Wasser.

Ein größeres Tiefdruckgebiet kann lange lebensfähig bleiben, wenn es vor einer Küste im Grenzbereich zwischen kalter und warmer Luft liegt.

Eine Zyklone mit starkem Wind auf ihrer Vorderseite wird stationär und schwächt sich ab.

Regeln zur Frontverlagerung

Eine Front bewegt sich um so rascher, je mehr Isobaren sie schneidet.

Eine Front bewegt sich um so schneller, je stärker der Druckfall auf ihrer Vorderseite (Warmfront) oder je stärker der Druckanstieg auf ihrer Rückseite ist (Kaltfront).

Kaltfronten verlagern sich mit der Stärke des Gradientwindes, das heißt des reibungsfreien Windes, Warmfronten über See mit etwa 70 Prozent des Gradientwindes, über Land mit 50 Prozent.

Auch Fronten – manchmal Tiefausläufer genannt – erreichen oft nach 24 Stunden den Ort der vor ihnen liegenden Zwischenhochkeile. Daraus resultiert, daß der nächste Tiefausläufer nach zwei Tagen zu erwarten ist. („Wie der Freitag sich neigt, so der Sonntag sich zeigt.")

Eine isobarenparallele Front ist stationär oder sehr langsam. Sie neigt zur Wellenbildung. Die Verlagerung erfolgt in Richtung des stärksten Druckfalls. Steigt der Luftdruck überall, wandert die Front vor dem stärksten Anstieg.

Nähert sich eine Okklusion von Westen her einem festliegenden kontinentalen Hoch, so wird sie langsamer.

Eine Front, die sich einem Hochkeil nähert, verlangsamt sich und löst sich auf. Generell lösen sich Fronten bei zunehmendem Hochdruckeinfluß auf. Nähert sich ein Trog einer Front, wird sie intensiver. Umgekehrt schwächt sich eine Front ab, wenn sie sich vom Tiefdrucktrog entfernt.

Regeln zu Trögen

Wenn nach der Passage einer Kaltfront der Druck nicht allmählich steigt, sondern konstant bleibt, oder sogar wieder fällt, und der Wind rückdreht, ist mit einem Trog zu rechnen.
Bei großräumigen Tiefdrucksystemen folgt der Trog der Front in einem zeitlichen Abstand von 12 bis 20 Stunden.
Der Wind dreht hinter der Kaltfront auf südwestliche, nach dem Trogdurchgang auf nordwestliche Richtungen.

Regeln zur Verlagerung und Entwicklung von Hochdruckgebieten

Die zwischen den Zyklonen liegenden Hochdruckrücken verlagern sich in gleicher Richtung und mit gleicher Geschwindigkeit wie die Zyklonen selbst.
Ein Hoch, dem sich eine Kaltfront nähert, schwächt sich ab und weicht vor der Front zurück.
Ein süd- oder südostwärts vordringendes Kaltluft-Hoch (hinter einer Kaltfront) verstärkt sich, während sich das davor liegende subtropische Warmlufthoch abschwächt.
Zu den beiden letzten Regeln:
Die Abbildung 20 zeigt, wie sich ein Hoch vor der Kaltfront (H1) abschwächt und zum Hochkeil wird, während der Keil hinter der Front sich verstärkt und zum neuen Hoch (H2) umwandelt. Durch diesen Vorgang wird oft das Subtropenhoch regeneriert, wobei sich der Schwerpunkt des hohen Drucks innerhalb kurzer Zeit nach Westen oder Norden verschiebt.
Die Bahn eines wandernden Hochs weicht meist nach rechts von der Bahn des vorlaufenden Tiefdruckgebiets ab.
Ein langsam oder stationär werdendes Kaltluft-Hoch wandelt sich in mittleren Breiten allmählich in ein relativ warmes Hoch um und wirkt dann als Steuerungszentrum für die nördlichen Tiefdruckgebiete.

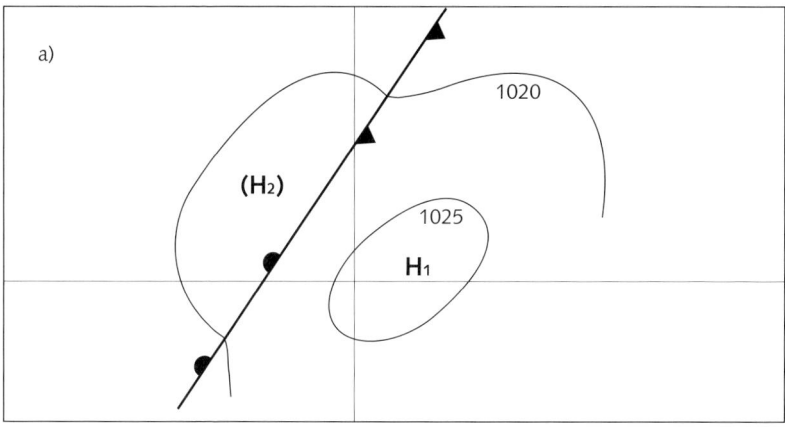

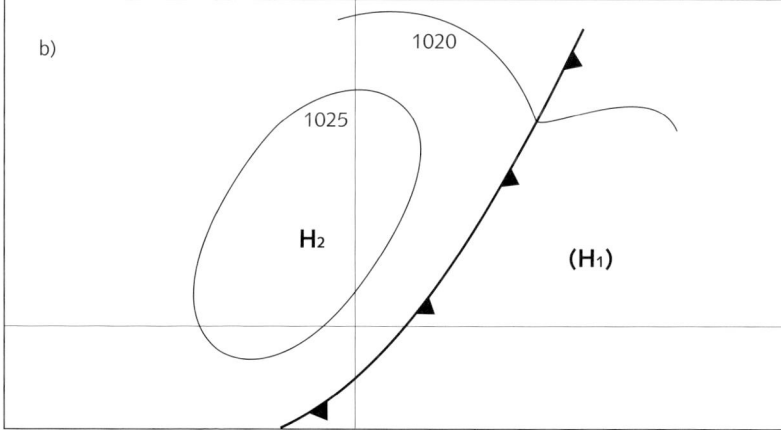

20 Ein kaltes, hinter einer Kaltfront südostwärts vordringendes Hoch (H₂) verstärkt sich, während sich das davor liegende warme Hoch (H₁) abschwächt: a) vorher; b) nachher.

Cumulus congestus über Land: Wenn diese zusammengeballten Haufenwolken schon morgens entstehen, ist mittags und nachmittags mit Schauern zu rechnen, die dann vom Land auch über See hinaus ziehen.

Weicht die Bahn eines Hochs (ausnahmsweise) nach links von der Bahn des vorausgehenden Tiefs ab, so erfolgt oft eine Umstellung der Großwetterlage: Das Hoch verstärkt sich, und die nachfolgenden Zyklonen umrunden das Hoch auf nördlicheren (teilweise auch südlicheren) Routen.

Kleinere Hochdruckgebiete wandern gewöhnlich schneller als große. Umfangreiche starke Hochdruckgebiete liegen fest. Manchmal bewegen sie sich langsam und unregelmäßig. Durch Warmluftzufuhr kann ein Hoch seinen Schwerpunkt auch nach Westen verlagern.

Luftdruckregeln

Gleichbleibender Luftdruck spricht für beständiges Wetter.

Langsamer und gleichmäßiger Druckanstieg deutet meist auf eine längerfristige Wetterbesserung hin, während bei schnellem Druckanstieg nur eine kurze Besserung zu erwarten ist.

Bei Luftdruckänderungen von mehr als 4 hPa in 3 Stunden muß mit Starkwind (6–7 Bft), bei 6 bis 9 hPa innerhalb von 3 Stunden mit Sturm (8–9 Bft) und bei mehr als 10 hPa in 3 Stunden mit zweistelligen Windstärken gerechnet werden.

Regeln über Luftmassen

Strömt eine Luftmasse über einen kälteren Untergrund, so nimmt die Stabilität ihrer Schichtung zu. Umgekehrt nimmt die Stabilität ab, bzw. die Labilität zu, wenn sie über wärmeres Wasser oder wärmeres Land fließt.

Die Luft wird somit beim Übertritt vom Meer aufs Land im Winter stabiler und im Sommer labiler.

Strömt die Luft vom Festland aufs Meer, so wird sie im Sommer stabiler und im Winter labiler.

Regeln über den Wind

Ändert sich die vorher beständige Richtung des Windes, so ist mit einem Wetterumschwung zu rechnen.
Land- und Seewind sind ein Anzeichen für beständiges Wetter.
Ausbleiben des Seewindes am Tage oder Verstärkung des Seewindes am Abend und in der Nacht kann Wetterverschlechterung bedeuten.

Regeln über Bewölkungsänderungen

Schneller Wolkenaufzug aus einer Richtung, die stark von der Bodenwindrichtung abweicht, führt zu Wetterverschlechterung.
Bei Annäherung einer Warmfront sinken die Untergrenzen bei fallendem Luftdruck. Der Wind dreht rück und nimmt zu.
Zinnenförmige oder flockige mittelhohe Wolken sind Gewitterboten.

Eine spezielle Wetterregel für Segler

Kommt erst der Wind und dann der Regen, kannst du dich ruhig schlafen legen, kommt erst der Regen und dann der Wind, mach die Segel fest geschwind.
Was steckt hinter dieser alten Regel?
Es gibt zwei Arten von Kaltfronten: eine mit Niederschlag hinter der Front und eine andere mit Niederschlag davor.
Die Kaltfront erster Art ist eine langsam fortschreitende, zur Wellenbildung neigende Front, wie sie im Außenbereich von Zyklonen anzutreffen ist. Bei ihr befindet sich der Niederschlag auf der Rückseite. Bei gleichmäßigem Regen, ähnlich dem an einer Warmfront, kommt es in der Kaltluft nicht zu heftigen Böen.
Die gefährlichere Kaltfront zweiter Art ist eine schnell laufende Front, die man im inneren Bereich der Tiefdruckgebiete findet. Der Regen setzt vor dem Frontdurchgang ein. An der Front dreht der Wind rasch recht und nimmt plötzlich zu, wobei heftige Böen auftreten.

Weitere Wetterregeln

Morgenrot mit Regen droht, Abendrot Schönwetterbot!
Auch im englischsprachigen Raum ist diese Regel bekannt:
„Red sky in the morning is a sailor's warning, red sky at night ist the sailors delight".
Südwest Regennest, Ostwind schön Wetter beginnt.
Starker Tau hält den Himmel blau.
Wenn am Morgen kein Tau gelegen, warte bis Abend auf sicheren Regen.
Abendlichem Bodennebel folgt schönes Wetter.
Weiße Wolken (flache Haufenwolken) befeuchten die Erde nicht.
Gewitter, die langsam ziehen, schlagen am schwersten.
Ein weiter Ring um Sonne und Mond (Halo) verkündet Landregen.
Wenn vernarbte Wunden wieder schmerzen, deutet dies auf einen Wetterumschwung (Luftmassenwechsel) hin.
Feuchtes West- oder Südwestwindwetter macht oft ferne Geräusche hörbar.

4 Regionale Besonderheiten

Nördliche Nordsee mit Westküste Südnorwegens, Shetlands und Orkneys

Stichworte: Kühle Sommer, milde Winter, starker Wind, Fallböen am norwegischen Gebirge, hoher Seegang, wolkenreich, gute Sicht; außerordentlich starke Gezeitenströme im Pentland Firth und zwischen den Orkneys.

Rauh ist das Klima der nördlichen Nordsee. Die größten Windstärken, die höchsten Wellen, den meisten Regen und den wenigsten Sonnenschein aller in diesem Buch beschriebenen Regionen findet man hier. Bei den Orkneys und vor allem im Pentland Firth kommen noch die außergewöhnlich starken Gezeitenströme als Gefahrenmoment hinzu.

Wind

Die mittlere Windgeschwindigkeit in der nördlichen Nordsee für alle Monate geht aus der Abbildung 1 hervor.
Für die Nordsee sind Windsterne der Monate März, Juni, September und Dezember dargestellt, für die Ostsee die von Februar, Mai, August und November. Mai und Juni sind die Monate mit der geringsten Windstärke in der Ostsee beziehungsweise Nordsee, im November/Dezember bläst der Wind am stärksten. Die Monate Februar/März und August/September stellen jeweils die Übergangsmonate dar.
Die Abbildungen 21 und 22 zeigen, daß südliche und nördliche Windrichtungen häufiger vorkommen als östliche und nordöstliche, die im Jahresmittel zusammen nur mit etwa 13 % Häufigkeit vertreten sind. Hieran erkennt man den Führungseffekt durch die gebirgigen Küsten, vor allem durch das nor-

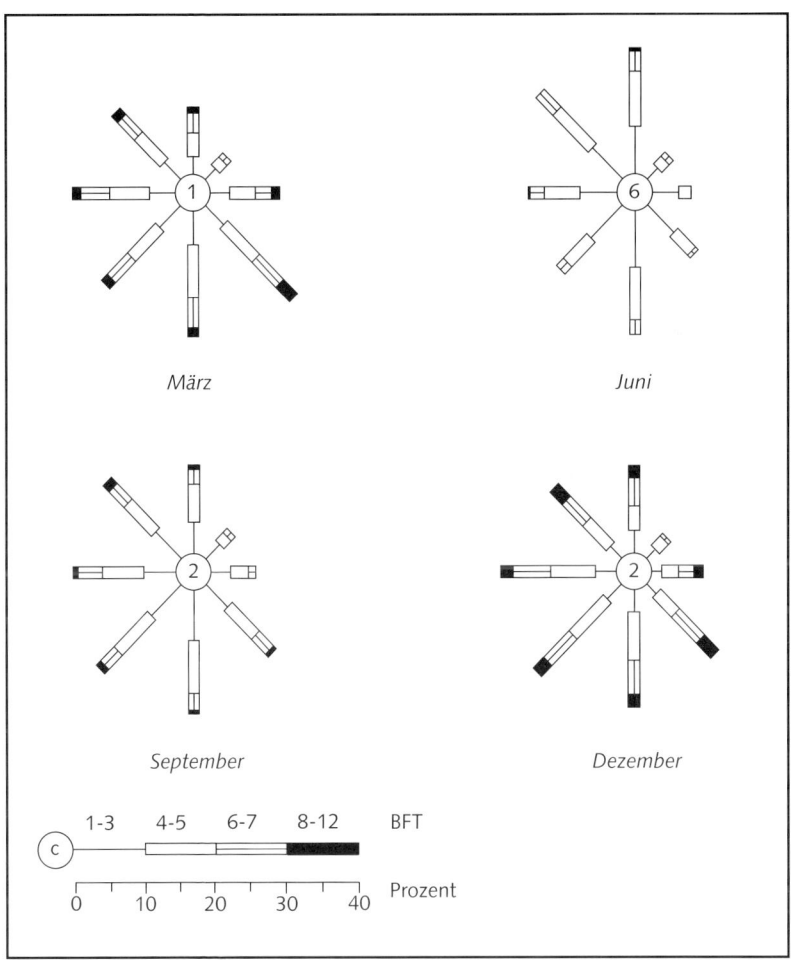

21 Windsterne für die nördliche Nordsee.

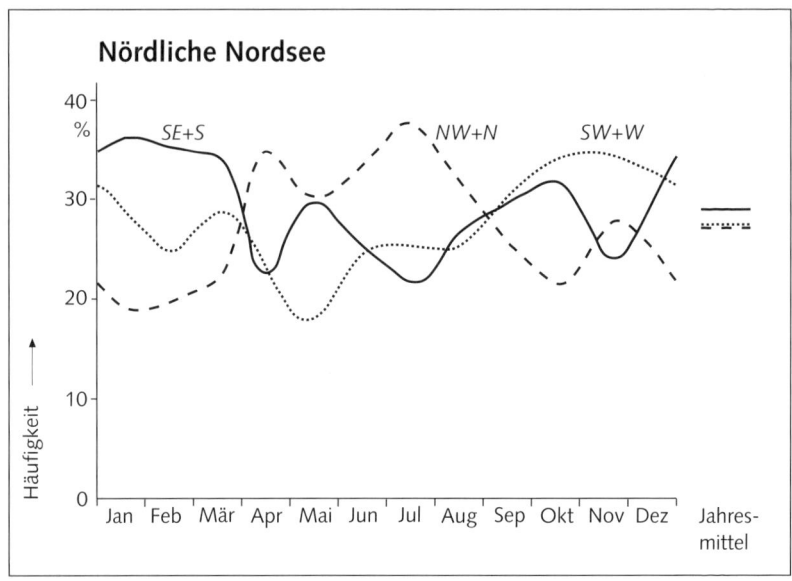

22 *Monatliche Häufigkeit von Südost- und Südwind, von Südwest- und Westwind
sowie von Nordwest- und Nordwind in der nördlichen Nordsee.*

wegische Gebirge. Somit ist im Winter Süd bis Südost die vorherrschende
Windrichtung, Nord bis Nordwest im Frühling und Sommer, West und Südwest im Herbst. Im Mai ist der Wind so unbeständig, daß man kaum eine vorherrschende Richtung angeben kann.

Auch im Sommer muß man mit mehreren Stürmen rechnen (s. Abb. 4), allerdings gibt es schweren Sturm oder Orkan dann höchstens in Böen. Ab
September bis Anfang Mai kann es schweren Sturm auch im 10-Minuten-Mit-
tel oder mit noch längerer Dauer geben. Orkan (12 Bft) ist zwar sehr selten,
aber von Oktober bis März muß man mit ihm rechnen.

Je nachdem, wie geschützt die Küstenorte liegen, haben sie eine höhere
oder niedrigere mittlere Windstärke. So weisen z. B. die exponiert gelegenen
Inseln Utsira (ca. 59,4°N, 4,8°E) und Fair Isle (etwa 59,6°N, 1,6°W) im Jah-

resmittel eine Windstärke von 16 beziehungsweise 15 Knoten auf, während das geschütztere Stavanger nur 9 kn verzeichnet. Sehr unterschiedlich ist auch die Anzahl der Tage mit Sturm an Küstenorten; Utsira meldet z. B. 42, Bergen 8 und Kirkwall 23 pro Jahr. Sturm tritt an fast allen Küstenorten auch im Sommer auf, natürlich wesentlich seltener als im Herbst und Winter. Die Maximalböen erreichen an exponierten Orten (Utsira, Lerwick) im Sommer etwa 56–70 Knoten, in den übrigen Jahreszeiten 80–90 Knoten.

Während der Seewind an den Küsten wegen meist starker Bewölkung kaum in Gang kommt, gibt es am norwegischen Gebirge Bora-ähnliche Fallwinde. Diese treten vor allem in den Fjorden auf, wenn das Land kalt ist und aufgrund der Wetterlage ein Ostwind weht. Dann kühlt sich über dem bis in den Sommer hinein schneebedeckten Gebirge die Luft nachts stark ab und stürzt durch die Täler in die Fjorde hinein (s. Kap. 2). Deshalb ist bei solchen Wetterlagen Vorsicht angebracht, bevor man in die Fjorde hineinfährt. – Ähnlich heftige Böen gibt es in den Fjorden der gebirgigen Färöer, wenn der Wind (Sturm) quer darüber weht.

Zwischen den Inseln der Orkneys und der Shetlands kann es bei entsprechenden Windrichtungen zu Düseneffekten kommen, vor allem im Pentland Firth zwischen der bergigen Insel Hoy und dem schottischen Festland bei West- oder Ostwind. Nordwestliche und südöstliche Winde sind im Eynhallow Sound, Westray Firth und Stronsay Firth (Orkneys) verstärkt, Nordwind im Yell Sound (Shetlands). Düseneffekte treten bei Südost- und Nordwestwinden in den Fjorden der Färöer auf.

Seegang

Nicht nur wegen der verhältnismäßig großen Windstärken sind die Wellen in der nördlichen Nordsee höher als anderswo, sondern auch weil die nordatlantische Dünung von Westen, Nordwesten oder Norden in dieses Seegebiet hineinläuft. Aber auch Dünung, die aus der Nordsee selber stammt, beeinflußt ihre nördlichen Teile. Das geschieht vor allem bei Südwest- bis Südostwind.

Die Richtungsverteilung der Windsee entspricht natürlich der des Windes (s. Abb. 21 und 22). Die mittlere Wellenhöhe in der nördlichen Nordsee geht aus Abbildung 2 hervor. Diese kennzeichnende Wellenhöhe gilt für die offenen landfernen Seegebiete. Von Mai bis August ist dort also mit knapp 1,4 m Wellenhöhe zu rechnen (s. Abb. 29), im September mit ca. 1,6 m (Abb. 30). Bei Stürmen kann die Wellenhöhe auch im Sommer 5 m überschreiten. Die Häufigkeit hoher Wellen (3,3 bis 4,7 m) beträgt im Sommer etwa 4 %, im Spätherbst und Winter 12 bis 16 %. Sehr hohe Wellen (4,8 m und höher) treten im Sommer mit $1/2$ bis $2^1/2$ % Häufigkeit auf, im Winter mit 8 bis 12 %. Die größten kennzeichnenden Wellenhöhen erreichen im Juni und Juli etwa 8 m, im Mai, August und September etwa 10 m. In den übrigen Monaten muß man mit 12 bis 13 m rechnen; Einzelwellen können bis zu 20 m Höhe emporwachsen.

Strömungen, Gezeitenströme

An der **norwegischen Küste** sind die Gezeitenströme wesentlich schwächer als bei Schottland und zwischen den Orkneys. Auch die Meeresströmungen sind allgemein schwach. Dennoch gibt es örtliche Besonderheiten, die man beachten sollte. Da hier nicht alle Einzelheiten beschrieben werden können, sei auf die Seehandbücher des Bundesamtes für Seeschiffahrt und Hydrographie verwiesen, hier auf das Norwegen-Handbuch, südlicher Teil [6] und auf das Nordsee-Handbuch [7], aus denen die Aussagen zu Strömungen und Gezeitenströmen stammen.

Die vor der Südküste Norwegens westwärts setzende Oberflächenströmung biegt um Lindesnes herum und folgt in nordwestlicher Richtung dem weiteren Verlauf der Küste. Sie neigt dazu, zur Küste hin zu setzen, besonders im Winter sowie nördlich von 60°N. Ihre größte Stärke erreicht sie südlich von Stavanger etwa 10 sm vor der Küste mit 0,5 bis 0,7 sm/h, nördlich davon ist sie etwa 5 sm außerhalb der Schären mit 0,5 sm/h am kräftigsten. Weiter daußen auf See bemerkt man sie kaum.

Winde beeinflussen die Richtung und Geschwindigkeit der Strömung stark. Bei Sturm aus südlichen Richtungen sollen Geschwindigkeiten bis zu 2 sm/h vorkommen. Bei Weststurm tritt eine beträchtliche Versetzung zur Küste auf! Im Falle langanhaltender Nord- bis Ostwinde können auch Strömungen anderer Richtungen auftreten.

Dicht unter Land und in den Innenfahrwassern verläuft die Strömung unregelmäßig und überlagert sich mit den Gezeitenströmen. Wenn sich beide in ihrer Wirkung ergänzen, können örtlich Geschwindigkeiten von 4 bis 6 sm/h auftreten! So setzt z. B. der Strom zwischen dem Bömlafjord und dem Korsfjord während das Wasser steigt, auch bei schwachen Winden, oftmals mit großer Geschwindigkeit auf die Küste zu.

Südlich von Stavanger sind die Gezeiten ziemlich unbedeutend, der mittlere Springtidenhub beträgt höchstens 0,5 m. Die meteorologischen Verhältnisse beeinflussen die Wasserstände. Starke auflandige Winde erhöhen den Wasserstand in den Fjorden, ablandige erniedrigen ihn. Bei viel Oberwasser (Schmelzwasser, Regenwasser) ist der aus den Fjorden auslaufende Strom stärker als der einlaufende.

Bei den **Shetlands, Orkneys** und vor allem im **Pentland Firth** sind die Gezeitenströme außerordentlich stark. Teilweise überschreiten die Stromgeschwindigkeiten 10 sm/h! Es bilden sich starke Neerströme, Stromwirbel und Stromschnellen, die wie kleine Wasserfälle aussehen. Keinesfalls sollte man den Pentland Firth und die Wasserwege zwischen den Orkneys und Shetlands ohne genaue Kenntnis der Eintrittszeiten und Gezeitenstrom-Systeme befahren. Gezeitenstromkarten und Tidenkalender informieren hierüber. Bei Sturm sollte man die Gewässer überhaupt meiden, denn wenn der Seegang gegen solch starke Gezeitenströme anläuft, entsteht durch zahlreiche Brecher eine wild tobende See.

Shetlands: Bei mäßigem Tidenhub sind die Gezeitenströme stark und unregelmäßig. Sie bedeuten bei der Fahrt in Küstennähe eine erhebliche Gefährdung für kleinere maschinenschwache Schiffe und Boote. Starkwind oder Sturm kann die in den Gezeitenstrom-Karten angezeigten Richtungen und Geschwindigkeiten erheblich verändern.

In der Durchfahrt zwischen den Shetland Islands und Fair Island beginnt der ostsüdostwärts setzende Strom 6 Stunden und 10 Minuten vor dem Hochwasser von Aberdeen (HW Abd. −6 h 10 min) und der westnordwestwärts setzende HW Abd. −0 h 10 min. Beide Ströme erreichen zur Springzeit eine Geschwindigkeit von 2,6 sm/h. − Fair Isle liegt quer zur Richtung der Ströme, so daß sich Neerströme westlich und östlich bilden. Stromwirbel vor beiden Enden der Insel entstehen bei beiden Strömen, von denen der südliche, Röst of Keels genannt, der gefährlichere ist. Er erstreckt sich 2 sm weit in südöstlicher Richtung bei südostsetzendem Strom, ebensoweit nach SW oder W bei nordwestsetzendem Strom. In der Nähe der Insel erreicht der südostsetzende Strom zur Springzeit eine Geschwindigkeit von 4 sm/h, der nordwestsetzende von 5 sm/h.

Bei der Durchfahrt zwischen Fair Island und den Orkneys, gut frei von den Inseln, drehen die Ströme im Uhrzeigersinn. Am schwächsten ist der Strom in nordöstlicher Richtung HW Abd. –6 h 10 min, darauf am stärksten HW Abd. –2 h 50 min in südöstlicher Richtung, dann wieder am schwächsten HW Abd. +0 h 10 min, südwestsetzend, und schließlich maximal nach Nordwest um HW Abd. +3 h 30 min. Die höchste Geschwindigkeit zur Springzeit beträgt etwa 2,5 sm/h.

Stärker noch als bei den Shetlands sind die Gezeitenströme zwischen den **Orkneys.** Daher sollte man sich vor Befahren dieser Gewässer unbedingt gründlich über die Gezeiten informieren. Starker Wind kann allerdings die in den Gezeitenkarten dargestellten Ströme verändern. – Als besonders gefährlich seien die starken Gezeitenströme bis 7,3 sm/h und die Stromwirbel Rullard Röst und Rull Röst im Westray Firth genannt. Bei Südstürmen und entgegengesetzten Gezeitenströmen entstehen zwischen War Ness und der Insel Muckle Green Holm ebenfalls gefährliche Stromwirbel, ebenso im Stronsay Firth vor Mull Head während des südostsetzenden Stroms.

Die Gezeitenströme im **Pentland Firth** übertreffen alles bisher Beschriebene. Sie erreichen außerordentlich große Geschwindigkeiten. Es entstehen ausgedehnte kräftige Neerströme, Stromwirbel und heftigste Kabbelungen mit steilbrechenden Seen. Die größte gemessene Stromgeschwindigkeit bei mittleren Springverhältnissen betrug 10 sm/h, das entspricht 13 sm/h bei Springzeit und Erdnähe des Mondes. Sie wurde etwa 2 sm südwestlich von Muckle Skerry festgestellt. Es sind noch größere Stromgeschwindigkeiten im Firth möglich!

Bei größtem Hub sind die Gezeitenströme etwa fünfmal so stark wie zur Zeit der Nipptide.

Der größte und gefährlichste Stromwirbel im Pentland Firth ist der Merry Men of Mey. Er tritt während des westsetzenden Stroms auf und bildet sich querab von den Men of Mey-Klippen, dicht vor St. John´s Point, etwa HW Abd.

−1 h 50 min. Danach dehnt er sich allmählich in nordnordwestlicher Richtung über den Firth hin nach Tor Ness aus. Bei voll entwickeltem westsetzendem Strom bricht die See sehr heftig über den ganzen Firth hin, am stärksten vor St. John´s Point. − Der Wirbel bildet einen natürlichen Wellenbrecher; östlich davon herrscht ruhiges Wasser, allerdings ist eine beträchtliche Maschinenstärke nötig, um nicht in den Wirbel hineingezogen zu werden.

Weitere gefährliche Wirbel sind The Swilkie querab von Swilkie Point, die Stromwirbel vor dem Nord- und Südende von Swona, bei Lother Rock sowie der Duncansby Race querab von Duncansby Ness. Dieser Stromwirbel ist während des ostsetzenden Stroms bei östlichen bis südöstlichen Stürmen, und bei Weststurm während des nordwestsetzenden Stroms sehr heftig und gefährlich.

Abgesehen von den Gezeitenströmen ist im Pentland Firth eine schwache westwärts gerichtete Strömung vorhanden, jedoch können zeitweise stärkere Strömungen auftreten, die nicht mit dem Wetter vor Ort zusammenhängen. Sie werden durch Wasserstandsänderungen, hervorgerufen durch die großräumigen Windsysteme über dem Nordatlantik und der Nordsee, erzeugt. Solche Strömungen, die 0,5 bis 1 sm/h erreichen können, überlagern sich den Gezeitenströmen.

Sicht

Die Sicht über der nördlichen Nordsee ist überwiegend gut oder sehr gut (10 km oder mehr). Am häufigsten ist diese Sichtstufe im Jahresmittel vor der norwegischen Küste nördlich von Stavanger und im Westteil vor den Orkneys/Nordschottland mit etwa 82 % anzutreffen, etwas seltener in den zentralen Teilen der nördlichen Nordsee und vor der südnorwegischen Küste mit 75 bis 76 %. Dort geht diese Sichtstufe im Frühling auf 69 bis 72 % zurück, im Juli/August erreicht sie etwa 80 %. Im Westen und Nordosten der nördlichen Nordsee trifft man von Mai bis Juli knapp 80 % gute und sehr gute Sicht an, ab August mehr als 80 %.

Dunst (1–4 km Sicht) tritt in den letztgenannten Gebieten im Jahresmittel mit etwa 4 % Häufigkeit auf, im Mittelteil der nördlichen Nordsee mit 6 bis 7 %. Die Nebelhäufigkeit liegt insgesamt bei etwa 2 %; die Monate mit dem mei-

Ort	Jan	Feb	Mär	Apr	Mai	Jun	Jul	Aug	Sep	Okt	Nov	Dez	Jahr
Utsira, Anz.	2	3	3	**6**	6	5	5	3	1	2	1*	1	37
Utsira, H.	1,4	2,1	3,2	**6,4**	4,8	3,5	4,4	2,2	0,9	1,1	0,6*	0,8	2,6
Fair Isle, H.	1,2	1,6	1,6	3,0	6,5	9,5	**14,2**	10,3	4,7	2,1	0,8*	1,2	4,7
Kirkwall, Anz.	0,5	0,6	1	2	5	5	**6**	4	2	1	0,5	0,3*	29
Kirkwall, H.	0,4	0,3	0,7	1,4	2,6	2,7	**4,2**	2,9	1,4	0,7	0,1*	0,2	1,5

Tabelle 3
Monatliche Anzahl von Tagen mit Nebel (Anz.) und Nebelhäufigkeiten (H., in Prozent)

*: Minimum   fett: Maximum

sten Nebel sind allgemein April oder Mai, im Westen der Juli. Recht wenig
Nebel gibt es im Spätherbst/Frühwinter, nämlich weniger als 1 %.
Etwas uneinheitlicher ist die Zahl der Nebeltage an Küstenstationen, weil hier
lokale Einflüsse wirken. Außerdem ist hiermit noch wenig über die Nebelhäufigkeit ausgesagt, da die jeweilige Andauer des Nebels unterschiedlich
ist. Für Utsira z. B. liegen beide Angaben vor. Dort entsprechen 37 Nebeltage pro Jahr einer durchschnittlichen Nebelhäufigkeit von 2,6 %, genau wie
auf See (s. Tab. 3). Danach wären auf Fair Isle etwa 70 Nebeltage pro Jahr
zu erwarten. Dort ist also die nebelreichste Region der nördlichen Nordsee,
während im benachbarten Kirkwall (Orkneys) verhältnismäßig wenig Nebel
auftritt.

Luft- und Wassertemperaturen

Kühle Sommer und milde Winter chakterisieren das Klima der nördlichen
Nordsee.
In den meisten Monaten ist das Wasser wärmer als die Luft (s. Abb. 23; ne-
gative Werte bedeuten, daß das Wasser wärmer ist als die Luft). Nur von Mai
bis Juni übertrifft die Lufttemperatur geringfügig die des Wassers. Insbesondere im Winter macht sich westlich von Südnorwegen der wärmende Einfluß
des Nordatlantikstromes (Ausläufer des Golfstromes) bemerkbar. Dies erklärt auch, warum es im Winter in Bergen und Stavanger trotz der nördlichen
Lage so mild ist – wesentlich wärmer als in Oslo (vgl. die Klimadiagramme
von Bergen und Oslo, Tab. 4). Im Sommer dämpft allerdings der maritime Einfluß die Temperaturen. Die höchste je gemessene Temperatur beträgt in Ber-

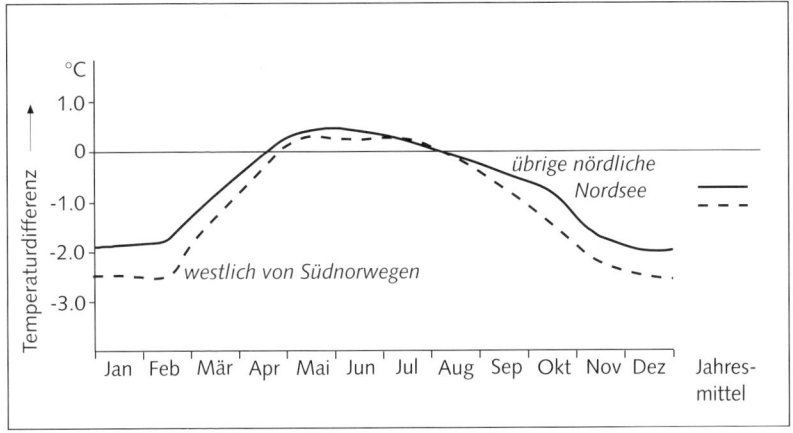

23 Jahresgang und Jahresmittel der Temperaturdifferenz Luft minus Wasser in der nördlichen Nordsee.

gen knapp 32 °C, in Lerwick nur 23 °C. Dafür sinkt sie dort nie unter –9 °C, in Kirkwall nicht unter –8 °C, während es in Bergen vereinzelt bis –13 °C kalt werden kann.

Noch stärker gedämpft als auf den Shetlands und Orkneys sind die Lufttemperaturen auf See: 22 bis 23 °C höchstens erreichen sie im August, –5 °C im Januar und Februar. Die Wassertemperaturen erreichen maximal etwa 20 °C und sinken im Winter nicht unter 0 °C ab. Meereis kommt auf offener See nicht vor.

Sonne und Regen

Meistens ist der Himmel über der nördlichen Nordsee stark bewölkt; es regnet oft und viel.

Von allen in diesem Buch beschriebenen Orten erhält Lerwick den wenigsten Sonnenschein (s. Tab. 4), im Jahresdurchschnitt nämlich nur 3,0 Stunden pro Tag, und Bergen den meisten Regen, nämlich fast 2000 mm pro Jahr. An durchschnittlich 231 Tagen im Jahr regnet oder schneit es dort. Noch mehr

Bergen	Jan	Feb	Mär	Apr	Mai	Jun	Jul	Aug	Sep	Okt	Nov	Dez	Jahr
Tmax	3,5	3,8	6,0	9,0	14,1	17,0	**18,2**	17,9	14,6	11,3	6,8	4,6	10,6
Tmin	−0,5*	−0,5*	0,4	3,0	6,6	10,1	11,5	11,4	9,0	6,5	2,7	0,8	5,1
Sonne	0,6	2,0	3,6	5,0	6,1	**6,6**	5,6	5,2	3,4	1,9	0,9	0,3*	3,5
RR-Menge	179	139	109	140	83*	126	141	167	228	**236**	207	203	1958
RR-Tage	20	17	16	19	15*	17	20	20	21	**23**	21	22	231

Lerwick	Jan	Feb	Mär	Apr	Mai	Jun	Jul	Aug	Sep	Okt	Nov	Dez	Jahr
Tmax	5,0	5,0	6,0	8,1	10,5	12,6	**14,4**	**14,4**	12,9	10,1	7,8	6,2	9,4
Tmin	1,2	0,9*	1,8	2,8	5,1	7,4	9,7	9,7	8,4	6,2	4,1	2,7	5,0
Sonne	0,8	2,0	2,6	4,7	**5,4**	5,3	4,2	3,4	3,5	2,2	1,1	0,5*	3,0
RR-Menge	107	87	69	68	52*	55	72	71	87	104	111	**118**	1003
RR-Tage	25	22	20	21	15	15*	17	17	19	23	24	**25**	243

Es bedeuten: Tmax   = mittlere tägliche Höchsttemperatur in °C
Tmin   = mittlere tägliche Tiefsttemperatur in °C
Sonne   = mittlere tägliche Sonnenscheindauer in Stunden
RR-Menge = mittlere monatliche und jährliche Niederschlagsmenge in mm
RR-Tage   = mittlere Anzahl der Tage mit mindestens 0,1 mm
(an britischen Stationen 0,25 mm) Niederschlag

Tabelle 4: Klimadiagramme von Bergen und Lerwick (Shetlands)

Regentage, nämlich 243, verzeichnet Lerwick bei insgesamt aber nur etwa 1000 mm Niederschlag, halb so viel wie in Bergen. „Schuld" hieran ist das norwegische Gebirge, das die feuchten Westwinde über Bergen zum Aufsteigen zwingt, was zu heftigen Stauniederschlägen führt.

Die Verhältnisse in Lerwick hingegen dürften für die offene nördliche Nordsee repräsentativ sein. Weiter nach Süden hin nimmt die Sonnenscheindauer zu (Kirkwall 3,4, Aberdeen 3,7 Stunden täglich), Regenmenge und Regenhäufigkeit ab (Kirkwall 950 mm pro Jahr an 188 Niederschlagstagen, Aberdeen 833 mm an 208 Tagen). Am meisten regnet es im Herbst und Frühwinter, am wenigsten im Frühling.

Gewitter kommen in der nördlichen Nordsee nur selten vor, allerdings treten sie in jedem Monat auf, am meisten noch im August. So beobachtet man auf See im Jahresmittel zu 0,5 Promille aller Beobachtungen Gewitter, im August zu 1,5 Promille. Dem entsprechen neun Gewittertage pro Jahr in Utsira, davon zwei im August.

Ostküste Schottlands und Englands

Stichworte: Trotz verhältnismäßig windgeschützter Lage Gefahr plötzlich hereinbrechender Stürme und heftiger Orkanböen. Örtlich starke Gezeitenströme und großer Tidenhub, Wasserstandsschwingungen in der Themsemündung; gute Sicht, Nebelarmut, milde Winter; viel Sonne, wenig Regen in Südost-England.

Wind

Vor der Ostküste Schottlands sind Südost und Süd die häufigsten Windrichtungen, Nordost und Ost die seltensten (s. Windsterne, Abb. 24, 25 und Abb. 26). So kommen erstere im Jahresdurchschnitt zu 30 %, letztere zu 13,5 % vor. Etwas anders sieht es vor der Küste Mittel- und Südostenglands aus: Dort trifft man am häufigsten Südwest- und Westwind an (s. Windsterne, Abb. 25, und Abb. 26), durchschnittlich zu 39 %, am seltensten zwar ebenfalls die Nordost- und Ostrichtungen, aber mit 18 % schon öfter als vor Schottland.

Im Jahresverlauf kommen sowohl vor Schottland als auch weiter südlich vor England Südwest- und Westwind im Frühling am seltensten vor, im Herbst am häufigsten. Nordwest- und Nordwind treten im Sommer besonders oft auf und sind dann sogar teilweise die Hauptwindrichtungen. Südost- und Südwinde weisen keinen deutlichen Jahresgang auf, im Juli und November kommen sie verhältnismäßig selten vor.

Die Beständigkeit (s. Kap. 2) ist im April und Mai mit Werten unter 10 % am geringsten. Bis zum Juli steigt sie dann auf etwa 30 % und behält dieses Niveau bis etwa November bei. Insgesamt ist sie vor der englischen Küste geringfügig höher als vor der schottischen.

Der Jahresgang der Windgeschwindigkeit vor der englischen Küste geht aus Abbildung 1 hervor. Vor der schottischen Küste ist der Jahresgang ähnlich, nur liegen dort die Windgeschwindigkeiten um etwa 1 Knoten höher. Auch die Häufigkeit von Starkwind und Sturm (Abb. 27) ist vor Schottland etwas größer als in den südlicheren Seegebieten der Nordsee.

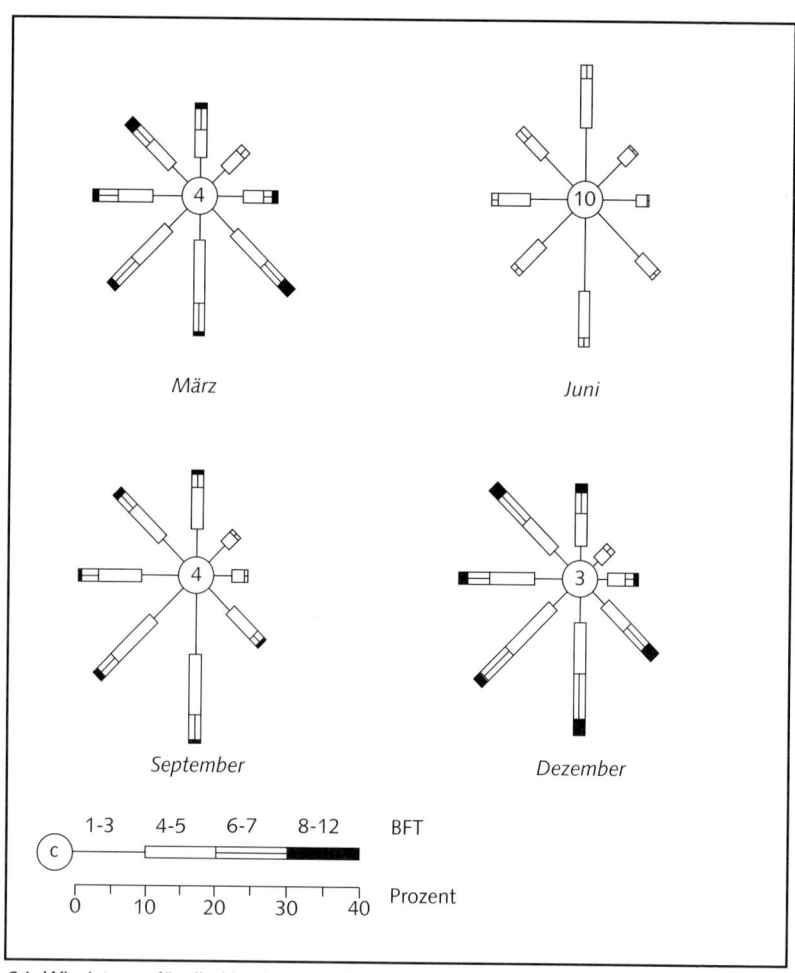

24 Windsterne für die Nordsee vor Schottland.

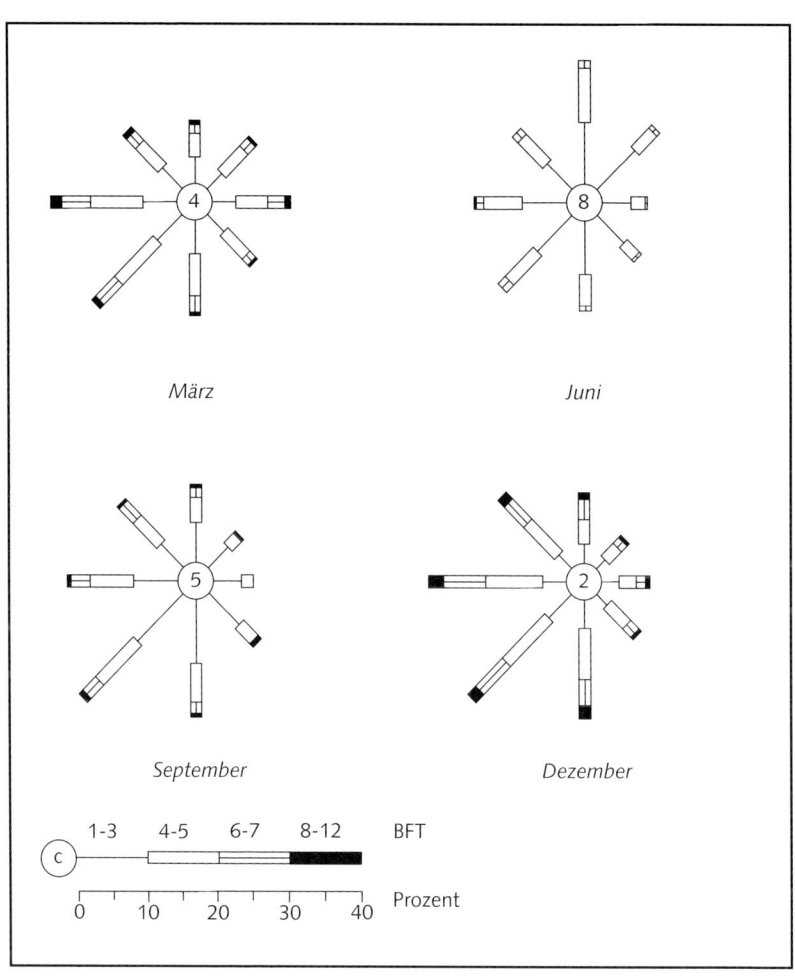

25 Windsterne für die Nordsee vor Mittelengland.

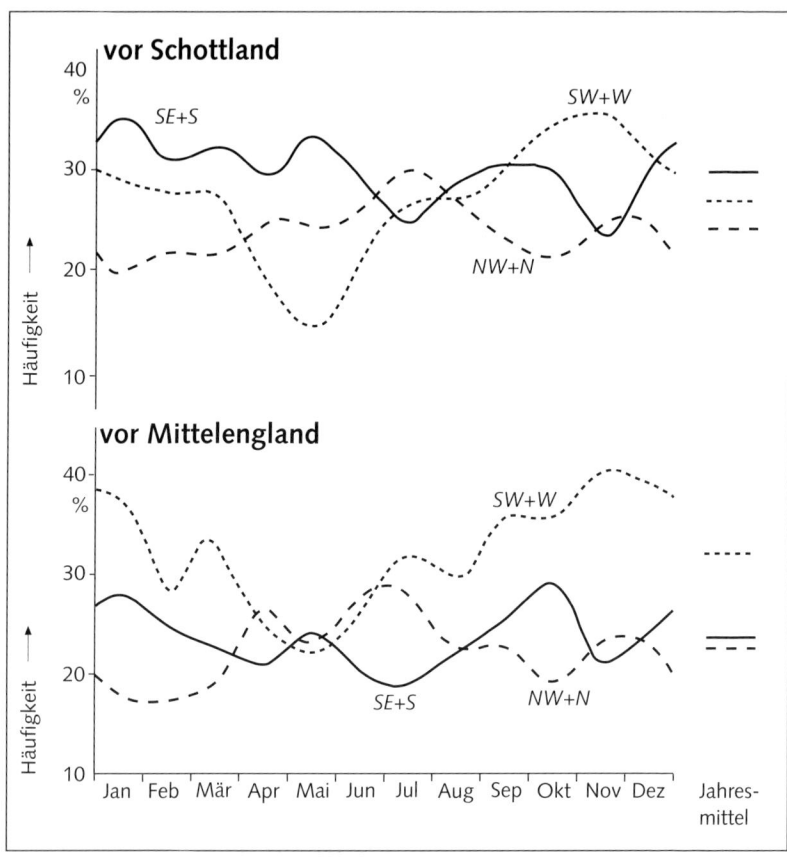

26 Monatliche Häufigkeiten von Südost- und Südwind, von Südwest- und Westwind sowie von Nordwest- und Nordwind vor der schottischen und vor der mittelenglischen Küste.

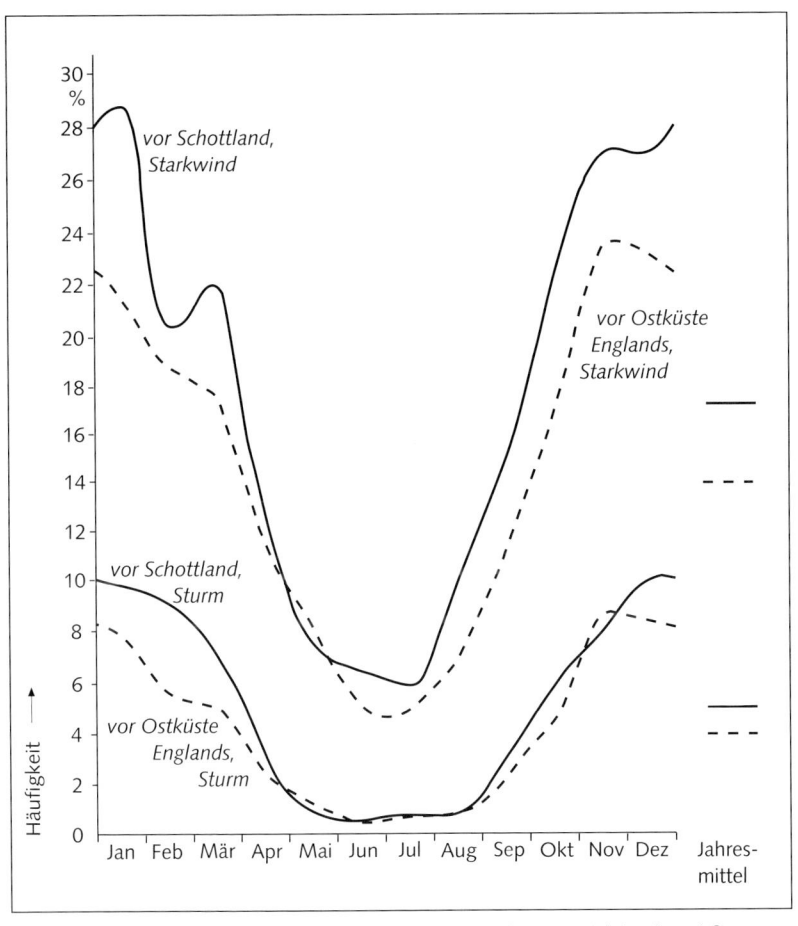

27 Jahresgang und Jahresmittel der Häufigkeit von Starkwind (oben) und Sturm (unten) im Seegebiet vor der Ostküste Schottlands und Englands.

Am wenigsten Starkwind (6–7 Bft) und Sturm (8 Bft und mehr) gibt es im Juni und Juli. Im August nimmt die Starkwindhäufigkeit bereits wieder merklich zu, im September auch die Sturmhäufigkeit. Vor der schottischen Küste erreicht die Sturmtätigkeit im Dezember/Januar ihr Maximum, die Starkwindhäufigkeit im Januar. An der englischen Küste ist bereits der November der Monat mit dem meisten Starkwind und Sturm. Obwohl im Sommer nur selten Sturm auftritt, gibt es doch – wenn auch ganz vereinzelt – in jedem Monat schweren Sturm (10 Bft und mehr). Orkan (12 Bft) kommt im Sommer allerdings nur in Böen vor; im 10-Minutenmittel oder mit noch längerer Andauer gibt es diese extreme Windstärke nur von November bis März.

Mehr oder minder stimmen die vorherrschenden Windrichtungen an Küstenorten mit denen auf See überein. Allerdings lenkt der Verlauf der Küsten, insbesondere wo diese bergig sind, die Winde ab und zwingt sie, parallel zu ihnen zu wehen. So ist z. B. die Hauptwindrichtung in Aberdeen Süd, in Edinburgh aber Westsüdwest. An den meisten Küstenorten ist West die vorherrschende Windrichtung. Dies gilt mit Ausnahme des Frühlings (April bis Mitte Juni); wegen der großen Unbeständigkeit des Windes kann man dann keine Hauptwindrichtung erkennen.

Land-Seewind   In vielen Küstenabschnitten ist das Land-Seewind-System gut ausgeprägt, wie z. B. in Aberdeen (Abb. 28). Während der Segelsaison Mai bis September weht dort nachts ein schwacher Landwind aus Nordwest; dann ist auch die Häufigkeit von Windstillen mit etwa 15 % recht groß. Bald nach Sonnenaufgang nimmt die Windgeschwindigkeit zu. Etwa gegen 11 UTC, das ist auch 11 Uhr Ortszeit, gewinnt der Seewind aus Südost die Oberhand über den ablandigen Nordwest. Tagsüber gibt es kaum Flauten. Die größte Stärke erreicht der Seewind gegen 14 UTC und flaut abends wieder ab; um 21.30 UTC übertrifft die Häufigkeit des Landwindes aus NW wieder die des Seewindes.

Nicht so deutlich ist das Auftreten des Land-Seewind-Systems im exponiert gelegenen Spurn Head. Hier dominiert den ganzen Tag über der klimatologische Südwest- bis Westwind. Dennoch nimmt ab etwa 11 UTC die Windstärke zu, und der aus Nordost bis Südost wehende Seewind tritt nun fast genau so häufig auf wie die westlichen Windrichtungen (jeweils 2 Pfeile von

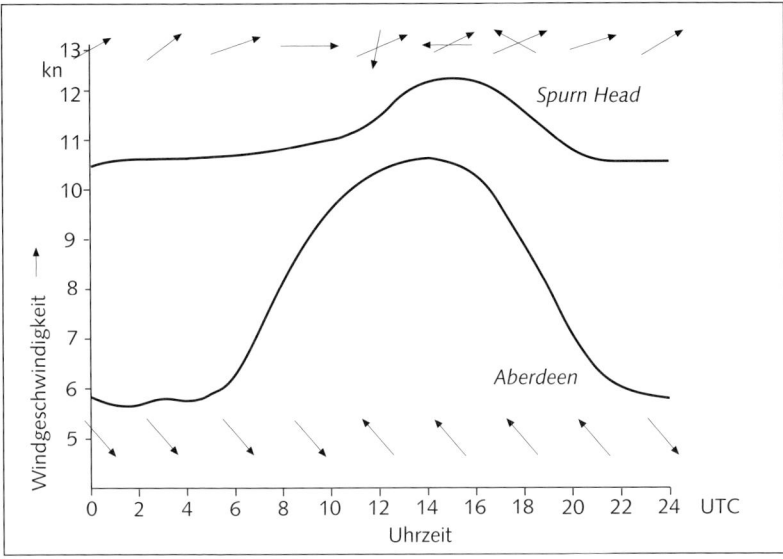

28 Tagesgang der Windstärke (Kurven) sowie die vorherrschende Windrichtung (Pfeile) in Spurn Head (oben) und Aberdeen (unten) in den Monaten Mai bis September.

12 bis 18 UTC in Abb. 28). Nach 18 UTC flaut der Seewind ab; die westlichen Richtungen treten nachts etwa dreimal so oft auf wie die östlichen. Die Häufigkeit von Windstille beträgt in Spurn Head nachts und morgens 5 bis 7 %, nachmittags etwa 3 %.

Meistens liegt die Ostküste Schottlands und Englands in Lee, so daß der Wind schwächer ist als auf See. So beträgt dann auch das Jahresmittel der Windgeschwindigkeit etwa 9 bis 10 Knoten, in Spurn Head 13 Knoten. Die Zahl der Sturmtage ist demgemäß recht gering und liegt meist bei 8 pro Jahr; manche Orte wie z. B. Aberdeen verzeichnen 14, wobei auch im Sommer vereinzelt Sturm auftritt. Zumindest in Böen kann der Wind aber auch an allen anderen Küstenabschnitten kurzzeitig Sturmstärke erreichen.

Manche Stürme brechen plötzlich herein: Auf der Vorderseite der Sturmtiefs erreicht der Süd- oder Südweststurm in der Warmluft meist nicht die verhältnismäßig kalte Wasseroberfläche, weil eine Inversion (Temperaturumkehrschicht) in der unteren Atmosphäre ein volles Durchgreifen des Windes verhindert. Außerdem schirmt das Land den Wind ab. Erst mit Eintreffen der Kaltfront frischt der Wind stark böig auf, weil bei labiler Luftschichtung der Sturm bis zur Erd- beziehungsweise Meeresoberfläche vordringt.

Die Böen erreichen an der Küste von Mai bis August maximal 50 bis 60 Knoten, in der übrigen Zeit 70 bis 80 Knoten, ganz vereinzelt, wie z. B. am 16. Oktober 1987 gegen 06 UTC in Felixstowe, auch 98 Knoten. Bei diesem Orkan erreichten die Böen im Englischen Kanal Geschwindigkeiten bis 117 Knoten; etwa 15 Millionen Bäume fielen ihm in Südengland zum Opfer.

Sturmfluten an der Ostküste Englands und Schottlands gibt es dann, wenn der Sturm das Wasser in die Flußmündungen und schottische Fjorde (Firths) hineindrückt, also bei östlichen Windrichtungen. Dies geschah z. B. vom 23. bis 26. Dezember 1783 an der schottischen Küste; drei Schiffe erlitten Schiffbruch, Häuser wurden abgedeckt und Hütten weggeblasen (s. Literatur [8]). Eine andere Sturmflut bei Südoststurm traf die gesamte englische und schottische Nordseeküste vom 16. bis 18. Januar 1937.

Die weitaus meisten Stürme wehen allerdings aus westlichen Richtungen über die Britischen Inseln hinweg und führen an der Nordseeküste zu gefährlichem Niedrigwasser. Zu den schwersten dieser Stürme gehören der vom 6./7. Januar 1839, als bei den Shetlands ein Kerndruck von 922,8 hPa gemessen wurde, vom 28. Dezember 1879, als der Sturm die neue Eisenbahnbrücke über den Tay mit einem Zug darauf zum Einsturz brachte, und die großen Stürme vom 26. Januar 1886 und vom 8./9. Dezember 1886, als der Luftdruck in Mittelengland auf 925,6 hPa und in Belfast auf 927 hPa fiel (nach [8]).

Viele Menschen haben bei oftmals plötzlich hereinbrechenden Stürmen das Leben verloren. Heute besteht die Möglichkeit, anhand der Seewetterberichte solche Gefahren zu vermeiden (s. Kap. 5). Nutzen wir sie!

Seegang

Die Höhe des Seegangs nimmt von Norden nach Süden ab; im Jahresmittel beträgt sie vor Schottland 1,6 m, vor Mittelengland 1,3 m und vor der Themsemündung 1,2 m. Von Mai bis August liegt sie überall bei etwa 1 m, dabei nimmt sie zur Küste hin ab, zur zentralen Nordsee hin auf 1,2 bis 1,5 m zu (s. Abb. 29). Im September wächst die kennzeichnende Wellenhöhe schon wieder merklich an und erreicht vor Schottland etwa 1,5 m, entlang der englischen Küste ca. 1,2 m. In der zentralen Nordsee beträgt sie durchschnittlich 1,8 m. – Im Spätherbst und Winter sind die kennzeichnenden Wellen vor der schottischen Nordseeküste gut 2 m hoch, vor Nordengland etwa 1,7 m und vor der Themsemündung 1,4 m.

Auch im Sommer können die Wellen 5 m vereinzelt überschreiten. Hohe Wellen (3,3 m und höher) kommen im Juni/Juli vor Schottland zu 1,5 % vor, bei Südengland zu 0,6 %, jedoch nimmt ihre Häufigkeit schon im September auf 5,6 % vor Schottland und etwa 3,7 % vor Südengland zu. Im Winter muß man im Norden mit 14 %, vor Südengland mit 5 bis 10 % hoher Wellen rechnen. Die höchsten kennzeichnenden Wellen erreichen von Mai bis August 6 bis 7 m, im September vereinzelt auch 8 m. In der übrigen Zeit können sie – auch im Süden – im Extremfall auf gut 10 m anwachsen. Einzelwellen erreichen in solchen Fällen mehr als 15 m Höhe.

Oft aber ist die See ruhig, also 0 bis 70 cm hoch. Das kommt im Juni und Juli zu knapp der Hälfte aller Beobachtungen vor, vor Nordengland sogar zu 54 %. Im Mai und August sind es im Norden 36 %, sonst mehr als 40 %. Im September reduziert sich die Häufigkeit dieser Seegangsstufe auf 23 % im Norden und 30 bis 40 % in den anderen Gebieten. Im Spätherbst und Winter kommt sie im Norden und in der Mitte zu etwa 15 % vor, im Süden zu 20 bis 30 %.

Mäßige See (0,8 bis 1,7 m Höhe) trifft man überall und zu allen Jahreszeiten mit 30 bis 50 % Häufigkeit an. Dies ist also die insgesamt vorherrschende Seegangsstufe.

Der Seegang setzt sich aus Windsee und Dünung zusammen. Dabei bemerkt man die Dünung im Norden häufiger als im Süden: Vor Schottland enthalten 42 % aller Seegangs-Beobachtungen eine Dünungs-Meldung, vor der südenglischen Küste aber nur 33 %.

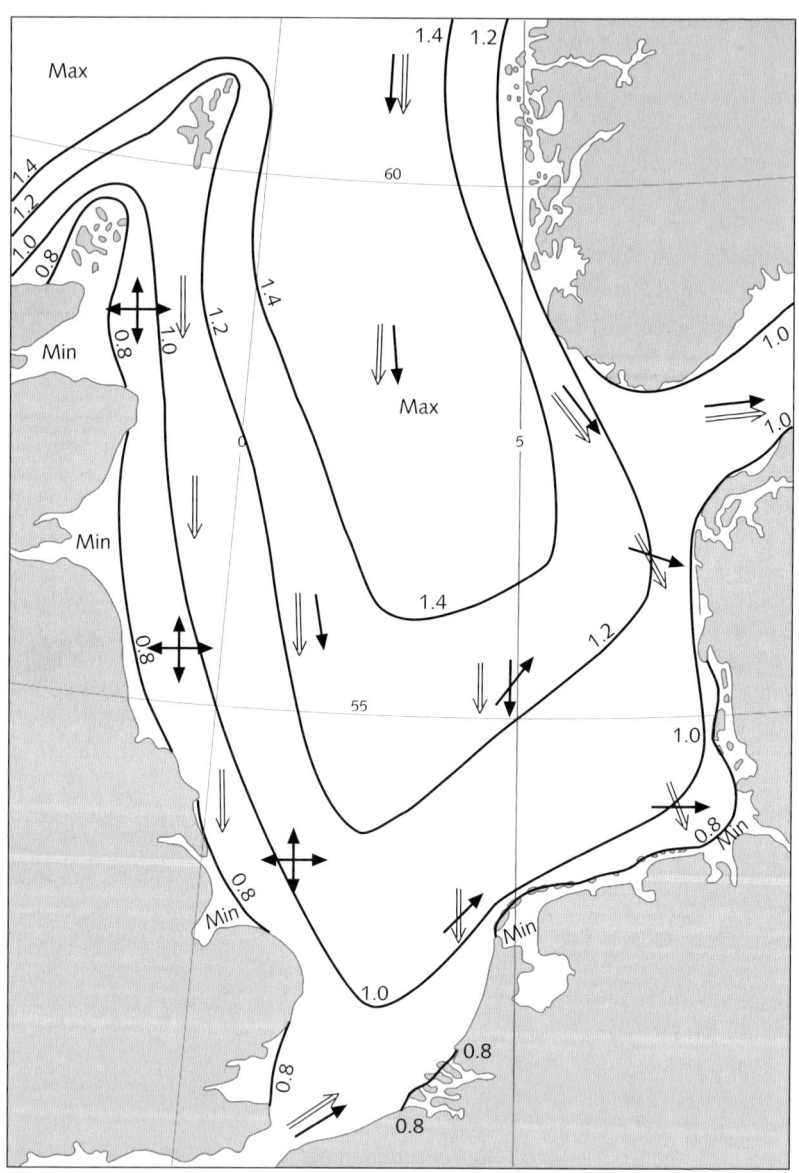

29 Mittlere kennzeichnende Wellenhöhe des Seegangs (m) und die vorherrschende Richtung der Windsee (ausgefüllte Pfeile) und der Dünung (offene Pfeile) im Juni.

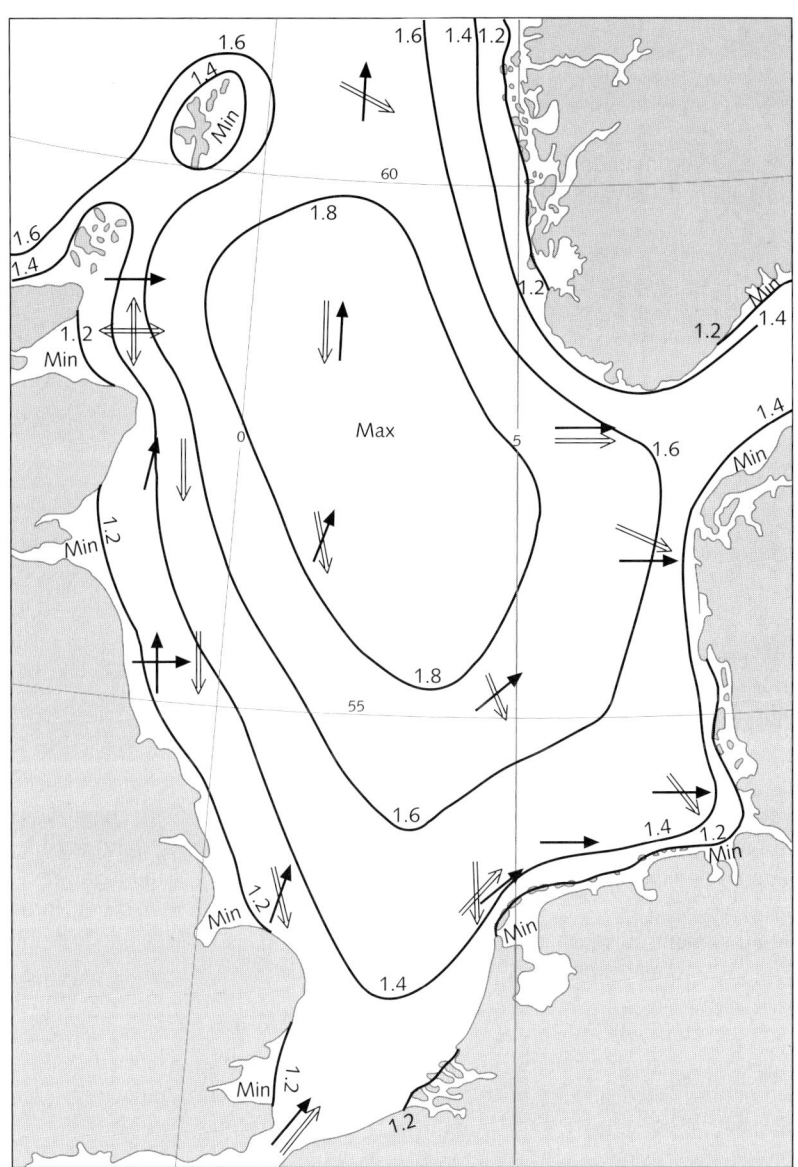

30 Mittlere kennzeichnende Wellenhöhe des Seegangs (m) und die vorherrschende Richtung der Windsee (ausgefüllte Pfeile) und der Dünung (offene Pfeile) im September.

Die Dünung stammt entweder aus dem Nordatlantik und erreicht die beschriebenen Seegebiete von Norden her (s. Abb. 29, 30) oder stammt aus der Nordsee selber und gelangt von Südosten oder Osten her an die schottisch-englische Küste. Im Süden, etwa südlich von Great Yarmouth, rollt die Dünung überwiegend aus Südwesten durch den Englischen Kanal heran. Die Richtungsverteilung der Windsee entspricht der des Windes (s. Abb. 24, 25, 26).

Die Perioden von Windsee und Dünung hängen natürlich von der Wellenhöhe ab, wobei die Dünung die jeweils längeren Perioden aufweist. Während der Zeit von Mai bis September treten vorwiegend Windsee-Perioden von 3–4 s und Dünungs-Perioden von 4–5 s auf.

Gezeitenströme, Meeresströmungen

Die Meeresströmungen in der Nordsee sind schwach mit Geschwindigkeiten zwischen 0,1 und 0,4 sm/h. Nördlich von Schottland dringt Atlantikwasser in die Nordsee ein, driftet vor der Ostküste Schottlands und Englands südwärts und vermischt sich mit dem Atlantikwasser aus dem Kanal. Danach setzt die Strömung von der holländischen Küste in die Deutsche Bucht, dann vor Jütland nach Norden. Winde über der Nordsee, aber auch großräumige Windsysteme über dem Atlantik können zu Wasserstandsänderungen in der Nordsee und damit zu veränderten Meeresströmungen führen. Meist jedoch ist ihr Einfluß für die Navigation zu vernachlässigen.

Die Gezeitenströme an der Ostküste Schottlands und Englands sind längst nicht so stark wie im Pentland Firth. Zur Springzeit erreichen sie teilweise 1–2 sm/h, vielerorts sind sie auch noch schwächer. Dennoch gibt es Stellen, wo höhere Geschwindigkeiten auftreten, besonders, wenn Starkwinde oder Stürme sie verstärken.

Im folgenden sind einige Gebiete genannt, wo mit starken Gezeitenströmen zu rechnen ist. Diese Zusammenstellung erhebt jedoch keinen Anspruch auf

Vollständigkeit. Bevor man die Küstengewässer Englands und Schottlands befährt, sollte man sich anhand der Seehandbücher [7] und [9] und von Gezeitentabellen genau über die Tiden (Zeiten, Richtung, Geschwindigkeit) informieren.

Zwischen dem Moray Firth und dem Firth of Forth setzen die Ströme etwa parallel zur Küste. Ihre Geschwindigkeit zur Springzeit beträgt im Südteil etwa 1 sm/h, im Norden 2 sm/h, wo sie vor Kaps, wie z. B. Surdie Ness, Girdle Ness, Buchan Ness oder Rattray Head 2–3 sm/h erreichen und Stromwirbel bilden können. Weiter auf See haben sie Geschwindigkeiten bis 1 sm/h.

Im Dornoch Firth auf der Nordwestseite des Moray Firth soll der Strom bei Bonarbridge nur etwa 3 Stunden lang nach innen laufen und bis etwa HW Abd. +0 h 15 min andauern; der auslaufende Strom soll zur Springzeit eine Geschwindigkeit von 5–6 sm/h erreichen.

Im Inverness Firth setzen die Ströme hauptsächlich durch das Fahrwasser östlich der Skate Bank; der einlaufende Strom erreicht zur Springzeit etwa 1,5 sm/h, der auslaufende 2 sm/h. Der Wind beeinflußt die Ströme; außerdem verstärken Schneeschmelze oder starke Regenfälle den auslaufenden Strom. Über Kessock Road setzen starke Ströme und verursachen heftige Kabbelungen zwischen Craigton Point und Longman Point. Der auslaufende Strom beginnt dort ungefähr HW Abd. –0 h 50 min und erreicht südöstlich von Craigton Point bis zu 5 sm/h. Der einlaufende Strom ist etwas schwächer.

Vor Rattray Head entsteht, über dem felsigen Grund unter Mitwirkung der Gezeitenströme, bei auflandigen Stürmen eine gefährliche See, so daß man dann mindestens 2 sm Abstand halten muß!

In der Einfahrt nach Montrose beginnt der einlaufende Strom HW Abd. –5 h 20 min, der auslaufende HW Abd. +0 h 55 min. Beide sind sehr stark und sollen zur Springzeit eine Geschwindigkeit von 7 sm/h erreichen! Es entstehen Neerströme. Während des auslaufenden Stroms ist die See vor der Einfahrt auch bei gutem Wetter kabbelig und für Boote gefährlich.

Im Firth of Forth sind die Gezeitenströme verhältnismäßig schwach, im River Forth aber stärker. Vor Rosyth erreicht der Flutstrom zur Springzeit etwa 2,5 sm/h, der Ebbstrom 3 sm/h. Dabei bilden sich Stromwirbel.

Den Goldstone Channel zwischen den Riffen östlich der Insel Holy Island sollte man bei unsichtigem Wetter wegen der starken Gezeitenströme nicht befahren.

Beide Gezeitenströme vor der Einfahrt zum River Tyne erreichen zur Springzeit eine Geschwindigkeit von 2,2 sm/h. Bei starkem Ebbstrom entsteht bei stürmischen auflandigen Winden eine besonders schwere durcheinanderlaufende See.

Im River Tees erreichen Ebbstrom und Flutstrom zur Springzeit 2–3 sm/h. – Näher als 5 sm unter der Küste bei Flamborough Head sind der südwärts und der nordwärts gerichtete Strom zur Springzeit jeweils 3,1 sm/h, zur Nippzeit 1,6 sm/h stark; vor Brillington sind sie mit 1 sm/h zur Springzeit schwächer, nehmen dann aber bis Spurn Head wieder auf 2 bis 3 sm/h zu. Der in den River Humber einlaufende Strom erreicht 2,5 sm/h, der auslaufende 3,5 sm/h, nach heftigen Regenfällen noch mehr. Im Fahrwasser von Immingham kommt der auslaufende Strom sogar bis 5 sm/h, der einlaufende auf 3 sm/h, unter außergewöhnlichen Umständen können beide sogar noch stärker werden.

Im The Wash ist der Tidenhub beträchtlich und erreicht an den meisten Orten zur Springzeit mehr als 6 m. Dann betragen die Geschwindigkeiten der Gezeitenströme etwa 2 sm/h, örtlich aber auch darüber, wie z. B. der einlaufende Strom vor Boston, der bis 4,0 sm/h erreicht.

Die Gezeitenströme in der **Themsemündung** sind teilweise recht stark. Sie setzen in Richtung der tiefen Rinnen zwischen den Bänken. Kabbelungen und Neerströme entstehen an deren Kanten und Enden. Von den Goodwin Sands halte man reichlich Abstand, da der Gezeitenstrom zeitweise mit großer Geschwindigkeit über die Sände setzt und die Wassertiefen dort veränderlich sind.

In der Themse bis nach London erreichen die Gezeitenströme Geschwindigkeiten bis 3,5 sm/h. In allen Fahrwasserkrümmungen setzen sie auf die Bänke an der Außenseite zu. Hinter den Huken können sich Neerströme bilden. Wasserstandsänderungen durch Wind und Starkregen beeinflussen die Gezeitenströme.

Vor der Einfahrt nach Ramsgate erreicht der nordsetzende Strom bis zu 3,2 sm/h.

Winde aus nordwestlichen und nördlichen Richtungen erhöhen den Wasserstand in der Themsemündung, Südost- und Südwinde erniedrigen ihn. Dadurch kann der mittlere Wasserstand um 2 bis 3 m erhöht beziehungsweise erniedrigt werden. Abweichungen von 0,5 bis 1 m gegenüber den Vorausberechnungen kommen dabei vor. Beim Übergang zu den geänderten Verhältnissen schwingt der Wasserstand mit einer Periode von etwa 36 Stunden. Man kann also etwa 18 Stunden nach einer starken Erhöhung mit einem (kleinen) Minimum rechnen. Steigendes Wasser verursacht Ströme in die Themse hinein, fallender Wasserstand aus der Themse heraus. Diese können in Verbindung mit den Gezeitenströmen so stark werden, daß es zur Gezeitenbrandung kommt.

Sicht

In allen Seegebieten vor der schottischen und englischen Ostküste ist die Sicht überwiegend gut; allerdings nimmt die Häufigkeit guter und sehr guter Sicht (10 km und mehr) von Norden nach Süden allmählich ab: Östlich des Moray Firth beobachtet man diese Sichtstufen im Jahresdurchschnitt zu fast 82 %, vor Nordengland zu 79 % und vor der Themsemündung zu 74 %. Das ist aber immer noch mehr als in der Deutschen Bucht mit 68,5 %. Am häufigsten, nämlich mit 80–87 %, tritt gute und sehr gute Sicht im November auf, am seltensten mit 70 bis 73 % im Mai, südlich von Spurn Head entlang der Südostküste Englands im Februar mit 67 %.

Dementsprechend kommen Dunst und Nebel (unter 4 km Sicht) in den letztgenannten Monaten am häufigsten, im Spätherbst besonders selten auf. Im Jahresmittel tritt Dunst (1–4 km Sicht) im Norden zu knapp 4 % auf, im Süden zu gut 5 %. Etwas mehr Dunst (6,4 %) gibt es vor Mittelengland.

Ähnlich wie die nördliche Nordsee sind auch die Seegebiete vor der schottischen und englischen Ostküste ausgesprochen nebelarm. Im Jahresmittel melden die Beobachter auf See nur zu 2,3 bis 2,6 % aller Beobachtungen Nebel (Sicht unter 1 km). Nördlich von Spurn Head gibt es den meisten Nebel (4–5 %) im Juni oder Juli, südlich davon im Februar oder März. Der wenigste Nebel, im Norden unter 1 %, vor Mittel- und Südengland knapp über 1 %, kommt im November vor.

Auch die Küstenorte sind ausgesprochen nebelarm (s. Tab. 5). Der Jahresgang der Nebelhäufigkeit an der Küste ist oft ein anderer als auf See, weil die Landeinflüsse dort eine bedeutende Rolle spielen, und an Land ist gerade der Spätherbst und Winter besonders nebelreich. Die 18 Nebeltage pro Jahr in Great Yarmouth und Felixstowe sind Rekord: Kein anderer der in diesem Buch beschriebenen Küstenorte hat so wenig Nebel; Aberdeen mit 41 Nebeltagen pro Jahr liegt etwa im Durchschnitt, aber auch dort ist die Andauer des Nebels meist nur kurz, so daß die Nebelhäufigkeit auch dort gering ist. Damit sind die Geschichten vom vielen Nebel in England – zumindest für die Ostküste – nichts als ein Gerücht!

Ort	Jan	Feb	Mär	Apr	Mai	Jun	Jul	Aug	Sep	Okt	Nov	Dez	Jahr
Aberdeen, Anz.	2	2	2	3	5	5	**6**	5	3	3	2	2*	41
Aberdeen, H.	0,9	1,5	1,5	2,4	2,6	2,5	**3,1**	2,2	2,0	1,7	1,1	0,7*	1,8
Edinburgh, Anz.	2	2	1*	2	3	2	2	2	2	3	2	**3**	27
Edinburgh, H.	1,5	1,5	1,3	1,3	1,3	1,1*	1,8	1,2	1,6	1,5	1,6	**3,1**	1,6
Spurn Head, H.	2,9	**4,3**	3,3	3,1	3,7	3,7	**4,2**	2,9	1,4*	2,5	2,4	3,2	3,1
Great Yarmouth, Felixstowe, Anz.	2	2	2	1	1	1	0*	1	1	2	2	**3**	18
Dover, Anz.	**4**	4	3	2	1	1	0	0*	0	2	3	4	24

Tabelle 5:
Monatliche Anzahl von Tagen mit Nebel (Anz.) und Nebelhäufigkeiten (H., in Prozent)

Luft- und Wassertemperaturen

Von der schottischen bis zur südenglischen Küste nimmt die Lufttemperatur sowohl an Land als auch auf See allmählich zu. Während im Winter auf See kaum Unterschiede bestehen, die Mitteltemperaturen liegen dann bei 5 °C, wird es im Sommer im Süden merklich wärmer als im Norden (s. Klimadiagramme für Aberdeen und Felixstowe, Tab. 6). Dort herrscht also ein stärkerer Jahresgang als vor Schottland.

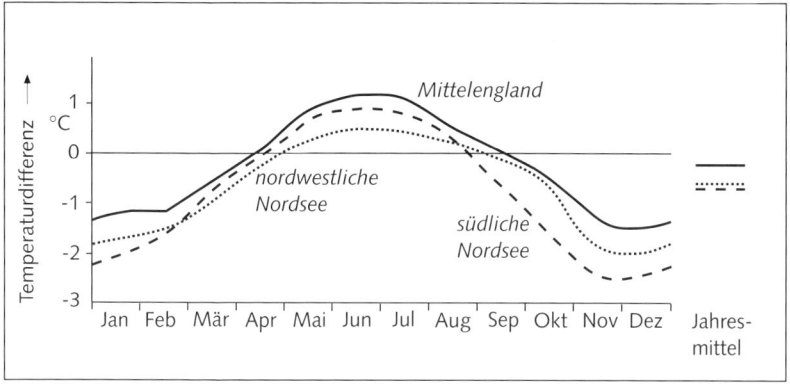

31 Jahresgang und Jahresmittel der Temperaturdifferenz Luft minus Wasser vor Schottland, Mittelengland und Südostengland.

Über der westlichen Nordsee ist es im Winter milder als über der östlichen. Dies liegt einmal an den höheren Wassertemperaturen infolge des Zustroms wärmeren Atlantikwassers, das nördlich um Schottland herum sowie durch den Englischen Kanal in die westliche Nordsee einströmt, zum anderen an den stärkeren kontinentalen Einflüssen im Osten der Nordsee. Diese bewirken auch, daß es im Sommer im Osten wärmer ist als über der westlichen Nordsee. Das zeigt sich schon im Mai. Außerdem räumen ablandige West- und Südwestwinde oftmals das erwärmte Oberflächenwasser vor der englischen und schottischen Küste weg. Dann quillt aus mehreren 10 m Tiefe kaltes Tiefenwasser nach oben (Auftriebswasser), wodurch die sommerlichen Wassertemperaturen in der westlichen Nordsee verhältnismäßig niedrig sind. Sie äußern sich in einer positiven Temperaturdifferenz Luft minus Wasser (s. Kurve „Mittelengland", Abb. 31).

Das im Sommer ziemlich kühle Wasser dämpft auch die Temperaturen an der Küste, weil mit dem Seewind kühle Luft landeinwärts weht. So übersteigt im Juli/August nur an den südlich von Great Yarmouth gelegenen Küstenorten die mittlere Tageshöchsttemperatur die 20-Grad-Marke.

Die absoluten Maxima erreichen oder übertreffen geringfügig die 30 °C an nahezu allen Küstenorten. Die tiefsten gemessenen Wintertemperaturen liegen bei −10 °C. Der erste Frost tritt vereinzelt im Oktober, der letzte im Mai auf. Auf See wird es nicht so warm/kalt: Vor Schottland erreichen die Lufttemperaturen im Sommer maximale Werte von 22 −23 °C, vor der englischen Küste 25 °C, im Winter sinken sie kaum unter −5 °C. Die Wassertemperaturen sind noch etwas ausgeglichener und überschreiten vor Schottland kaum die 20 Grad-Marke; vor England steigen sie in Küstennähe im Extremfall bis 23 °C. Die tiefsten Wassertemperaturen betragen im Winter ca. 0 °C; es bildet sich kein Meereis, nur in Flußmündungen oder tief eingeschnittenen Buchten kann in sehr kalten Wintern etwas Eis auftreten.

Aberdeen	Jan	Feb	Mär	Apr	Mai	Jun	Jul	Aug	Sep	Okt	Nov	Dez	Jahr
Tmax	5,2	5,8	8,2	10,2	13,2	15,7	**17,9**	17,7	15,3	11,7	8,3	6,2	11,3
Tmin	0,3	0,1*	1,6	2,7	5,3	8,2	10,3	10,0	8,1	5,7	2,5	0,8	4,6
Sonne	1,6	2,7	3,3	4,8	5,7	**6,0**	5,0	4,7	4,3	3,0	1,8	1,3*	3,7
RR-Menge	79	55	54*	57	59	55	86	79	81	**93**	91	83	872
RR-Tage	20	17	15	16	15	15*	15	18	17	19	**21**	20	208

Felixstowe	Jan	Feb	Mär	Apr	Mai	Jun	Jul	Aug	Sep	Okt	Nov	Dez	Jahr
Tmax	5,7	6,3	8,5	11,7	14,9	18,6	20,7	**20,8**	18,6	14,3	9,9	7,0	13,1
Tmin	2,0	1,9*	3,0	5,3	8,1	11,4	13,7	13,8	12,2	9,0	5,8	3,5	7,5
Sonne	1,9	2,6	4.3	5,9	7,0	7,5	6,6	6,2	5,1	3,7	2,2	1,6	4,6
RR-Menge	50	40	34	31*	37	35	47	47	46	**58**	56	46	527
RR-Tage	16	14	12	12	10*	11	12	11	12	14	**16**	16	156

Tabelle 6: Klimadiagramme von Aberdeen und Felixstowe

Sonne und Regen

Von Nord nach Süd nimmt die Sonnenscheindauer zu, der Niederschlag ab. So scheint die Sonne an der schottischen Küste bis nach Nordengland (Scarborough) im Durchschnitt nur knapp 4 Stunden täglich, am meisten im Juni (ca. 6 Stunden), am wenigsten im Dezember (1,3 Stunden). Weiter nach Süden hin nimmt die Bewölkung ab, vor allem im Sommer. Besonders sonnig ist der Küstenabschnitt zwischen Felixstowe und Dover mit durchschnittlich 4,7 Stunden Sonnenschein pro Tag, maximal 7,9 Stunden (Dover im Juni), minimal 1,6 Stunden pro Tag im Dezember.

Dementsprechend selten regnet es dort auch; so verzeichnet man in Dover und in Felixstowe 157 bzw. 156 Regentage (mit mindestens 0,25 mm Niederschlag) pro Jahr. Weiter nach Norden hin nimmt ihre Anzahl allmählich zu: Spurn Head 170, Tynemouth 177, Edinburgh 191 und Aberdeen 208 (s. Tab. 6). Die meisten Regentage gibt es allgemein von November bis Januar, die wenigsten von April bis Juni.

Von Norden nach Süden nimmt die jährliche Niederschlagsmenge von 873 mm in Aberdeen bis auf 527 mm in Felixstowe ab. Dover bekommt 751 mm. Die größten Regenmengen fallen im Oktober oder November, an manchen Orten auch im Juli/August, die geringsten im März oder April, in Dover im Juni.

Vor der schottischen und englischen Küste gewittert es sehr selten, im Jahresmittel nur zu 1 Promille. Im äußersten Norden liegt die „Hauptsaison" im Winter. Südlich von etwa 58°N verschiebt sie sich auf den Sommer und den Frühherbst.

An der Küste hält Aberdeen den Negativrekord, mit nur 3,5 Gewittertagen pro Jahr. An keinem anderen in diesem Buch beschriebenen Ort gewittert es so selten. Die schottische Küste zwischen Edinburgh und Nordengland verzeichnet 7 bis 8 Gewittertage jährlich, entlang der englischen Küste sind es 11 bis 15. Die Hauptsaison an der Küste ist der Sommer, jedoch ereignen sich Gewitter – wenn auch selten – in allen Monaten des Jahres.

Südliche Nordsee, Deutsche Bucht

Stichworte: Luvküste; in der südlichen Nordsee gibt es auch im Sommer Orkane; während der Segelsaison ist Südwest Hauptwindrichtung in der südlichen Nordsee, Westnordwest in der Deutschen Bucht, Windabnahme im August nur in der Deutschen Bucht; ab Mitte September Gefahr durch Orkane und Sturmfluten. Brecher und ge-

fährliche Grundseen bei Nordweststurm und ablaufendem Wasser in Elbe- und Wesermündung; verhältnismäßig schlechte Sicht und viel Nebel. Mehr Regen als an ostenglischer Küste, verhältnismäßig gewitterreich.

Wind

Bei der belgischen, holländischen und deutschen Küste handelt es sich um Luvküsten. Der vorherrschende West- bis Südwestwind weht entweder auflandig oder küstenparallel und ist deshalb etwas stärker als vor der englischen Ostküste (s. Abb. 1, Kurve „holländische Küste, Deutsche Bucht"). Das Minimum der Windgeschwindigkeit tritt im Juni ein, dann erfolgt eine starke Zunahme zum Juli, jedoch nur eine schwache Zunahme – in der Deutschen Bucht sogar Abnahme – zum August hin. Überall in der südlichen Nordsee nimmt die Windstärke im September stark zu und erreicht ihr Maximum im November, Dezember oder Januar. Repräsentativ für die Segelsaison ist der Juli. Dann beträgt die mittlere Windgeschwindigkeit vor der belgischen Küste etwa 11 Knoten, vor der holländischen und deutschen Küste 12 Knoten. Zwischen den Inseln der Rhein- und Schelde-Mündung sowie im Ijsselmeer und in der Wattensee an der niederländischen und deutschen Küste ist der Wind natürlich schwächer.

Während der Monate Mai bis August muß man mit 8 bis 10 % Starkwind rechnen. In der südlichen Nordsee ist gut 1 % Sturm zu erwarten, in der Deutschen Bucht etwa $\frac{1}{2}$ %. Deutlich mehr Starkwind und Sturm treten im September auf, nämlich knapp 14 bis 17 % Starkwind. Sturm der Stärken 8 und 9 Bft kommt dann in der südlichen Nordsee mit etwa 3,5 %, in der Deutschen Bucht mit 2,7 % Häufigkeit vor. Diese Zahlen entsprechen etwa dem Jahresdurchschnitt.

In der Deutschen Bucht ist man in den Monaten Mai bis August einigermaßen sicher vor schweren Stürmen und Orkanen (Windstärken 10 bis 12), sie kommen dort höchstens in Böen vor. In den übrigen Seegebieten können sie auch in dieser Zeit vereinzelt auftreten, wobei man mit Orkanböen rechnen muß, und selbst ein längerdauernder Orkan ist nicht auszuschließen. Ab September bis März oder April treten überall schwere Stürme, vereinzelt auch Orka-

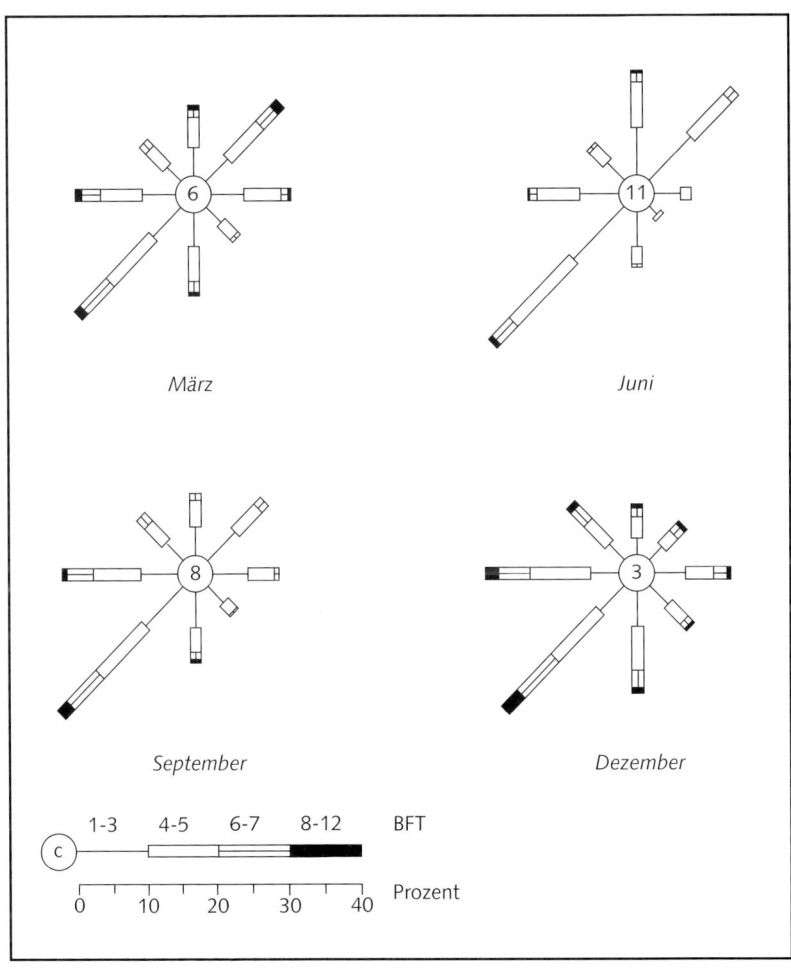

32 Windsterne für die südliche Nordsee vor dem Ostausgang des Englischen Kanals.

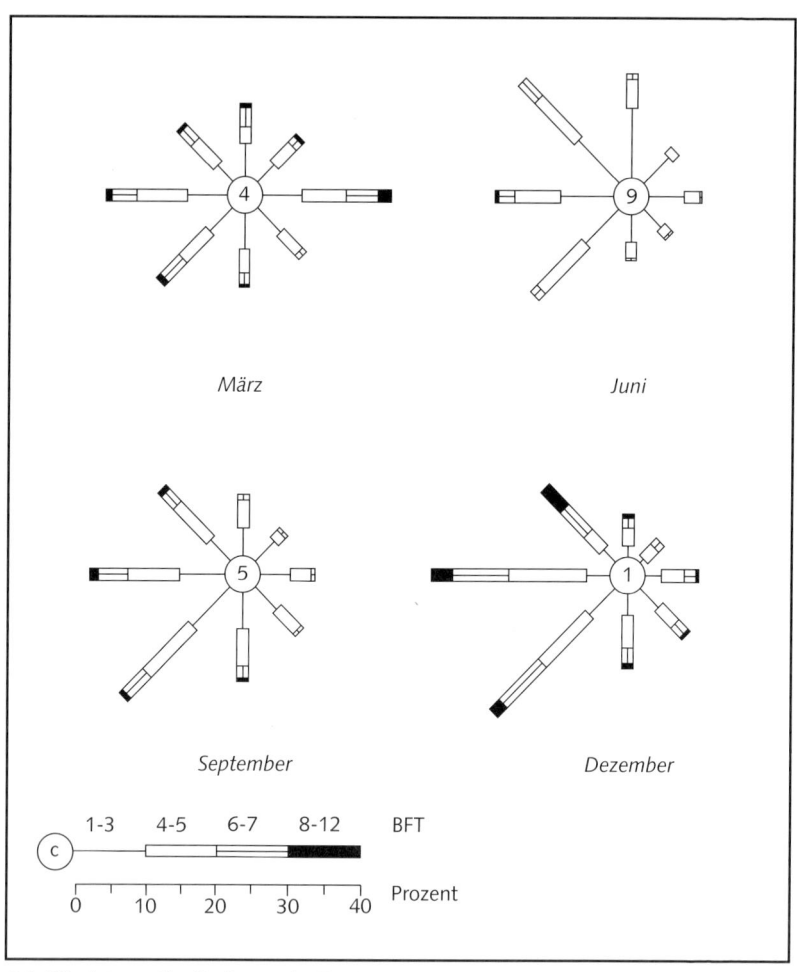

33 Windsterne für die Deutsche Bucht.

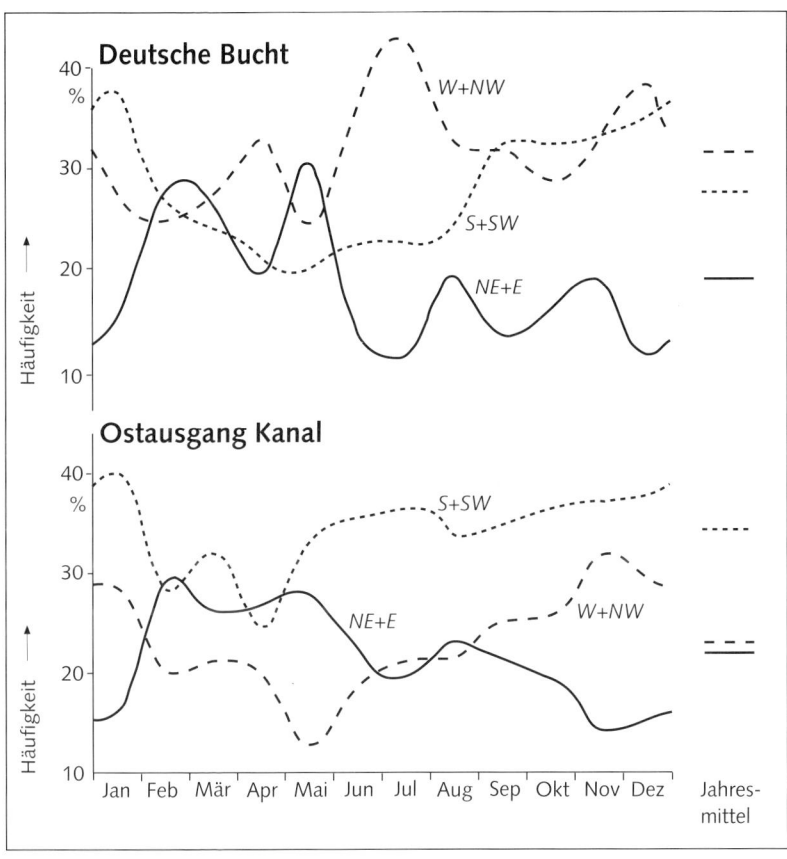

34 Monatliche Häufigkeiten von Süd- und Südwestwind, West- und Nordwestwind sowie von Nordost- und Ostwind in der südlichen Nordsee und in der Deutschen Bucht.

ne auf. Die Häufigkeit dieser Windstärken erreicht im Spätherbst und Winter etwa 0,8 %.

Mäßiger Wind (4–5 Bft) und Schwachwind (1–3 Bft) sind im Jahresmittel mit 36 bis 40 % etwa gleich häufig. Während der Segelsaison Mai bis September trifft man schwache Winde mit 36 bis 49 % etwas öfter an als mäßigen Wind (36 bis 41 %).

Windstille ist einigermaßen selten: Sie kommt im Jahresmittel zu ca. 3 % aller Beobachtungen vor. Am seltensten trifft man sie im Winter an (1 bis 1,5 %). In der Deutschen Bucht ist sie im Mai mit 5,8 bis 6,6 % am häufigsten, vor der holländisch-belgischen Küste mit 6 % im Juni. Im Juli/August muß man mit 4 bis 5 % Windstille rechnen.

Die vorherrschenden Windrichtungen vor der belgisch-holländischen Küste und in der Deutschen Bucht unterscheiden sich deutlich. Dies zeigt schon ein Vergleich der Windsterne (Abb. 32 und 33): Beeinflußt durch die Küstenlinien treten vor dem Ostausgang des Englischen Kanals bevorzugt südwestliche, zum geringeren Teil nordöstliche Winde auf. Ost und Südost sowie Nordwest sind dort recht selten. In der Deutschen Bucht hingegen ist im Februar, März und Mai Nordost die häufigste Windrichtung, im Sommer der Nordwest, im Herbst und Winter West und Südwest. Dies zeigt auch Abbildung 34: Übers ganze Jahr gesehen ist in der südlichen Nordsee Südwest die weitaus häufigste Windrichtung, gefolgt von West und Nordost. In der Deutschen Bucht hingegen sind Südwest und West fast gleich häufig und stellen die Hauptwindrichtungen dar, gefolgt vom Nordwest. (Anmerkung: Die im Kreis der Windsterne eingetragenen Häufigkeiten von Calmen sind größer als die oben genannten Zahlen für Windstille, da zu den Calmen auch die schwach umlaufenden Winde zählen.)

Während der Segelsaison – abgesehen vom Mai – dominiert vor der belgisch-holländischen Küste der Südwestwind mit 25 bis 30 % Häufigkeit. Etwa halb so oft treten West- und Nordostwind auf; ablandiger Südostwind ist dort sehr selten. – In der Deutschen Bucht halten sich West und Nordwest mit 14 bis 22 % etwa die Waage, gefolgt vom Südwestwind mit etwa 15 % (im September 21 %).

In den dazwischen liegenden Gewässern vor den Westfriesischen Inseln vollzieht sich der Übergang vom Südwestwindregime der südlichen Nordsee zum Westwindregime der Deutschen Bucht. Auch dort erfolgt – wie in der Deutschen Bucht – zum Sommer ein Rechtdrehen des Windes auf vorherrschend westnordwestliche Richtungen, im Herbst ein Rückdrehen auf Südwest.

Im Spätwinter und Frühling, besonders im Mai, ist die Beständigkeit des Windes überall sehr gering. Am beständigsten weht der Wind im Juli (40 %); von August bis Januar liegt die Beständigkeit in allen Gebieten dieses Kapitels bei 31 %.

Allgemein stimmen die Windrichtungen an der Küste mit denen auf See überein, allerdings werden sie durch die örtlichen Küstenlinien und durch den Land-Seewind beeinflußt. Da es sich um eine Luvküste handelt, kommt der nächtliche Landwind meist nicht gegen den großräumigen auflandigen (synoptischen) Wind an, sondern schwächt ihn nur ab. Mancherorts sind aber

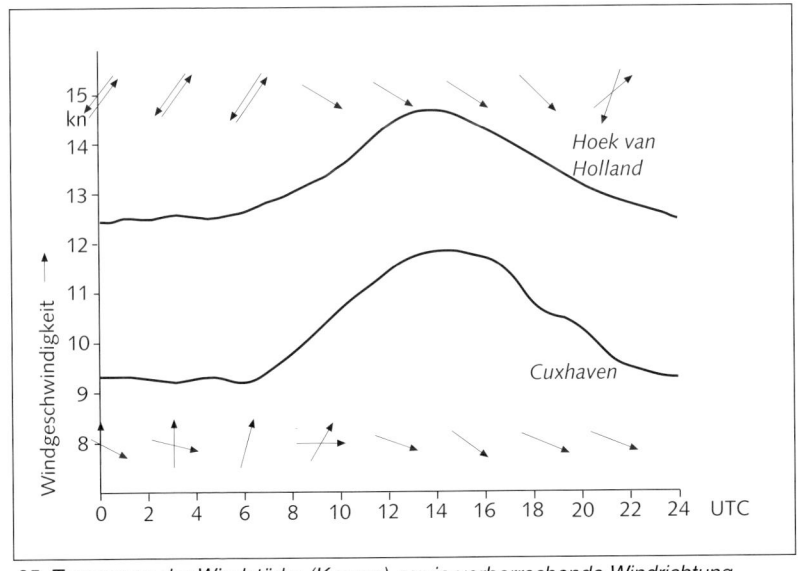

35 *Tagesgang der Windstärke (Kurven) sowie vorherrschende Windrichtung (Pfeile) in Hoek van Holland und Cuxhaven in den Monaten Mai bis September.*

die ablandigen Windrichtungen, die sich nachts bei klarem Wetter einstellen, von Mai bis September genau so oft anzutreffen wie die auflandigen. Dies zeigt z. B. Abb. 35 für den Nordostwind in Hoek van Holland oder den Südwind in Cuxhaven.

Tagsüber frischt der Wind, infolge des zusätzlichen Seewindes, der an heiteren Tagen weht, auf und dreht den großräumigen Wind in eine mehr auflandige Richtung, in Hoek van Holland von Südwest auf Nordwest, in Cuxhaven (nicht so gut erkennbar) von West auf fast Nordwest um 15 UTC. Besonders an wolkenarmen Mai-Tagen, wenn der synoptische Wind schwach ist, stellt sich ein schöner Land-Seewind ein.

Die Windgeschwindigkeiten an Küstenorten hängen stark von den örtlichen Verhältnissen ab, also wie geschützt oder exponiert der Windmesser steht. Da es sich um eine Luvküste handelt, sind die Windstärken an der Küste höher als an einer Leeküste (z. B. Ostengland) und insgesamt nur wenig niedriger als auf See. Dies gilt vor allem für exponiert gelegene Stationen wie z. B. Hoek van Holland mit einem Jahresmittel von 15 Knoten, Helgoland (ebenfalls 15 kn) und List auf Sylt mit 14 kn.

Die jährliche Anzahl der Tage mit Sturm (ab 8 Bft) schwankt zwischen 6 (Cuxhaven) und 35 (an der exponiert gelegenen Meßstelle auf Borkum). Überall an der Küste, auch an der belgisch-niederländischen, gibt es im Sommer vereinzelt Sturm. Die stärksten bisher gemessenen Böen erreichten in den Monaten Mai bis Juli 50 bis 60 Knoten, im April, August und September 56 bis 73 Knoten, in den übrigen Monaten etwa 80 Knoten, an einigen Stationen auch noch mehr.

Sturmfluten ereignen sich immer dann, wenn der Sturm das Wasser an der Küste staut. Besonders hoch läuft es denn in den trichterförmigen Flußmündungen, z. B. in der Elbe auf. Nordwest ist die gefährlichste Windrichtung für die Deutsche Bucht, Nordnordwest für die holländisch-belgische Küste. Bei Südoststurm hingegen treten besonders niedrige Wasserstände auf.

Wenn zur Springtide ein schwerer Nordweststurm tobt und dann noch eine externe Wasserstandserhöhung vom Atlantik in die Nordsee hineinläuft, wird es sehr gefährlich. Bei solchen Wetterlagen sind in der Vergangenheit, als es noch keine so hohen Deiche gab wie heute, schon Hunderttausende von

Menschen ums Leben gekommen. So entstand im Februar 1164 der Jade-
busen, 1212 bis 1219 wurden die Nordfriesischen Inseln vom Festland getrennt [8].

Im Januar 1362 kamen bei der „Groten Mandrenke" zwischen 11 000 und
30 000 Menschen ums Leben, manche Chroniken sprechen von 100 000. Die
höchste Sturmflut in historischer Zeit war die vom Oktober 1634. Weitere sehr
schwere Nordsee-Sturmfluten ereigneten sich im November 1570, am Weih-
nachtstag 1717 und am 2.–5. Februar 1825. Zu erwähnen sind weiter der
Holland-Orkan vom 31. Januar/1. Februar 1953, die Hamburg-Sturmflut vom
16.–17. Februar 1962 und der große Sturm vom 2. bis 3. Januar 1976, der
den höchsten je gemessenen Pegelstand in Hamburg brachte, aber zum
Glück nur wenige Deichbrüche [8].

Alle schweren Sturmfluten fanden in der Zeit von etwa Mitte September bis
Mitte März statt. Da von Mitte September bis Anfang Oktober noch gesegelt
wird, ist dies für den Sportschiffer die gefährlichste Zeit.

Seegang

Die Richtung der Windsee entspricht der Windrichtung. Darüber informieren
die Abbildungen 32–34. Für die Monate Juni und September geben die aus-
gefüllten Pfeile der Abbildungen 29 und 30 ihre vorherrschenden Richtungen
an. Vor der belgischen und holländischen Küste ist Südwest, in der Deutschen Bucht West, im Juli Nordwest die häufigste Richtung, im Winter Westsüdwest.

Die Dünung hingegen rollt vorwiegend aus Nordwesten oder Norden heran,
vor der belgischen Küste hauptsächlich aus Südwest durch den Englischen
Kanal; vor der Rheinmündung sind Dünungsrichtungen aus Nord und Südwest etwa gleich häufig. Besonders im Winter erreicht auch Dünung, die aus
der westlichen Nordsee stammt, von Westen oder Westsüdwesten her die
Deutsche Bucht. Gut ein Drittel aller Seegangsbeobachtungen enthalten neben der Windsee auch die Dünung.

In den Abbildungen 2 (für das gesamte Jahr) sowie 29 (für den Juni) und 30
(für den September) sind die mittleren kennzeichnenden Wellenhöhen der
Windsee dargestellt. Vor der belgischen Küste bis hin zur Rheinmündung

(„südliche Nordsee" in Abb. 5) betragen sie im Jahresmittel 1,0 m, in den übrigen offenen Seegebieten vor den Niederlanden und in der Deutschen Bucht 1,2 m. In der südlichen Nordsee ist die Windsee im Juni und Juli mit einem Mittel von 70 cm am niedrigsten, in den übrigen Gebieten bereits im Mai oder Juni mit ca. 0,8 m. Gerade in der Deutschen Bucht nimmt sie im Juli wegen des stärkeren Windes und des längeren Fetches von Nordwesten her auf gut 1 m zu. Die höchsten Monatsmittel der Windsee beobachtet man im November/Dezember mit etwa 1,3 m in der südlichen Nordsee und etwa 1,6 bis 1,7 m in der Deutschen Bucht. Die seltenere Dünung ist, wenn sie beobachtet wird, im Sommer durchschnittlich 1,3 bis 1,5 m, im Spätherbst und Winter in der südlichen Nordsee ca. 1,6 m, sonst etwa 2 m hoch.

Während der Segelsaison ist ruhige See (0 bis 0,7 m) die häufigste Seegangsstufe: Von Mai bis August fallen in der südlichen Nordsee etwa 47 % aller Beobachtungen in diese Kategorie, in den übrigen Gebieten etwa 40 %. Im September sind es 42 bzw. 30 %. Im Spätherbst und Winter sind vor der belgischen Küste knapp 30 % aller Wellen niedriger als 75 cm, vor Holland und in der Deutschen Bucht etwa 20 %.
Im Jahresdurchschnitt trifft man mäßige See (0,8 bis 1,7 m kennzeichnende Höhe) am häufigsten an, nämlich in etwa 40 % aller Fälle, ohne einen ausgesprochenen Jahresgang.
Mit einer groben See (1,8 bis 3,2 m) muß man im Sommer vor der belgischen Küste mit 11 bis 12 % Wahrscheinlichkeit rechnen, in den übrigen Gebieten außerhalb der Inselketten mit 13 bis 17 %. Im September steigert sich ihre Häufigkeit auf 17 bzw. 25 %; im November/Dezember sind es 25 bis 33 %.
Hohe Wellen (3,3 bis 4,7 m) kommen im Sommer mit weniger als 1 % Häufigkeit vor, im September mit 2,7 bis 4,6 % und im Spätherbst/Frühwinter mit 4 % (in der südlichen Nordsee) bis 9 % (nordwestlich von Holland). Sehr hohe Wellen (4,8 m und höher) gibt es vereinzelt auch im Sommer, im September bereits mit Häufigkeiten von 0,5 bis 1,3 %. Im Winter treten sie in der südlichen Nordsee mit knapp 1 % Häufigkeit auf, in den übrigen Gebieten dieses Kapitels zu knapp 3 %.
Die höchsten kennzeichnenden Wellen erreichen vor der belgischen Küste im Winter etwa 6 m, in der Deutschen Bucht 7–8 m und nordwestlich von

Holland 9 m. Wenn sich bei schwerem Sturm oder Orkan Windsee und Dünung überlagern, können Einzelwellen etwa das Doppelte dieser angegebenen Höhen erreichen.

Die Windsee weist im Sommer überwiegend Perioden von 2 bis 4 s auf, im Winter von 3 bis 5 s; bei der Dünung sind sowohl im Sommer als auch im Winter Perioden von 4–5 s am häufigsten.

Überall dort, wo hoher Seegang ins flache Wasser läuft, entsteht Brandung. Diese Neigung zu Brechern wird noch verstärkt, wo der Seegang gegen eine Strömung, z. B. einen starken Gezeitenstrom oder den Ausstrom eines Flusses, läuft. So verursacht stürmischer Nordwestwind vor allem in der durch Sände eingeengten Elbmündung und Wesermündung bei auslaufendem Strom den höchsten Seegang der gesamten Deutschen Bucht. Der gegen den Seegang gerichtete Strom läßt steil auflaufende Brecher und schwere Grundseen entstehen, die sehr gefährlich werden können. Sportboote sollten bei solchen Verhältnissen keinesfalls ein- oder auslaufen.

Gezeitenströme

Auf der freien Nordsee sind die Gezeitenströme nur schwach. In den Flußmündungen und zwischen den Inseln können sie aber beträchtliche Geschwindigkeiten von mehr als 2 sm/h, teilweise auch über 3 sm/h erreichen. Auf jeden Fall ist es sinnvoll, mit und nicht gegen die Gezeitenströme zu segeln. Daher sollte man sich auf jeden Fall vor Beginn des Törns anhand der Seehandbücher und von Gezeitenstrom-Atlanten sowie Tide-Kalendern über die astronomisch bedingten zu erwartenden Gezeiten informieren. Außerdem übt der Wind durch Wasserstands-Erhöhungen und Erniedrigungen einen Einfluß auf die Stärke der Ströme aus. In den Flußmündungen ist der Ebbstrom meist stärker als der Flutstrom, vor allem bei viel Oberwasser nach starken Regenfällen.

Die holländischen und flämischen Bänke erstrecken sich zwischen Hoek van Holland und der Scheldemündung sowie vor den belgischen Küstenhäfen bis Dunkerque. Sie sind durch das Verkehrstrennungsgebiet West Hinder und die westliche Scheldeeinfahrt voneinander getrennt. Die Bänke haben Wassertiefen von weniger als 10 m; bei Sturm entstehen gefährlicher Seegang und Brandung über ihnen. Die Gezeitenströme laufen parallel zur Küste und damit auch etwa parallel zu den Bänken und erreichen zur Springzeit etwa 2 sm/h. Noch stärker werden sie an einigen Stellen der Mündungen von Schelde und Rhein.

Auch in den Seegaten zwischen den niederländischen Westfriesischen Inseln sind die Strömungen recht stark; sie entstehen nicht nur durch die Gezeiten, sondern auch durch den Wind: Starke West- und Nordwestwinde erhöhen den Wasserstand und erzeugen einen Strom in die Waddenzee hinein, Ostwind erniedrigt ihn und bewirkt einen Ausstrom. Das Einlaufen in die Waddenzee sollte dann kurz vor Hochwasser mit dem einlaufenden Strom erfolgen. Das Auslaufen bei auflandigem Sturm und auslaufendem Wasser kann wegen der Brecher sehr gefährlich sein! Der höchste Seegang steht meist im äußeren Teil des Seegats, wo Sände die tiefere Rinne einengen. Dort ist eine Umkehr kaum möglich [9].

In den Seegaten zwischen den Ostfriesischen Inseln sind die Gezeitenströme verhältnismäßig schwach und laufen auch zur Springzeit mit nicht mehr als 1,5 sm/h, wenn sie nicht durch den Wind verstärkt werden [10]. Dagegen erreichen sie in den Flußmündungen der Ems 2 bis 3 sm/h, am Ausgang des Jadebusens, wo der mittlere Springtidenhub 3,8 m beträgt, bis 3,8 sm/h, in der Wesermündung querab des Robbenordsteert-Leuchtturms ebenfalls 3,8 sm/h, aber auch weiter stromaufwärts noch 2 bis 3 sm/h.

Ähnlich verhalten sich die Gezeitenströme in der Elbe, die ihre größte Stärke querab der Alten Liebe in Cuxhaven erreichen, der einlaufende Strom mit 3,6 sm/h, der auslaufende mit 4,2 sm/h zur Springzeit. In Hamburg-St. Pauli sind es 1,8 bzw. 1,6 sm/h.

Bei Scharhörn erreichen beide Ströme Geschwindigkeiten von mehr als 4 sm/h! In der Norderelbe beim Großen Vogelsand steht schon bei mäßigem Westwind eine äußerst unangenehme Grundsee, bei Starkwind oder Sturm eine schwere Brandung; dazu kommen starke Gezeitenströme, die mancherorts quer zum Fahrwasser setzen.

Sehr beliebt für Törns ist die Insel Helgoland. Dort erreichen die Ströme zur Springzeit eine Geschwindigkeit von 1 bis 2 sm/h, zur Nippzeit 0,5 bis 1,5 sm/h. Bei starkem West- bis Nordwestwind können Geschwindigkeiten von 3 sm/h auftreten, besonders zur Springzeit südwestlich der Insel [10].

Vor der Westküste Schleswig-Holsteins erreichen die Ströme nördlich der Elbmündung etwa 1,5 sm/h, vor Sylt bis zu 1 sm/h, in den Fahrwassern zwischen den Inseln jedoch teilweise mehr als 2 sm/h, wie z. B. im östlichen Teil des Rummelloches (zwischen Hooge und Pellworm ostwärts) mehr als 3 sm/h bei auslaufendem Strom.

Sicht

So gut wie vor der schottisch-englischen Ostküste ist die Sicht vor der belgisch-niederländischen und deutschen Küste nicht. Nur zu gut zwei Dritteln aller Beobachtungen auf See beträgt die Sichtweite 10 km oder mehr: Im Jahresmittel sind es in der Deutschen Bucht 68,5 %, vor den Westfriesischen Inseln 70 %, vor Holland nur 67,7 % und zwischen Rhein- und Themsemündung immerhin 74,2 %. Am häufigsten tritt gute Sicht im August oder Sep-

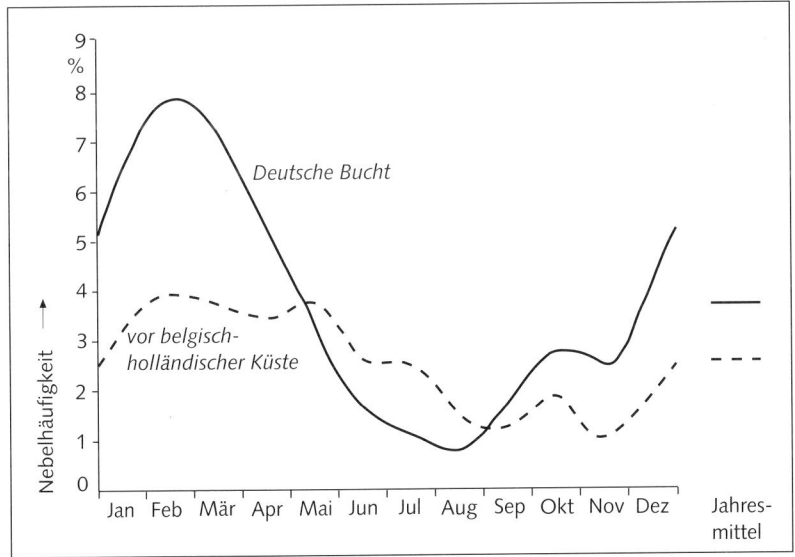

36 *Jahresgang und Jahresmittel der Nebelhäufigkeit vor der belgisch-holländischen Küste und in der Deutschen Bucht.*

tember auf und wird dann zu etwa 80 % aller Beobachtungen gemeldet, im Mai sind es ca. 70 %. Noch seltener (zu 64 %) erscheint gute Sicht im Januar oder Februar.

Mäßige Sicht (4 bis 10 km Sicht) kommt im Jahresdurchschnitt zu etwa 18 % vor, während der Segelsaison Mai bis September zu 14 bis 19 %.

Dunst (1–4 km Sicht) tritt besonders oft vor der holländischen Küste zwischen der Rheinmündung und der Insel Texel auf. Er ist im Winter mit 5 bis 10 %, vor Holland mit 12 bis 13 %, am häufigsten, im August mit 4 bis 5 %, vor Holland mit 7–8 % am seltensten. Gemittelt über die Segelsaison Mai bis September trifft man ihn vor Holland zu 11,7 %, sonst mit 6 bis 7 % Häufigkeit an.

Trotz des vielen Dunstes kommt **Nebel** (Sichten unter 1 km) vor der holländischen Küste nicht häufiger vor als anderswo. Das nebelreichste Gebiet der gesamten Nordsee ist die Deutsche Bucht, speziell das deutsche und niederländische Wattenmeer und das Rheindelta. Letzteres weist vor allem im Winter deutlich mehr Nebel auf als die in Abb. 36 dargestellte offene südliche Nordsee. In der Deutschen Bucht zeigt sich ein markanter Jahresgang mit Maximum im Winter, Minimum im Sommer. Vor der belgischen und holländischen Küste ist das winterliche Maximum nicht so stark ausgeprägt; ein zweites Maximum liegt im Mai. In diesem Monat gibt es in der zentralen Nordsee den meisten Nebel. Am nebelärmsten sind in der südlichen Nordsee die Monate September und November.

Dies gilt nicht für die Küstenorte, denn beispielsweise Rotterdam hat gerade im September die meisten Nebeltage (s. Tab. 7).

De Kooy liegt bei Den Helder und repräsentiert die holländische Waddenzee;

Ort	Jan	Feb	Mär	Apr	Mai	Jun	Jul	Aug	Sep	Okt	Nov	Dez	Jahr
Vlissingen	6	6	6	3	2	2	2	1*	3	3	5	**7**	46
Rotterdam	7	6	6	5	6	5*	5	8	**8**	8	6	7	77
De Kooy	**9**	7	8	6	5	5	3*	3*	4	6	5	8	69
Norderney	**9**	7	6	5	3	2	1*	1	3	5	5	8	55
Helgoland	7	6	**8**	7	5	3	2	1*	1	3	2	5	50
List/Sylt	**11**	9	9	7	4	2	1	1*	3	6	5	8	66

Tabelle 7:
Monatliche und jährliche Anzahl von Tagen mit Nebel

die Anzahlen von Norderney gelten auch für Cuxhaven und repräsentieren den Durchschnitt der deutschen Nordseeküsten-Orte. Insgesamt erweist sich die Küste von Vlissingen bis zur deutsch-dänischen Grenze als wesentlich nebelreicher als die englische Ostküste. Zur offenen Nordsee hin nimmt die Nebelhäufigkeit allmählich ab (s. Helgoland). Das Maximum verschiebt sich vom Januar zum März, noch weiter draußen zum Mai.

Luft- und Wassertemperaturen

In der südlichen Nordsee ist es insgesamt wärmer als in der Deutschen Bucht. Dies gilt für jeden Monat, besonders aber für den Winter; im Sommer sind die Unterschiede gering. Das trifft mit Einschränkung auch schon für den Mai zu.

Etwa von Mitte April bis Ende August ist die Luft über dem Festland wärmer als über dem Meer. In dieser Zeit wird es also zur offenen Nordsee hin immer kühler. Mehr im Binnenland gelegene Stationen wie Hamburg, Bremen oder Rotterdam sind im Spätfrühling und Sommer wärmer als solche auf exponierten Inseln, wie z. B. Helgoland, oder die offene See. Im Herbst und Winter ist es umgekehrt. Außerdem bewirkt der zunehmende Festlandeinfluß, daß es im Winter nach Osten hin allgemein kälter wird (s. Klimadiagramme, Tab. 8). Damit nimmt der Jahresgang der Lufttemperatur (das ist der Unterschied zwischen dem niedrigsten und dem höchsten Monatsmittel) nach Osten hin zu.

Der Tagesgang der Temperatur (Unterschied zwischen dem mittleren Maximum und dem mittleren Minimum der Temperatur, jeweils erste und zweite Zeile der Klimadiagramme) nimmt vom Land zur See hin ab: In Rotterdam, einer Binnenlandstation, beträgt er im Jahresdurchschnitt 7,4 °C, in Cuxhaven (Küstenstation) 5,3 °C und auf der kleinen Insel Helgoland nur 2,7 °C. Mitten auf der Nordsee ist die Temperatur am Tage und in der Nacht fast gleich. Hieran wird der ausgleichende Einfluß des Meeres sichtbar. Dies erklärt auch, daß verhältnismäßig hohe und tiefe Temperaturen auf der Nordsee nur selten anzutreffen sind, im Binnenland aber häufiger. So beträgt z. B. die mittlere Anzahl von Sommertagen (mit Temperaturen von 25 °C und mehr) in Rotterdam 15 pro Jahr, in De Kooy bei Den Helder nur 5, in Bremerhaven 13, auf Helgoland nur 0,7. Ähnlich verhält es sich auch mit den Frosttagen (Tiefsttemperaturen 0 °C oder niedriger): Vlissingen hat durchschnittlich 29 pro Jahr, Rotterdam 54, Bremerhaven und Cuxhaven 56, Norderney und Borkum 47 und Helgoland nur 36. Im Binnenland kommt Frost von Oktober bis Anfang Mai vor, in Helgoland nur von November bis April.

Die höchsten gemessenen Lufttemperaturen treten meistenorts im Juli auf und erreichen knapp 35 °C, in Helgoland immerhin 31,6 °C. Die tiefsten Werte unterschreiten an der Küste vielerorts −20 °C und liegen auf Helgoland bei −15,6 °C. Noch weiter draußen auf See erreichen die winterlichen Tiefstwerte in der Deutschen Bucht etwa −12 °C, über der südlichen Nordsee ca. −7 °C. Die höchsten Werte der Lufttemperatur steigen im Sommer auf offener See auf 25 bis 26 °C.

Die Wassertemperaturen sind noch etwas ausgeglichener als die Lufttemperaturen. Ihre absoluten Höchstwerte treten allgemein im August auf und erreichen 23 °C. Die Tiefstwerte sinken in kalten Wintern auf den Gefrierpunkt des Seewassers bei −1,7 °C ab. Meereis bildet sich dann vor allem in den Wattengebieten. Nur selten reicht die Eisbedeckung bis zur Insel Helgoland. Die stärkste Vereisung erfolgt meist erst Ende Januar/Anfang Februar.

Im Jahresmittel ist das Wasser der südlichen Nordsee um etwa 0,7 °C wärmer als die Luft, in der Deutschen Bucht um etwa 0,5 °C. Von April bis Juli (in der südlichen Nordsee bis August) ist das Wasser um einige Zehntel Grad Celsius kälter, sonst bis zu 2½ °C wärmer als die darüberliegende Luft. Damit erreichen auf See im wärmsten Monat August die Luft- und Wassertemperaturen etwa 17 °C. Im Wattenmeer wird es, besonders an wolkenarmen Tagen, natürlich auch wärmer, so daß man sogar baden kann.

Sonne und Regen

An der deutschen Küste scheint die Sonne ähnlich lange wie an der englischen Ostküste (vgl. Tab. 6, Felixstowe, mit Tab. 8, Cuxhaven und Helgoland). Dabei kommt sie etwas besser weg als die belgische und holländische Küste, wo die Sonne täglich etwa eine halbe Stunde weniger scheint. Der sonnenscheinreichste Monat ist allgemein der Juni, in Rotterdam schon der Mai. Im Juli nimmt die Bewölkung überall zu und erreicht ein kleines Maxi-

Rotterdam	Jan	Feb	Mär	Apr	Mai	Jun	Jul	Aug	Sep	Okt	Nov	Dez	Jahr
Tmax	5,4	5,9	9,1	12,0	16,7	19,1	21,1	**21,4**	18,3	14,3	9,5	7,0	13,3
Tmin	0,5	0,1*	1,9	3,3	7,2	10,2	12,4	12,2	10,0	7,1	3,6	2,1	5,9
Sonne	1,3	2,7	3,2	5,2	**6,7**	6,1	6,3	6,0	4,3	3,0	1,9	1,0*	4,0
RR-Menge	71	41	69	39*	53	69	67	65	75	**87**	81	74	790
RR-Tage	**19**	11*	17	12	14	13	13	13	15	16	18	**19**	180

Cuxhaven	Jan	Feb	Mär	Apr	Mai	Jun	Jul	Aug	Sep	Okt	Nov	Dez	Jahr
Tmax	2,8	3,1	6,2	10,2	15,1	18,6	19,7	**20,1**	17,5	12,9	7,8	4,5	11,5
Tmin	−1,0*	−1,0*	1,1	4,1	8,4	11,9	13,7	13,9	11,5	7,8	3,7	0,8	6,2
Sonne	1,5	2,6	3,7	5,8	7,3	**7,6**	7,0	6,8	4,9	3,4	1,9	1,3*	4,5
RR-Menge	67	40*	54	47	54	72	84	78	83	82	**85**	76	822
RR-Tage	19	14	16	14	14*	14	16	16	17	16	**19**	19	197

Helgoland	Jan	Feb	Mär	Apr	Mai	Jun	Jul	Aug	Sep	Okt	Nov	Dez	Jahr
Tmax	4,3	3,2	5,3	8,1	12,6	15,5	18,2	**18,5**	16,1	12,7	8,6	5,7	10,7
Tmin	1,9	1,0*	1,9	5,0	8,9	12,2	14,8	15,4	13,5	10,4	6,5	3,5	8,0
Sonne	1,5	2,7	3,9	5,9	7,8	**7,9**	7,2	7,1	4,9	3,3	1,8	1,3*	4,6
RR-Menge	56	34*	46	38	43	55	59	65	76	82	**95**	69	719
RR-Tage	19	14	16	14	14	13*	15	15	16	17	**20**	20	195

Tabelle 8: Klimadiagramme von Rotterdam, Cuxhaven und Helgoland

mum, so daß die Sonne im Mai – trotz etwas geringerer astronomisch möglicher Dauer – länger scheint als im Juli. Der sonnenärmste Monat ist der Dezember: Die „Schuld" dafür tragen starke Bewölkung und die besonders geringe astronomisch mögliche Sonnenscheindauer.

Da es sich hier um eine Luvküste handelt, regnet es mehr und auch etwas häufiger als an der englischen Ostküste. Gut 700 bis 800 mm werden im Durchschnitt pro Jahr gemessen. Dieser Regen (im Winter auch Schnee) fällt an knapp 200 Niederschlagstagen (mit mindestens 0,1 mm Niederschlag, s. Tab. 8).

Um es positiv auszudrücken: Fast die Hälfte aller Tage des Jahres bleiben niederschlagsfrei, und auch an den Niederschlagstagen regnet es oft nur wenige Stunden oder gar nur Minuten. Gerade in der Segelsaison Mai bis September fällt verhältnismäßig selten Regen, nur an 13 bis 17 Tagen. Dagegen treten von November bis Januar durchschnittlich 19 bis 21 Niederschlagstage pro Monat auf.

Die geringsten Niederschlagsmengen fallen allerdings meistenorts im Februar, einmal weil der Februar kürzer ist als alle anderen Monate, zum anderen weil in diesem Monat oftmals kalte und trockene Ostwindwetterlagen herrschen. Der niederschlagsreichste Monat ist allgemein der November, örtlich aber auch der Oktober oder der Juli.

An der belgisch-holländischen Küste und auf den Ostfriesischen Inseln schneit es nur selten, nämlich durchschnittlich an 13 bis 15 Tagen und in Hamburg an 20 Tagen pro Jahr, zum Vergleich: Aberdeen hat 34, London 16, Bergen 47 und Oslo 56 Schneefalltage pro Jahr. Schneefall kommt an den Küsten der südlichen Nordsee von Ende Oktober bis Ende April vor.

Gewitter Die Küste zwischen Vlissingen und Rotterdam ist die gewitterreichste aller in diesem Buch beschriebenen Abschnitte. Auf See gewittert es im Jahresdurchschnitt mit einer Häufigkeit von 0,2 bis 0,4 %, während der Segelsaison Mai–September mit 0,3 bis 0,4 %. Die gewitterreichste Zeit auf See ist in der südlichen Nordsee der Juli oder August, in der Deutschen Bucht aber von Oktober bis Dezember mit 0,5 bis 1,0 % Gewitterhäufigkeit.

An der Küste gibt es, wie im Binnenland, die meisten Gewitter im Juli oder August, nämlich durchschnittlich 3 bis 4 Gewittertage pro Monat. – Den „Rekord" hält Rotterdam mit 28 Gewittertagen pro Jahr, gefolgt von Hamburg und Vlissingen mit 25. Die übrigen Küsten- und Inselstationen verzeichnen 16 bis 23. Manche Gewitter sind sogar schwer und enthalten orkanartige Böen oder Windhosen beziehungsweise Wasserhosen.

Mittlere Nordsee und Westküste Dänemarks

Stichworte: Starker Wind, viel Sturm, auch an der Küste Orkanböen in jedem Monat; hohe Wellen. Meeresströmungen und -ströme hängen stärker vom Wind ab als von den Gezeiten. Durchschnittliche Sicht- und Niederschlagsverhältnisse, nach Norden hin zunehmende sommerliche Sonnenscheindauer; gewitterarm.

Wind

Starker Wind und verhältnismäßig zahlreiche Stürme kennzeichnen das Klima der mittleren Nordsee. Hiervon ist auch die dänische Nordseeküste betroffen. Die Kurve für die mittlere Windgeschwindigkeit in der nördlichen Nordsee in Abbildung 1 gilt auch für die mittlere Nordsee. Nur wenig schwächer weht der Wind vor der dänischen Westküste, im Jahresmittel mit 16 Knoten, von Mai bis August mit 13 bis 14 Knoten, dabei im Juli sogar mit gut 14 Knoten. Im September sind es durchschnittlich 16 bis 17 Knoten.

Bei solch frischem Wind verwundert es nicht, daß die Häufigkeit von Starkwinden und Stürmen in der mittleren Nordsee genau so groß ist wie in der nördlichen Nordsee. Vor der dänischen Nordseeküste sind die Verhältnisse nur wenig günstiger: Während der Monate Mai bis August trifft man dort im Mittel gut 10 % Starkwind und 1 % Sturm an. Im September sind es bereits 20 % Starkwind und 4 % Sturm, sogar noch etwas mehr als in der nördlichen Nordsee! Im Spätherbst und Winter bläst der Wind allerdings in der nördlichen Nordsee noch stürmischer als in der mittleren Nordsee.

Kein Monat ist frei von schweren Stürmen (10–11 Bft); Orkanstärke (12 Bft) tritt im Sommer (Juni–August) nur in Böen auf. Leider kann der Wind aber von September bis Mai ganz vereinzelt über einige Stunden, im Winter auch viele Stunden lang, Orkanstärke erreichen. Wegen dieser Möglichkeit schwerer Stürme oder Orkane sollte man sich vor Beginn eines Törns sorgfältig über die kommende Wetterentwicklung informieren (s. Kap. 5).

Die Windsterne zeigen schon (Abb. 37), daß der Wind meist aus westlichen Richtungen kommt. Im Sommer dreht er mehr auf Nordwest, im Herbst auf Westsüdwest. Im Februar, März und Mai allerdings (s. Abb. 38) sind östliche und westliche Windrichtungen etwa gleich häufig, im Februar dominiert sogar der Ostwind. Während der Monate Juni bis September sind östliche Windrichtungen hingegen nur selten anzutreffen, am ehesten noch im August.

Auch hier ist die Beständigkeit des Windes von Februar bis Mai sehr gering; eine gewisse Ausnahme bildet dabei der April mit 21 % Beständigkeit infolge vermehrter Nordwestwinde. Im Juli erreicht sie mit 46 % fast so hohe Werte wie im Skagerrak, der die beständigsten sommerlichen Winde aufweist.

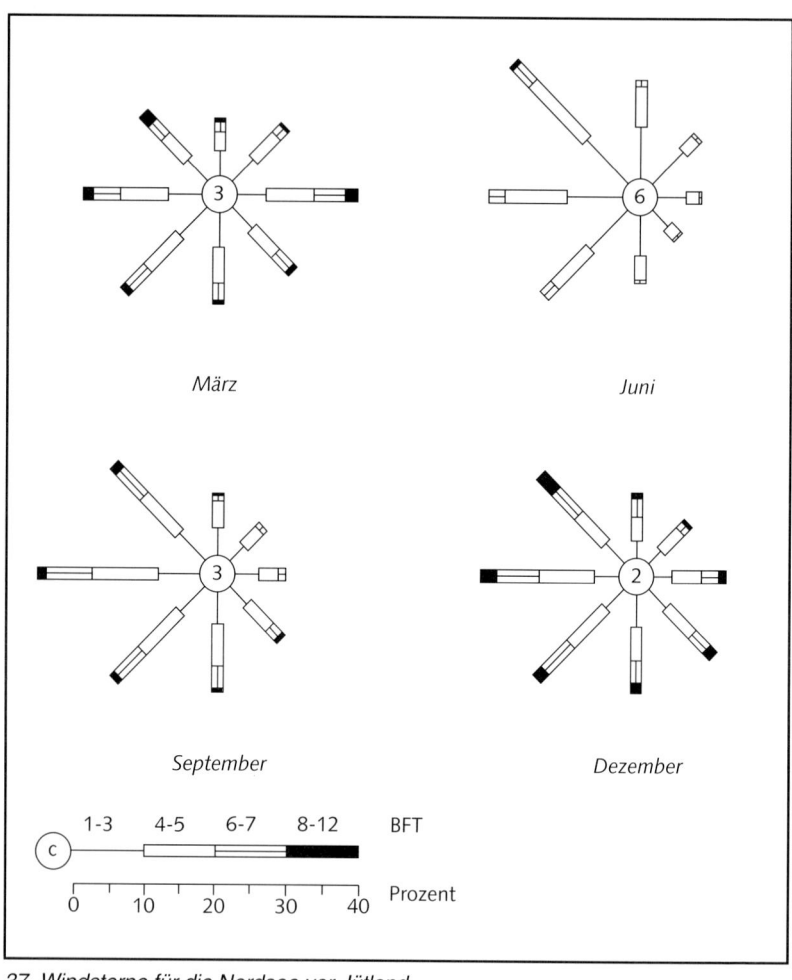

37 Windsterne für die Nordsee vor Jütland.

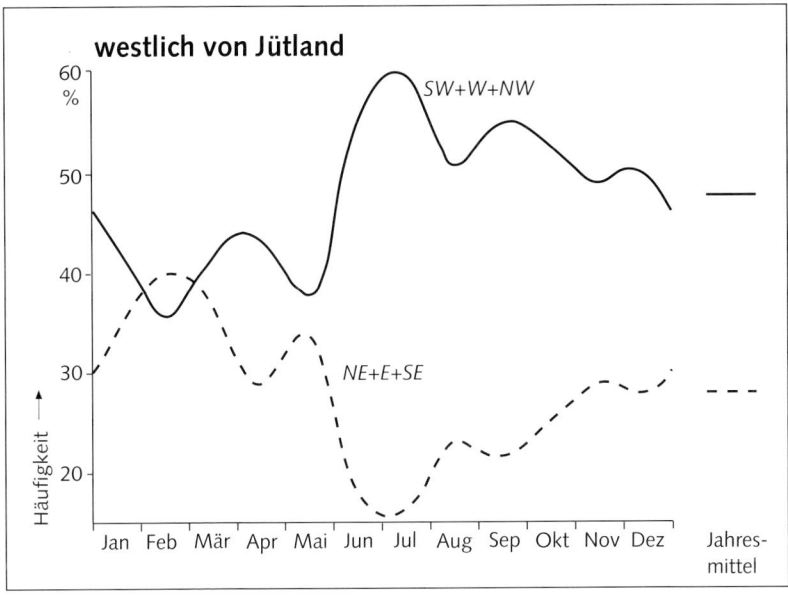

38 Monatliche Häufigkeiten von Südwest-, West- und Nordwestwind sowie von Nordost-, Ost- und Südostwind vor der Westküste Jütlands.

Anschließend sinkt sie bis zum Herbst auf 30 % und bis zum Winter auf gut 20 % ab.

Da es sich bei der Westküste Jütlands um eine Luvküste im Bereich verhältnismäßig starker Westwinde handelt, kann sich das Land-Seewind-System nur an schwachwindigen wolkenarmen Tagen durchsetzen. Nimmt man z. B. für Thyborön, wie in den Abbildungen 28 und 35, alle Windmessungen von Mai bis September zusammen, so zeigt sich ein nur geringer Tagesgang der Windgeschwindigkeit, es ist auch keine markante Windrichtungsänderung feststellbar. Allerdings nimmt die Häufigkeit der östlichen Windrichtungen von

der Nacht zum Nachmittag um 9 % ab, die der westlichen um 11 % zu. So ähnlich wie in Thyborön dürften die Verhältnisse an den meisten Küstenorten Westjütlands liegen.
An ungeschützten Küstenabschnitten ist die Windgeschwindigkeit nur etwa 2 Knoten niedriger als auf offener See. Entsprechend hoch (25 bis 30) ist auch die jährliche Anzahl von Tagen mit Sturm. In jedem Monat des Jahres muß man mit Orkanböen rechnen! Am häufigsten und stärksten sind diese natürlich im Winterhalbjahr, einschließlich des Oktober. Wesentlich ruhiger geht es im Limfjord zu, wo die Windgeschwindigkeit infolge Landschutzes wesentlich niedriger und die Zahl der Sturmtage nur etwa halb so hoch ist wie an der Westküste.

Seegang

In der offenen mittleren Nordsee ist der Seegang verhältnismäßig hoch, im Jahresdurchschnitt kaum niedriger als in der nördlichen Nordsee. Dies zeigt sich auch in den Monaten Juni und September (s. Abb. 29 und 30). Betrachtet man die Windsee und Dünung separat, so gibt es doch merkliche Unterschiede: Im Jahresmittel erreicht die Windsee in der nördlichen Nordsee eine Höhe von 1,8 m (s. Abb. 2), in der mittleren Nordsee von 1,5 m. Dagegen wird die – oftmals höhere – Dünung in der mittleren Nordsee häufiger bemerkt als in der nördlichen Nordsee und trägt zur Erhöhung der mittleren Wellenhöhe bei. Zur dänischen Küste hin nimmt die Höhe sowohl der Windsee als auch der Dünung etwas ab (s. Abb. 29 und 30). In den Monaten Mai bis August beträgt die mittlere kennzeichnende Höhe des gesamten Seegangs dort etwa 1,2 m, im Jahresdurchschnitt 1,6 m; im September erreicht sie bereits 1,7 m, im Winter etwa 2 m.
Während der Segelsaison ist die See meist ruhig (0 bis 0,7 m), nämlich zu etwa 35 % (im September nur zu 22 %) oder mäßig (0,8 bis 1,7 m), nämlich zu gut 40 % der Zeit.

Die Häufigkeit hoher Wellen (3,3 bis 4,7 m) beträgt vor der jütländischen Küste von Mai bis August etwa 3 %, im September 6 %, und von November bis Januar 10 bis 12 %. Mit sehr hohem Seegang (4,8 m und mehr) muß man in der Zeit von Mai bis August mit 0,4 bis 1 % der Zeit rechnen, im September mit 2 %, in Spätherbst und Winter mit 3 bis 5 %. November und Dezember sind die Monate mit den meisten hohen und sehr hohen Wellen. Die größten kennzeichnenden Wellen des Seegangs erreichen in der mittleren Nordsee von Mai bis August etwa 9 m Höhe, vor der Küste Dänemarks ca. 8 m. In den übrigen Monaten, speziell von November bis März, überschreiten sie in den genannten Gebieten 10 m. Einzelwellen können dann bis zu 20 m emporwachsen.

Die Richtungsverteilung der Windsee entspricht der des Windes (s. Windsterne, Abb. 37 und Abb. 38). Die Windsee kommt also in der Segelsaison meist aus westlichen, im Sommer aus nordwestlichen Richtungen (s. Abb. 29, 30). Die Dünung kommt entweder aus dem Nordatlantik und nähert sich von Nordwesten, oder sie stammt aus der Nordsee und nähert sich dann von Nordwesten, Westen oder Südwesten der jütländischen Küste.

Die häufigsten Perioden der Windsee betragen im Sommer 3–4 s, sonst 4–5 s; bei der Dünung überwiegen ganzjährig Perioden von 4–5 s. Während bei dieser aber die längeren Perioden ab 6 s noch sehr häufig sind und insgesamt mehr als die Hälfte aller Beobachtungen ausmachen, sind längere Perioden bei der Windsee recht selten: Nur knapp 30 % ihrer Wellen verzeichnen Perioden von 6 s oder mehr.

Strömungen und Ströme

Die Meeresströmung entlang der Westküste Dänemarks setzt nordwärts. Ihre mittlere Geschwindigkeit beträgt bei Horns Rev 0,25 sm/h, vor Vorupör und Hanstholm 1,5 sm/h. Winde aus Süd bis West verstärken sie. Dagegen können starke Winde aus Nord bis Ost die Strömung aufheben oder sogar umkehren; die südwärts setzende Strömung kann dann zwischen Hanstholm und Vorupör 1,5 sm/h stark werden. Auch wenn vor der dänischen Küste ruhiges Wetter herrscht, können die Ströme verstärkt oder abgeschwächt sein infolge von Starkwind oder Sturm in anderen Teilen der Nordsee. So sollen z. B. starke südliche oder westliche Winde über den Britischen Inseln den nordwärts setzenden Strom vor Jütland verstärken.

Tidenhub und Gezeitenströme nehmen von der deutsch-dänischen Grenze nach Norden hin immer mehr ab. Im allgemeinen laufen die Ströme in nördliche und südliche Richtungen und sind nur bei ruhigem Wetter spürbar.

Der Strom, den man gerade antrifft, setzt sich zusammen aus dem Gezeitenstrom, der allgemeinen Meeresströmung und der durch den Wind über der gesamten Nordsee erzeugten zusätzlichen Strömung, wobei letztere den größten Einfluß ausübt.

An der deutsch-dänischen Küste sind die Gezeitenströme noch am stärksten; bei Esbjerg erreichen sie Geschwindigkeiten von 2 sm/h; vor den Hafeneinfahrten setzen sie ESE-wärts bzw. WNW-wärts und sind am stärksten etwa um die Mitte ihrer Dauer. Die Wasserstände hängen sehr stark vom Wind ab. So können bei Römö die Hochwasser bei Weststurm etwa 3 m höher als das mittlere Springhochwasser auftreten; Oststürme vermögen das Niedrigwasser auf 2 m unter Kartennull zu senken [nach 10].

Zwischen Römö und Blåvandshuk setzen die Gezeitenströme nach SSE und NNW und erreichen bei ruhigem Wetter etwa 1 sm/h. Bei starkem Süd- bis Westwind läuft der Strom jedoch ununterbrochen NNW-wärts, maximal mit 3,7 sm/h. Dann erfolgt keine Umkehr durch die Gezeiten, lediglich die Geschwindigkeit schwankt. Bei starken Winden aus Nord bis Ost setzt der Strom hingegen andauernd südsüdostwärts mit etwa 2 sm/h.

Entlang der Küste und den Sandriffen zwischen Blåvandshuk und Nymide Gap laufen bei ruhigem Wetter die Gezeitenströme südwärts bei steigendem Wasser, nordwärts bei fallendem. Stürmischer Wind beinflußt die Strömung stark: Bei Nord- bis Nordweststurm kann der südwärts setzende Strom bis zu 4 sm/h erreichen; dann kann sich kein nordsetzender Gezeitenstrom durchsetzen.

Im Thyborön-Kanal läuft der Strom nach innen, solange er draußen nordwärts setzt, und nach außen, solange er draußen nach Süden setzt. Bei anhaltendem Westwind erhöht sich der Wasserstand im Limfjord und der Strom läuft 2 bis 3 Tage ständig nach innen, bei andauerndem Ostwind ebenso lange nach außen, wobei der Limfjord-Wasserstand ständig fällt. Dabei können im Thyborön-Kanal Stromgeschwindigkeiten von 6 bis 8 sm/h vorkommen! Auch im Oddesund kann die Strömung noch etwa 3 sm/h stark werden.

Ähnlich verhalten sich der Wasserstand im Ringköbing Fjord und im Nissum Fjord sowie die Strömung an dessen Einfahrt in Hvide Sande und Torsmin-

de. Besonders stark ist der Ausstrom, wenn die jeweiligen Entwässerungs-
schleusen geöffnet sind.

Bei Hanstholm setzt bei Süd- bis Westwinden eine Strömung ostwärts in
Richtung der Küste, bei Nord- bis Ostwinden südwestwärts mit etwa 2 sm/h,
bei stürmischem Wetter auch mehr. Die Wasserstandserhöhung bzw. -er-
niedrigung beträgt bis zu 1,5 m.

Sicht

Über der offenen mittleren Nordsee und vor der dänischen Küste herrschen
– verglichen mit der übrigen Nordsee – durchschnittliche Sichtverhältnisse.
Zu gut 75 % aller Beobachtungen des Jahres ist die Sicht gut oder sehr gut
(10 km und mehr). Im Mai trifft man diese Sichtstufe zu 71 %, im August zu
etwa 83 % der Zeit an. Mäßige Sicht (4–10 km) ist während der Segelsaison
mit 12–17 % (im Jahresmittel mit 16–17 %) schon seltener.

Dunst (1–4 km Sichtweite) kommt im Jahresdurchschnitt zu 5–6 % vor. Im
Mai sind es noch 6–7 %, von Juli bis September 4 %. Am meisten Dunst gibt
es von Januar bis März, nämlich 7–8 %.

Der nebelreichste Monat auf offener See ist der Mai. Gut 6 % aller Beobachtungen melden dann Nebel (Sichtweite unter 1 km). An der Küste gibt es im
Januar und Februar noch mehr Nebel (s. u.). Besonders nebelarm sind die
Monate September und November (im Gegensatz zu den Landstationen) mit
weniger als 1 % Nebel. Im Jahresmittel weisen die mittlere und östliche Nordsee 2,6 % Nebel – 1 % weniger als die Deutsche Bucht – auf und können damit als einigermaßen nebelarm gelten.

An der Küste gibt es den meisten Nebel von Januar bis März, örtlich auch im
April (s. Tab. 9). Im Mai ist Nebel dort schon wesentlich seltener als auf See,
das Minimum tritt im Sommer auf. Im November ist nur an einigen Orten, z.
B. in Thyborön, ein Rückgang der Nebelhäufigkeit wie auf See zu entdecken.
Insgesamt gibt es an der dänischen Westküste zwar mehr Nebeltage pro
Jahr als an der Ostküste Englands, aber deutlich weniger als an den Küsten
der Deutschen Bucht.

Ort	Jan	Feb	Mär	Apr	Mai	Jun	Jul	Aug	Sep	Okt	Nov	Dez	Jahr
Fanö	5	4	5	2	1	0*	0	1	1	3	4	5	32
Thyborön	4	5	6	6	3	2	2*	2	2	3	2	3	41

Tabelle 9: Monatliche und jährliche Anzahl von Tagen mit Nebel

Luft- und Wassertemperaturen

Im Seegebiet vor der jütländischen Küste ähneln die Lufttemperaturen denen über der Deutschen Bucht. Im Winter ist es sogar knapp 1 °C milder, im Sommer (Mai bis Oktober) geringfügig kühler. Über der mittleren Nordsee ist die Luft im Jahresmittel mit 9,5 °C geringfügig wärmer als vor der dänischen Küste (9,3 °C). Die mittlere Nordsee weist allerdings einen geringeren Jahresgang auf als die küstennahen Seegebiete: Im kältesten Monat, dem Februar, mißt man dort durchschnittlich 4 bis 5 °C, im wärmsten Monat, August, nur etwa 15 °C.

Die Wassertemperatur erreicht ihren tiefsten Wert erst im März, nämlich etwa 4 °C vor der jütländischen Küste und 5 bis 6 °C in der mittleren Nordsee. Die höchsten Werte treten allgemein im August auf, 16 bis 17 °C vor Jütland, 15 bis 16 °C in der mittleren Nordsee. Auf offener See ist das Wasser im November mit etwa 10 °C immer noch wärmer als im Mai mit 8 bis 9 °C! Etwas anders sieht es in den flachen Wattengebieten oder an den Stränden Westjütlands aus: Dort erwärmt sich im Mai eine flache Wasserschicht an der Oberfläche besonders tagsüber schon auf über 10 °C.

Die absoluten Rekordwerte der Wassertemperatur betragen auf der offenen See etwa 23 °C; die tiefsten Werte erreichen auf der mittleren Nordsee etwa 0 °C; Meereis kommt dort nicht vor, in einem schmalen Küstenstreifen kann sich in manchen strengen Wintern bei Wassertemperaturen von −1,7 °C Eis bilden.

Im Wattenmeer und in den Fjorden (Limfjord, Ringköbing Fjord, Nissum Fjord) entsteht schon in normalen Wintern Eis. In strengen Wintern sind sie an etwa 60 Tagen eisbedeckt; die Vereisung beginnt dann etwa Anfang Januar und endet Mitte März, im Extremfall auch erst im April.

Von April bis August ist die Luft über Land wärmer als über See. In der übrigen Zeit, vor allem im Winter, ist es über Land und auch an der Küste kälter als über der Nordsee (s. Klimadiagramm, Tab. 10). Obwohl die Orte Thyborön und Vestervik nur 7 km auseinanderliegen, ersterer an der Küste, letzterer im Binnenland, unterscheiden sich die Temperaturen, vor allem die winterlichen Minima. Die Lufttemperaturen steigen im Sommer über See höchstens auf 25 °C an und sinken im Winter in der mittleren Nordsee nicht unter –6 °C, vor der dänischen Küste etwa auf tiefstens –11 °C. An der Küste jedoch kann es im Sommer bis 33 °C heiß werden, im Winter bis zu –23 °C kalt. Von Ende September bis Anfang Mai kann es frieren.

Sonne, Wolken und Regen

Die Bewölkungsverhältnisse über der mittleren Nordsee ähneln denen in der südlichen Nordsee sehr. Zur dänischen Küste und besonders zum Skagerrak hin werden die Wolken im Sommer immer weniger. Entsprechend nimmt auch die Sonnenscheindauer in den Monaten April bis September von der deutsch-dänischen Grenze nach Norden hin zu, in Erslev am Limfjord scheint die Sonne im Juni durchschnittlich immerhin 8,5 Stunden täglich. Auch hier ist der Dezember der sonnenscheinärmste Monat.

Thyborön	Jan	Feb	Mär	Apr	Mai	Jun	Jul	Aug	Sep	Okt	Nov	Dez	Jahr
Tmax	3,2	2,7	4,7	8,3	13,7	16,1	**18,3**	18,2	15,3	11,8	7,7	4,5	10,4
Tmin	1,0	0,1*	1,9	4,3	8,7	12,0	14,0	14,4	12,1	9,1	5,5	2,6	7,1

Vestervik	Jan	Feb	Mär	Apr	Mai	Jun	Jul	Aug	Sep	Okt	Nov	Dez	Jahr
Tmax	2,2	2,1	4,6	9,3	14,7	17,6	**19,8**	19,6	16,7	11,8	7,3	4,5	10,9
Tmin	–1,9	–2,7*	–1,1	2,5	6,3	9,9	12,6	12,7	10,3	6,3	3,1	0,8	4,9
Sonne*	1,3	2,4	4,0	6,2	8,0	**8,5**	8,1	6,6	5,5	2,9	1,4	0,9*	4,7
RR-Menge	69	45	38	39	37*	46	71	84	81	**89**	82	71	752
RR-Tage	17	15	12	12	10*	12	14	14	17	17	**19**	19	178

Tabelle 10: Klimadiagramme von Thyborön (nur Temperaturen) und Vestervik

---

*Angaben von Erslev, 56°50'N, 8°44'E

Auch bei der dänischen Westküste handelt es sich um eine recht nieder-schlagsreiche Luvküste; die Niederschlagsmengen, etwa 750 mm pro Jahr, entsprechen etwa denen an der deutschen nordfriesischen Küste. Die Anzahl der Regentage ist allerdings geringer als weiter südlich; verantwortlich hier-für ist wohl der Lee-Effekt des norwegischen Gebirges, der bei nördlichen Windrichtungen wirkt. Der trockenste Monat ist der Mai, der regenreichste der Oktober, örtlich auch der September oder November. Auf See ist der Som-mer (Mai bis August) die niederschlagsärmste Zeit, im November regnet es dort am häufigsten.

Etwa von Anfang Oktober bis Ende April/Anfang Mai kann es sowohl über See als auch über Land schneien. Allerdings fällt über See auch im Winter der überwiegende Teil des Niederschlags als Regen; über Land gilt dies mit Ausnahme des Februar und März: Zu dieser Zeit fallen etwa zwei Drittel des Niederschlags als Schnee.

Über der mittleren Nordsee gibt es im Jahresmittel zu etwa 0,2 % aller Be-obachtungen **Gewitter,** am meisten im August, am wenigsten im Februar und Mai. Vor der jütländischen Küste sind es etwas mehr, nämlich 0,3 % im Jah-resdurchschnitt, am meisten im September (0,5 %), am wenigsten in März und April (weniger als 0,1 %). Dies hängt mit der Luftschichtung zusammen: Im Spätsommer ist sie labil, weil dann das Wasser wärmer ist als die Luft und die Atmosphäre von unten her heizt (genauso wie das Land die Luft an ei-nem Sommertag erhitzt); im Frühjahr ist das Wasser kälter als die Luft und stabilisiert die Atmosphäre von unten her.

Über Land gewittert es am häufigsten im August, nämlich an 2 bis 3 Tagen, am seltensten im März (nur alle 5 bis 10 Jahre einmal). Insgesamt ist die jüt-ländische Westküste mit nur 7,5 bis 13 Tagen pro Jahr ausgesprochen ge-witterarm.

Skagerrak und Kattegat

Stichworte: Besser als ihr Ruf: viel Sonne, selten Regen, gute Sicht; oftmals günstiger Segelwind; mehr Starkwind, aber weniger Sturm als in der Deutschen Bucht. Freundliche Sommer, September schon recht herbstlich. Gezeiten und Gezeitenströme sind nur schwach, aber es gibt starke winderzeugte Wasserstandsänderungen und Meeresströmungen.

Wind

Ein „rauhes, wolkenverhangenes, sturmgepeitschtes Seegebiet", dies ist die Vorstellung, die viele Leute vom Skagerrak haben. Solche Verhältnisse findet man noch am ehesten in der nördlichen Nordsee, zum geringeren Teil in der mittleren Nordsee; dem Skagerrak hingegen tut man Unrecht mit dieser Meinung. Die Windverhältnisse dort ähneln eher denen der Deutschen Bucht, das Wetter ist dort im Sommer aber noch besser, mehr Sonnenschein, seltener Regen, die Temperaturen etwas niedriger (im Oslo-Fjord höher) als in der Deutschen Bucht. Dann ist es auch im Kattegat sonniger, regenärmer und sogar noch etwas wärmer als bei Helgoland.

Im September ist es allerdings vorbei mit dieser Herrlichkeit: Sowohl die mittlere Windstärke als auch die Häufigkeit von Starkwind und Sturm legen in beiden Seegebieten stark zu (s. Abb. 39 und 40). Der Winter ist dann im Skagerrak deutlich windiger als im Kattegat.

Vergleicht man diese beiden Seegebiete mit Nord- und Ostsee (Abb. 39 mit Abb. 1), so stellt man fest, daß der Jahresgang der Windgeschwindigkeit dem der Ostsee entspricht und nicht dem der Nordsee: Die geringsten Windgeschwindigkeiten treten bereits im Mai, die höchsten im November auf. Aus diesem Grunde sind, beginnend mit dem Kattegat, die Windsterne der Ostsee für die Monate Februar, Mai, August und November dargestellt (s. Abbildungen 41 und 42). Ebenso wie in der Deutschen Bucht (und in der westlichen Ostsee) ist ein kleines Minimum der Windstärke im Februar, ein kleines Maximum im Juli (in der westlichen Ostsee schon im Juni) zu erkennen.

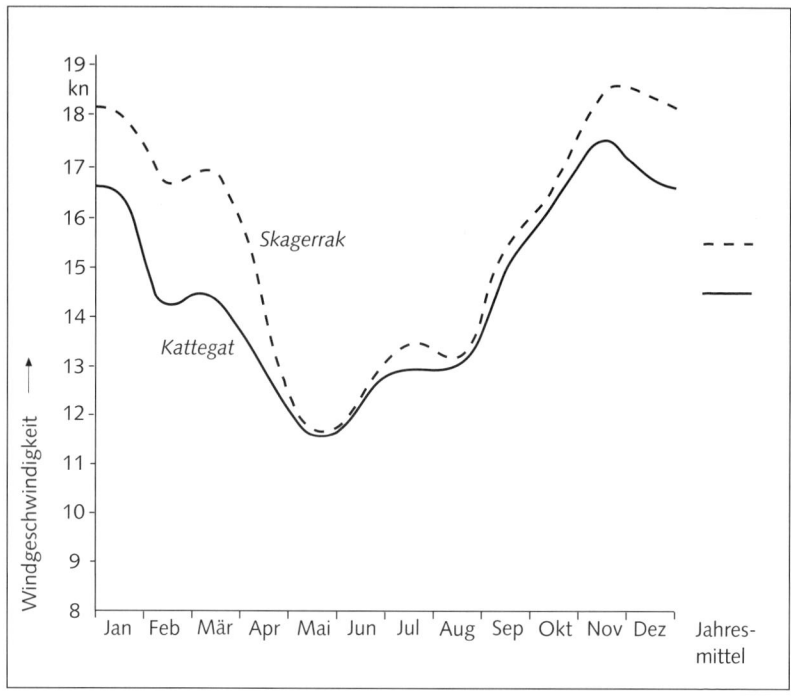

39 Jahresgang und Jahresmittel der Windgeschwindigkeit über Skagerrak und Kattegat.

Windstille kommt in Skagerrak und Kattegat im Jahresmittel zu 4 bzw. 5 % vor und ist damit häufiger als in der Nordsee. Am ehesten muß man im windschwachen Mai damit rechnen, nämlich mit 8–9 %, nicht viel besser (8 % Flaute) sieht es im Juni aus, im Juli sind es 5 bis 6 %, im August etwa 5 %, im September 3 % im Skagerrak und 4 % im Kattegat.

Im Frühling und Sommer (bis August) ist **Schwachwind** (1–3 Bft) die häufigste Windstärken-Gruppe; sie tritt an fast der Hälfte der Zeit (40 bis 47 %) auf. Im Herbst und Winter gehören nur etwa ein Viertel aller Windbeobachtungen dieser Gruppe an.

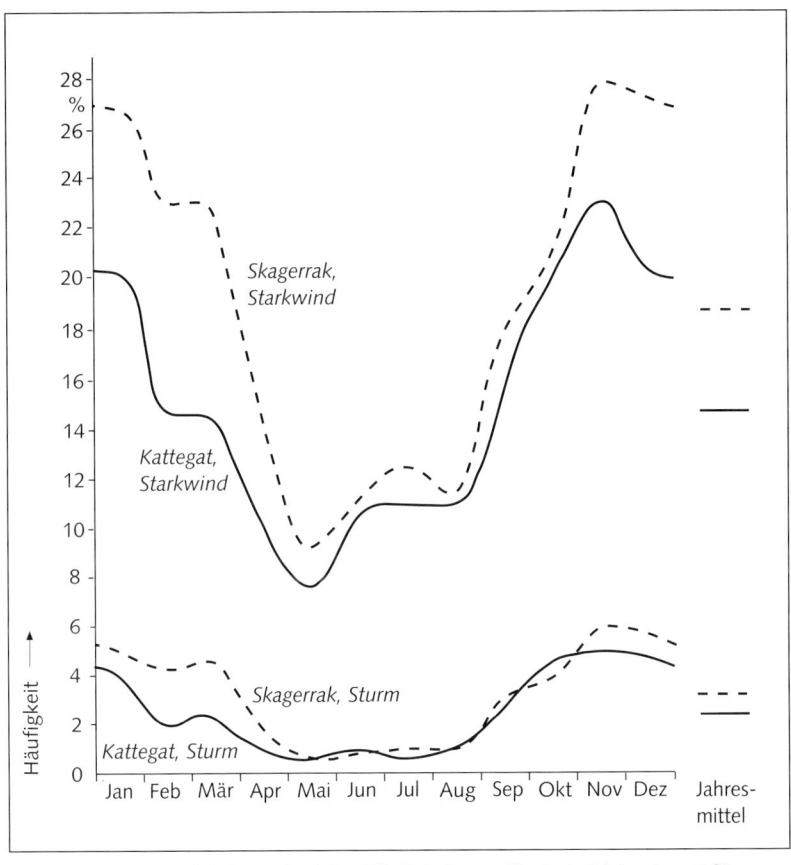

40 Jahresgang und Jahresmittel der Häufigkeit von Starkwind (oben) und Sturm (unten) im Skagerrak und Kattegat.

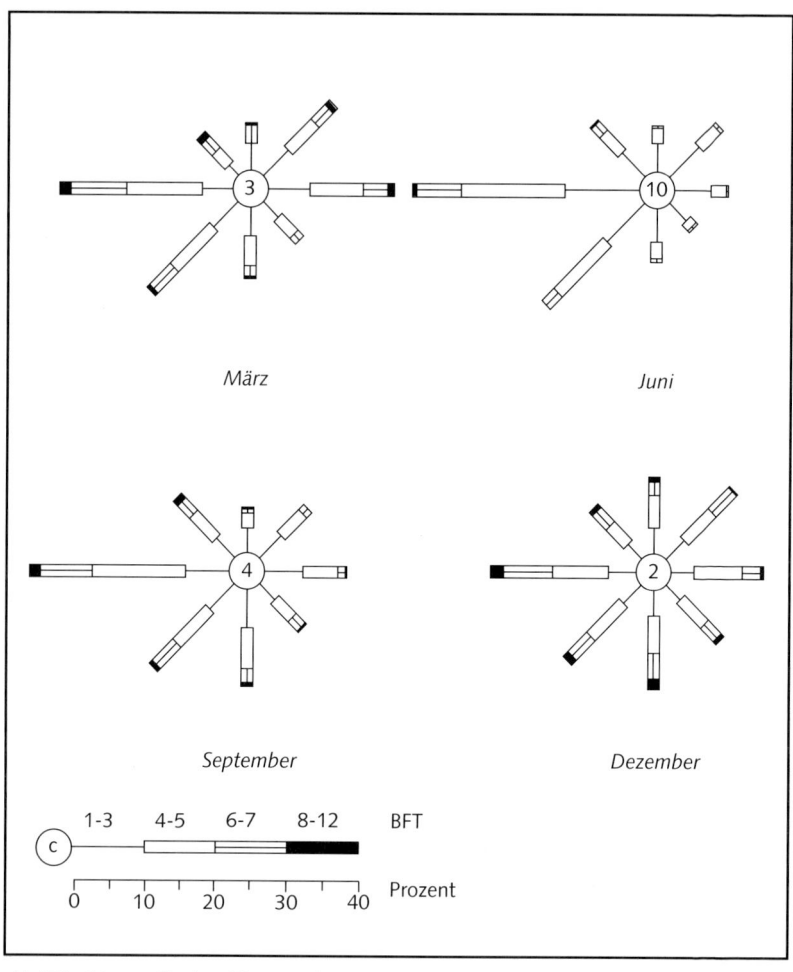

41 Windsterne für den Skagerrak.

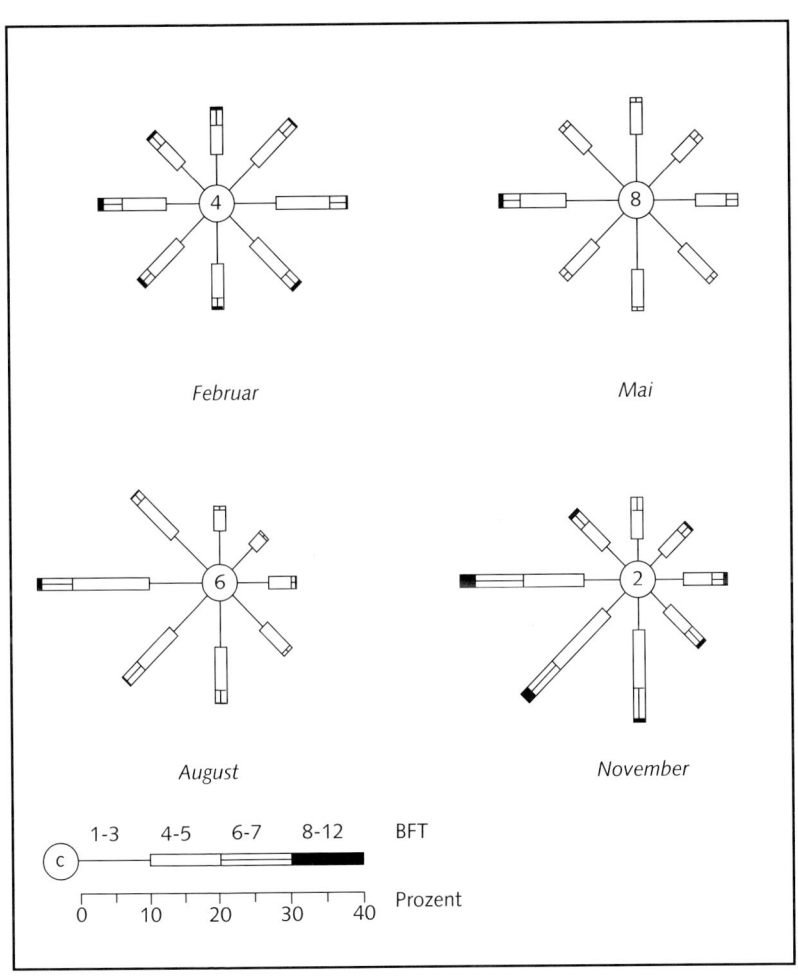

42 Windsterne für das Kattegat.

Mäßiger Wind (4–5 Bft) tritt im Frühling und Sommer zu gut einem Drittel (35–40 %) der Zeit auf, im Winter zu etwas über 40 %. Damit ist dies insgesamt die vorherrschende Windstärken-Gruppe. – Über die Häufigkeiten von Starkwind (6–7 Bft) und Sturm (8–12 Bft) informiert Abbildung 4.

Schwerer Sturm (10–11 Bft) kommt im Skagerrak in jedem Monat vor, im Sommer allerdings sehr selten; im Kattegat tritt er von Mai bis Juli nur in Böen auf. Von Oktober bis März gibt es in beiden Seegebieten 0,2 bis 0,4 % schweren Sturm, also etwas seltener als in der Deutschen Bucht. – Von Oktober bis April können, wenn auch ganz selten, Orkane (12 Bft) auftreten.

Wie schon die Windsterne (Abb. 41 u. 42) zeigen, ist West die häufigste Windrichtung in Skagerrak und Kattegat, die zweithäufigste Richtung ist Südwest. Dies gilt besonders im Sommer. Dann ist mit knapp 50 % die Beständigkeit recht groß, höher als in allen anderen Teilen der Nord- und Ostsee. Im Februar hingegen überwiegen östliche Windrichtungen (s. Abb. 43); im Mai ist der Wind so unbeständig, daß man kaum von einer vorherrschenden Windrichtung sprechen kann; ab Juni setzen sich dann die Westwinde durch, wie Abbildung 43 eindrucksvoll belegt.

Wenn im Sommer die verhältnismäßig beständigen Westwinde wehen, werden manche Küstenabschnitte von Skagerrak und Kattegat zu Luvküsten mit verhältnismäßig starkem auflandigem Wind. Dort kann sich kaum ein nächtlicher Landwind durchsetzen, höchstens eine Abschwächung des Seewindes. Die Leeküsten hingegen verzeichnen ein ausgeprägtes tägliches Land-Seewind-System, außerdem viel Sonnenschein.

Entscheidend für die Einteilung in Luv- und Leeküsten ist in erster Linie das gebirgige südliche Norwegen; einen schwächeren Luv-Lee-Effekt übt das flachere nördliche Jütland aus.

Bei Westwind ist die norwegische Küste zwischen Kristiansand und etwa der norwegisch-schwedischen Grenze Leeküste; schwächere Lee-Effekte treten dann an der jütländischen Ostküste zwischen Frederikshavn und Samsö auf.

Bei Nordwind liegen alle Küsten des Skagerrak und Kattegat in Lee des norwegischen Gebirges, bei Nordwestwind die Küstenabschnitte nordöstlich einer Linie, die etwa von Kap Lindenes über die Jammerbucht bis nach Anholt und Halmstad reicht. Die jütländische Küste zwischen Hanstholm und Hirtshals sowie die schwedische Küste zwischen Göteborg und Hälsingborg stel-

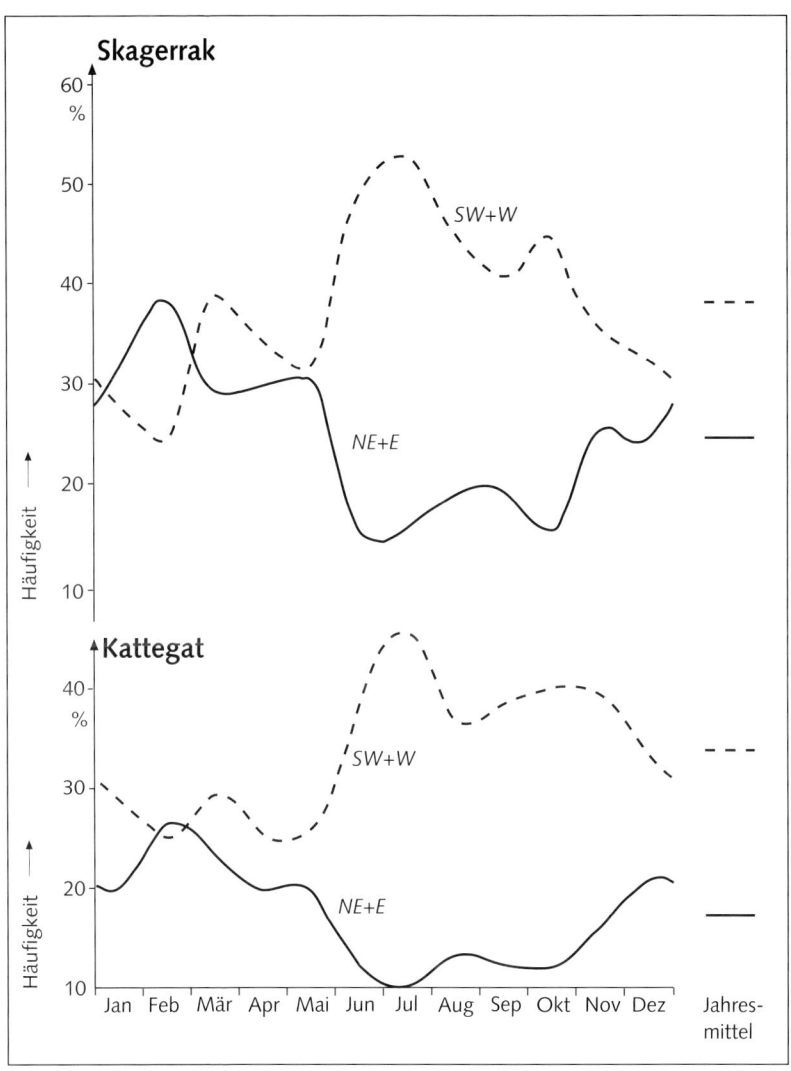

43 *Monatliche Häufigkeiten von Nordost- und Ostwind sowie von Südwest- und Westwind in Skagerrak und Kattegat.*

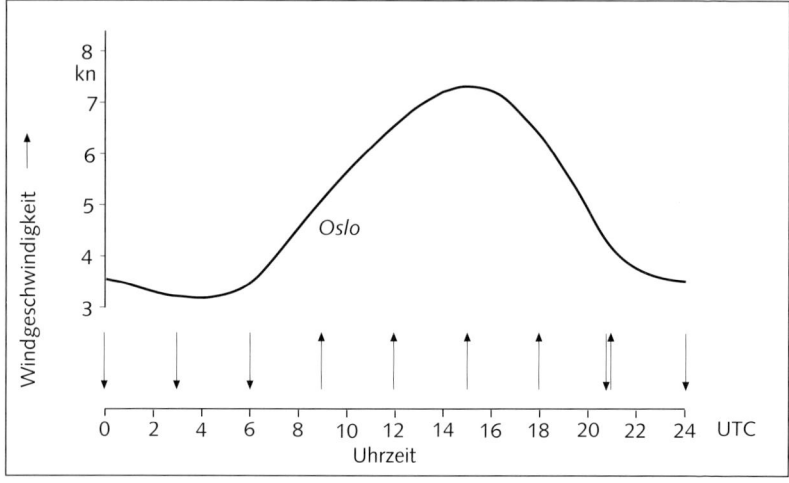

44 Tagesgang der Windstärke (Kurve) sowie vorherrschende Windrichtung (Pfeile) in Oslo für die Monate Mai bis September.

len also öfter eine Luvküste mit ungünstigeren Wetterbedingungen dar. Als typisches Beispiel für die Windverhältnisse an einer Leeküste kann Oslo dienen (Abb. 44): Gegen 8 UTC löst der stärkere Seewind aus Süd den schwächeren nördlichen Landwind ab und weht bis etwa 21 UTC. Ähnliche, wenn auch nicht ganz so schön ausgeprägte Verhältnisse, dürften an vielen Orten der norwegischen Skagerrak-Küste herrschen.

An der schwedischen Kattegat-Küste kommt es zwar zur nächtlichen Abschwächung des Windes, aber nur bei ansonsten schwachwindigen Wetterlagen zu einer Umkehr der Windrichtung. So kommt z. B. in Göteborg im Sommer der Wind um 8.00 mit 7 Knoten und um 14.00 Uhr mit 10 Knoten vorwiegend aus West. An der Kattegat-Küste Jütlands (hiervon liegen leider keine Daten vor) dürfte bei vorwiegendem Westwind die Windstärke nachts eher größer sein als am Tage, weil sich dann Landwind und synoptischer

Westwind verstärken, tagsüber der Seewind dem synoptischen Wind entgegenläuft.

Je nachdem, wie geschützt ein Küstenort liegt, ist der Wind dort stärker oder schwächer. So verzeichnet etwa der abgeschirmt liegende Hafen von Kristiansand eine durchschnittliche Windgeschwindigkeit von 6 Knoten, die vorgelagerte Insel Oksöy und Skagen aber 15 Knoten, fast dieselbe Windgeschwindigkeit wie auf See. Auf den Inseln Anholt und Läsö hingegen ist das Jahresmittel der Windgeschwindigkeit mit 10,7 bzw. 8,2 Knoten niedriger als auf See.

Der Jahresgang der Windgeschwindigkeit auf Inseln oder an der Küste fällt allgemein schwächer aus als auf See. So schwankt sie im Kattegat (s. Abb. 39) zwischen knapp 12 Knoten im Mai und fast 18 Knoten im November, auf Läsö nur zwischen 7 Knoten im März, Mai und Juni sowie 8 Knoten in den übrigen Monaten. In Göteborg tritt – infolge des Seewindes – die höchste mittlere mittägliche Windgeschwindigkeit mit 12 Knoten im Juni auf; im Winter sind es nur 9 bis 10 Knoten.

Exponiert gelegene Küstenorte, wie Skagen und Oksöy, verzeichnen 15 bis 16 Sturmtage pro Jahr, die meisten im Herbst und Winter. Das geschützt liegende Oslo hat nur zwei, die übrigen Küsten- und Inselstationen 9 bis 11. Mit Ausnahme von Oslo gibt es in jedem Monat Sturm, von Mai bis August allerdings nur selten. An den meisten Stationen können – zumindest im Spätherbst und Winter – vereinzelt Orkanböen auftreten.

Seegang

Obwohl die Windgeschwindigkeit im Kattegat nicht sehr viel geringer ist als im Skagerrak (s. Abb. 39), sind doch die Wellen deutlich niedriger (Abb. 45). Dies liegt am geringeren Fetch (Windwirkstrecke): Bei den häufigen Westwinden ist die Windsee, die über die gesamte Breite der Nordsee gelaufen ist, im Skagerrak wesentlich höher als im Kattegat, wo sie sich erst entwickeln muß. Außerdem läuft in den Skagerrak häufig Dünung aus der Nordsee oder dem Nordmeer; sie ist schon stark abgeschwächt, wenn sie um Skagen herum das Kattegat erreicht. Betrachtet man die Windsee separat, ergeben sich im Kattegat fast die gleichen Mittelwerte wie beim Seegang, bei dem jeweils

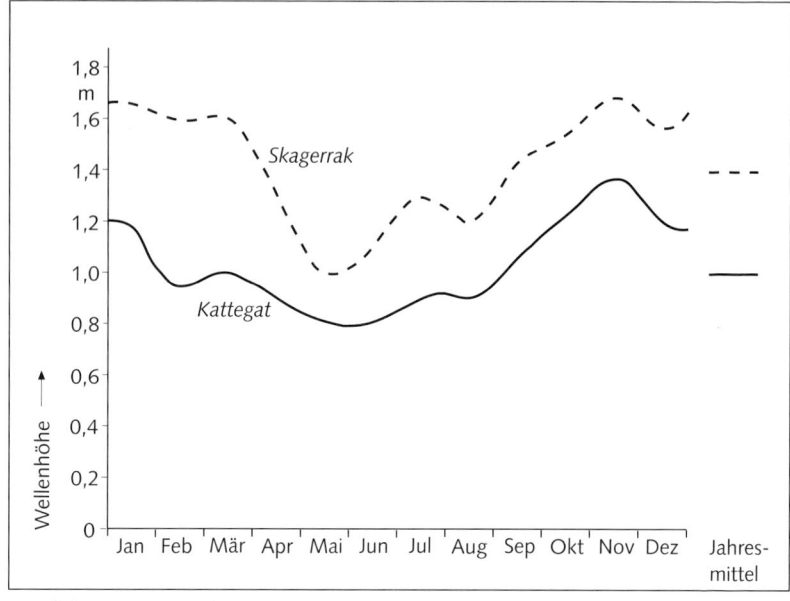

45 *Jahresgang und Jahresmittel der kennzeichnenden Höhe des Seegangs in Skagerrak und Kattegat.*

die höchste Wellenart (Windsee oder Dünung) berücksichtigt wird. Im Skagerrak jedoch ist die Windsee etwa 20 cm niedriger als der gesamte Seegang, der in Abb. 45 gezeichnet ist. Die Abbildungen 29 und 30 enthalten die mittlere Höhe des Seegangs sowie die vorherrschende Richtung von Windsee und Dünung in den Monaten Juni und September in der Nordsee und im Skagerrak.

Im Jahresmittel kommt im Skagerrak ruhige See (0–0,7 m) zu etwa 30 % aller Fälle vor, mäßige See (0,8 bis 1,7 m) zu ca. 41 %; im Kattegat hingegen ist ruhige See mit 44 % insgesamt die häufigste Seegangsstufe, gefolgt von mäßiger See mit knapp 39 %. Im Sommer trifft man zu gut der Hälfte aller

Fälle im Kattegat eine ruhige See an, im Mai sogar zu 58 %. Im Skagerrak dagegen sind es im Mai/Juni zwar auch 46 bzw. 42 %, im Juli/August aber nur 37 % und im September 27 %.

Eine grobe See (1,8 bis 3,2 m) trifft man dort während der Monate Mai bis August zu etwa 17 % an, eine hohe See (3,3 bis 4,7 m) zu ca. 2,2 % und sehr hohe Wellen (4,8 m und höher) zu 0,3 bis 0,8 %. Die entsprechenden Zahlen für das Kattegat lauten: grobe See: 8 %, hohe See: 0,7 %; sehr hohe See: weniger als 0,1 %. Im September erfolgt in beiden Seegebieten eine starke Zunahme, nämlich eine Verdopplung der Häufigkeit hoher und sehr hoher Wellen.

Die größten kennzeichnenden Wellenhöhen des Seegangs betragen im Skagerrak im Sommer etwa 7 m, im Spätherbst und Winter gut 10 m. Einzelwellen können dann nahezu 20 m Höhe erreichen. Im Kattegat gibt es im Juli oder August kennzeichnende Wellen von 5 bis 6 m, im Winter von knapp 8 m; die absolut höchsten Einzelwellen können dabei bis 15 m emporwachsen.

Die Richtung der Windsee entspricht der des Windes. Somit kommt sie im Sommer meist aus West. Ein Viertel aller Seegangsmeldungen enthalten im Skagerrak Angaben über eine Dünung. Diese kommt das ganze Jahr über vorwiegend aus westlichen Richtungen. Die wenigen Dünungsbeobachtungen im Kattegat (nur 7 % aller Seegangsbeobachtungen) zeigen an, daß diese Wellenart zu gut der Hälfte aller Fälle von Westen oder Nordwesten hineinläuft, daß aber etwa knapp die Hälfte der selten beobachteten Dünung im Kattegat selbst entsteht.

Die Windsee bevorzugt im Frühling und Sommer sowohl im Skagerrak als auch im Kattegat Perioden von 2 bis 3 s, im Spätherbst und Winter sind es 4–5 s. Bei der Dünung werden in beiden Seegebieten ganzjährig Perioden von 4–5 s am häufigsten gemeldet.

Ströme und Strömungen

In Skagerrak und Kattegat ist der Tidenhub gering, die Gezeitenströme sind schwach. Die Meeresströmung läuft entlang der **jütländischen Küste** zwischen Hanstholm und Skagen nach Nordosten, der Wind beeinflußt sie stark.

Im Mittel beträgt ihre Geschwindigkeit etwa 1 sm/h, bei Hanstholm 1,5 sm/h. Starkwind oder Sturm aus Süd bis West verstärken sie; unter Hanstholm und Hirtshals sind schon Geschwindigkeiten von bis zu 7 sm/h vorgekommen, öfters 4 bis 5 sm/h. Hierdurch gingen zahlreiche Schiffe verloren, die an der schwedischen Küste zwischen Marstrand und Väderöarna gestrandet sind.

An der **norwegischen Südküste** setzt die Strömung im allgemeinen mit einer Geschwindigkeit von 1 bis 2 sm/h westwärts. Gewöhnlich ist sie in 4 bis 8 sm Entfernung von der Küste am stärksten, in etwa 20 sm Entfernung kaum noch merkbar. Auch hier übt der Wind einen starken Einfluß aus: Östliche Winde verstärken die Strömung, südliche bis westliche schwächen sie ab oder kehren die Richtung kurzzeitig sogar um. An der Küste muß man auch mit auflandigen Strömungen rechnen.

Schneeschmelze und/oder starke Regenfälle hingegen bewirken starken Ausstrom aus den Fjorden und Flußmündungen.

Im **Kattegat** herrscht allgemein eine leichte nordsetzende Strömung, indem das leichtere salzarme Ostseewasser über das schwerere salzhaltige Nordseewasser in den Skagerrak strömt. Wind und Luftdruck beeinflussen den Wasserstand und die Strömungen erheblich. So kann der Meeresspiegel im Kattegat bis zu 1,45 m über und bis zu 1,20 m unter dem mittleren Wasserstand liegen. Dabei übt nicht nur der Wind vor Ort, sondern über der gesamten Nord- und Ostsee einen Einfluß aus. So staut beispielsweise ein starker Westwind über der Nordsee das Wasser in Skagerrak und Kattegat, während lang anhaltender Ost- bis Südsturm über der Nordsee zu extrem niedrigen Wasserständen im Kattegat führt.

Auch der Luftdruck spielt eine nicht unerhebliche Rolle: Hoher Druck erniedrigt den Wasserspiegel, tiefer erhöht ihn. Bei hohem Luftdruck über der Ostsee, niedrigem über der Nordsee strömt verstärkt Wasser aus der Ostsee; Hochdruck über der Nordsee, Tiefdruck über der Ostsee bewirkt einen Einstrom. Die durch Luftdruck und Wind verursachten Strömungen können örtlich sehr stark werden. Genauere Informationen hierzu stehen in den Seehandbüchern [6], [10], [11] und [12], aus denen auch die Angaben über Ströme und Strömungen dieses Kapitels stammen.

An dieser Stelle seien nur einige besonders wichtige regionale Besonderheiten erwähnt.

Skagerrak Auf die bei Südweststurm verstärkte nordostsetzende Strömung vor der Skagerrak-Küste Jütlands wurde bereits hingewiesen, ebenso auf die Veränderungen der vor der norwegischen Südküste westwärts setzenden Strömung. Im Oslo-Fjord ist keine regelmäßige Strömung vorhanden; starker Südwind treibt das Wasser nach innen, am stärksten an der Ostseite des Fjordes. Starkes Oberwasser durch Regen oder Schneeschmelze erzeugt eine südsetzende Strömung. Strömung und Gezeitenströme können, wenn sie sich ergänzen, an Engstellen zu Geschwindigkeiten von 4 bis 6 sm/h führen. Am schwierigsten ist der enge und flache Dröbaksund zwischen Dröbak und Håöy. Dort ist mit Stromkabbelungen und Neerströmen zu rechnen, die Schiffahrtszeichen können unterschneiden. Der Wasserstand in Oslo kann bei Südsturm bis zu 2 m über den mittleren Wasserstand steigen. Zwischen Oslo-Fjord und Langesundfjord kann die westsetzende Strömung innerhalb des Schärengürtels zuweilen bis zu 4 sm/h erreichen. Meist setzt die Strömung aus dem Langesundfjord heraus, zur Zeit der Schneeschmelze mit bis zu 4 sm/h, zwischen Kragerö und Risör sowie in der Gegend von Tromöy setzt die Strömung, besonders bei Südoststurm, stark auf die Küste zu.

Kattegat Zwischen dem Ausgang des Limfjords und Skagen setzt die Strömung entlang der Küste meist nach Norden, bei Skagen nach Nordosten; starke Süd- bis Westwinde können sie bis zu 2 sm/h verstärken. Im Ostteil des Limfjordes können die winderzeugten Strömungen bis zu 3 sm/h erreichen. — An der Mündung des Mariager-Fjords sind die Gezeitenströme mit 1 bis 3 sm/h verhältnismäßig kräftig; stürmischer Wind kann sie noch intensivieren. Noch stärker sind sie im Randersfjord, einlaufend bis 2,5 sm/h, auslaufend gar bis zu 5 sm/h, da der Fluß Gudenå Wasser zuführt.

Sonst aber sind die Gezeitenströme schwach, die durch Wind verursachten Strömungen in den Buchten und Fjorden aber teilweise stark.

An der Nordküste von Seeland läuft der Strom entweder nach Westen oder nach Nordosten mit durchschnittlich knapp 1 sm/h; bei stürmischem Wetter sind aber auch schon Geschwindigkeiten bis zu 4 sm/h gemessen worden. Im Roskilde-Fjord kann einlaufende Strömung (bei Ost- bis Südsturm) Geschwindigkeiten von 3 sm/h erreichen.

Entlang der schwedischen Kattegat-Küste setzt die Strömung normalerweise mit 0,4 bis 0,7 sm/h nach Norden, jedoch wurden auch schon 4 sm/h gemessen. Auch in den engen Schärenfahrwassern kann die Strömung örtlich sehr stark werden. Luftdruck und Wind können die Strömung gelegentlich umkehren. Auch der Wasserstand in den schwedischen Häfen kann durch den Windeinfluß stark schwanken; es wurden schon Wasserstände bis zu 1,5 m über und 1,2 m unter dem mittleren Wasserstand gemessen. Es gibt telefonische Wasserstandsansagen (s. Seehandbücher [11] und [12]). Der Tidenhub verursacht nur Schwankungen von 0,2 bis 0,6 m. In den Fahrwassern und im Hafengebiet von Göteborg kann die Strömung gelegentlich 2 sm/h erreichen.

Sicht

Die Sichtverhältnisse im Skagerrak kann man, verglichen mit der Nordsee, als durchschnittlich bezeichnen.

Im Kattegat sind sie noch besser. Die Häufigkeiten von guter und sehr guter Sicht erreichen mit einem Jahresmittel von knapp 80 % fast die hervorragenden Werte, die vor der schottischen Küste zu beobachten sind (81–82 %). Im Sommer (Juni bis August) übertrifft die Häufigkeit guter und sehr guter Sicht mit 85 bis 88 % alle Gebiete der Nordsee und fast alle Teile der Ostsee. Am seltensten kommt diese Sichtstufe im Februar und März vor. Etwas bescheidener ist schon der Skagerrak mit 74 % guter und sehr guter Sicht im Jahresdurchschnitt und 80 bis 83 % während der Monate Juni bis September. Damit übertrifft er aber immer noch die südliche Nordsee und die Deutsche Bucht. Im Winter allerdings geht die Häufigkeit dieser Sichtstufe im Skagerrak auf etwa 62 % zurück, ähnlich wie in der Deutschen Bucht.

Mäßige Sicht (4–9,9 km) kommt im Skagerrak und Kattegat durchschnittlich zu 15,4 bzw. 12,8 % vor mit etwas höheren Werten im Sommer, im Winter etwas geringeren.

Dunst (1–3,9 km) ist im Skagerrak häufiger als im Kattegat; bei Nebel (Sichtweiten unter 1 km) ist es umgekehrt. Im Skagerrak beobachtet man im Januar/Februar am meisten Dunst (11 bis 12 %), im Sommer am wenigsten (knapp 5 %). Im Jahresmittel ergibt das 7,5 %. Nur etwa halb so viel Dunst

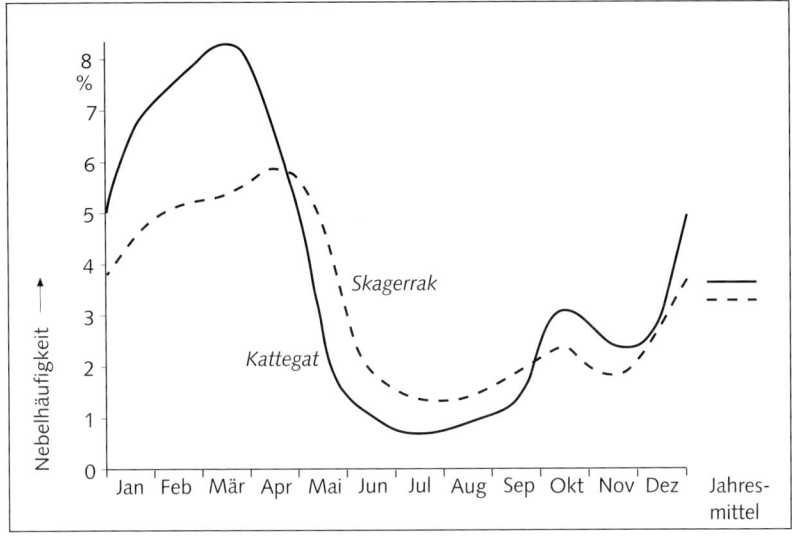

46 *Jahresgang und Jahresmittel der Nebelhäufigkeit über Skagerrak und Kattegat.*

wird aus dem Kattegat gemeldet, 6 bis 7 % im Februar und März, etwa 2,5 % im Sommer, im Jahresmittel 4 %.

Über die Häufigkeit von **Nebel** auf See informiert Abb. 46. Der nebelreichste Monat im Kattegat ist der März, im Skagerrak der April. Die nebelärmsten Monate sind Juli und August; verhältnismäßig wenig Nebel gibt es, wie auch über der Nordsee, im November.

An den Küsten des Skagerrak ist die Nebelhäufigkeit eher gering; sie liegt zwischen 22 und 42 Nebeltagen pro Jahr (s. Tabelle 11; Ferder liegt am Ausgang des Oslo-Fjords).

Im Kattegat nimmt die Nebelhäufigkeit von Norden nach Süden zu. Die Küsten werden vor allem zum Sund hin (s. Kullen) sehr nebelreich. Dagegen ist die Küste Jütlands bis kurz vor der Einfahrt zum Kleinen Belt recht nebelarm:

Mit einem Jahresmittel von 3 % Nebel sind Fornaes (östlichster Zipfel Jütlands) und Skagen mit 2,5 % noch nebelärmer als das mittlere Kattegat.

Ort	Jan	Feb	Mär	Apr	Mai	Jun	Jul	Aug	Sep	Okt	Nov	Dez	Jahr
Kristiansand	**3**	2	2	2	1	1*	1*	1	2	2	**3**	2	22
Oslo	3	4	4	3	1	0*	0	0*	1	3	4	**5**	27
Ferder	5	**7**	7	6	3	1	1*	1	1	4	2	5	42
Skagen	4	**6**	5	5	3	1	1	1	1	3	1	3	35
Fornaes	4	5	**6**	4	2	1*	1	1	2	3	3	3	37
Göteborg	5	6	**6**	4	3	3	3*	4	3	5	4	5	51
Kullen	9	8	**10**	7	4	1	1*	2	3	6	7	**10**	69

Tabelle 11: Monatliche und jährliche Anzahl von Tagen mit Nebel

Luft- und Wassertemperaturen

Die Lufttemperaturen im Skagerrak ähneln denen der Deutschen Bucht, das Jahresmittel liegt mit 8,7 °C nur wenig niedriger. Dies gilt nicht für den Oslo-Fjord: Je weiter man hineinkommt, desto kontinentaler gestaltet sich das Klima; Tages- und Jahresgänge der Temperatur wachsen stark an (s. Temperatur von Oslo in Tabelle 12). Winter- und Sommertemperaturen in Oslo ähneln denen von Riga. Im Sommer ist der Oslo-Fjord das wärmste der in diesem Buch beschriebenen Gewässer. Im Kattegat gleichen die Temperaturen denen in der Beltsee, der westlichen und südlichen Ostsee. Der Jahresgang ist dort also stärker als im Skagerrak und reicht von 0,6 °C im Februar bis 17,2 °C im August.

Von April bis Juli ist die Luft über dem Land wärmer als über dem Meer, und die Temperaturen nehmen zum Land hin zu. In den übrigen Monaten, vor allem im Winter, ist es umgekehrt.

Dank des warmen Nordatlantikstromes, dessen Ausläufer auch den Skagerrak erreichen, liegt dort die Wassertemperatur in den meisten Monaten höher als die Lufttemperatur. Nur von Mai bis Juli ist dort die Luft wärmer als das Meer.

Im Kattegat erreicht die Wassertemperatur im Jahresmittel den gleichen Wert wie im Skagerrak, nämlich 9,5 °C; im Winter ist sie jedoch niedriger, im Sommer höher. Die Luft ist von April bis August wärmer als das Wasser; im Mai und Juni übersteigt die Temperatur der Luft die des Wassers sogar um 1,5 °C. Die Wassertemperaturen im Skagerrak erreichen ihren tiefsten Wert erst Ende Februar/Anfang März, im Kattegat Ende Februar; die höchsten Werte werden im August gemessen. Auf offener See ist das Wasser im November noch etwa so warm (9 °C) wie im Mai.

Durch den dämpfenden Einfluß des Meeres erreichen dort die Lufttemperaturen keine so extremen Werte wie über Land: Die höchsten Werte im Sommer steigen über dem Skagerrak auf etwa 25 °C, über dem Kattegat auf 27 °C. Die tiefsten Werte im Winter sinken über dem stets eisfreien Skagerrak kaum unter –9 °C, während in kalten Wintern über dem eisbedeckten Kattegat schon –17 °C gemessen wurden.

Noch gedämpfter sind die Wassertemperaturen: Im Skagerrak überschreiten sie kaum 23 °C, das gilt aber nicht für den Oslo-Fjord, wo schon über 25 °C gemessen wurden. Auch im Kattegat kann sich das Wasser – vor allem in Landnähe – in heißen Sommern bis auf 26 °C erwärmen.

Der Skagerrak friert dank des warmen Nordatlantikstromes nie zu, die Innenfahrwasser innerhalb der Schären und die Fjorde können sich aber in normalen und kalten Wintern mit Eis bedecken. Im Kattegat vereisen in normalen Wintern an der jütländischen Küste die Fjorde, an der schwedischen Küste die Schärengebiete und die flachen Buchten. In strengen Wintern bedeckt sich das gesamte Kattegat mit Ausnahme seines Nordteils mit Eis. In solchen Jahren beginnt die Vereisung des zentralen Kattegat frühestens Anfang Januar und endet spätestens Anfang April.

Je weiter die Hafenorte im Binnenland liegen, desto stärker werden auch Tagesgang und Jahresgang der Temperatur und desto höher bzw. niedriger die Extremwerte. Dies zeigt z. B. ein Vergleich der Orte Skagen und Oslo in Tabelle 12: So beträgt z. B. der mittlere Tagesgang der Temperatur (Differenz zwischen mittlerem Maximum und Minimum) in Skagen 4,9 °C, in Oslo 7,1 °C, der Unterschied zwischen kältestem und wärmstem Monat in Skagen 15,7 °C, in Oslo 21,5 °C. Göteborg repräsentiert mit einem Tagesgang von 5,7 °C und einem Jahresgang von 19,1 °C etwa durchschnittliche Verhältnisse. Die höchsten Temperaturen erreichen in Oslo knapp 34 °C, sonst etwa

30 °C. Die tiefsten winterlichen Werte sinken an den Küsten auf etwa –23 °C, in Oslo bis –26 °C. Frieren kann es allgemein von September bis April. Recht unterschiedlich ist allerdings die Anzahl der Frosttage pro Jahr: In Oslo sind es durchschnittlich 141, in Göteborg 94 und auf der Insel Anholt nur 76; zum Vergleich: Hamburg hat 83, Helgoland 48.

Oslo	Jan	Feb	Mär	Apr	Mai	Jun	Jul	Aug	Sep	Okt	Nov	Dez	Jahr
Tmax	−1,3	−0,7	3,8	9,5	16,7	19,9	**22,1**	20,1	15,4	9,5	3,4	−0,6	9,8
Tmin	−6,5	−7,1*	−2,8	1,0	6,9	11,0	13,0	11,6	7,4	3,6	−1,2	−5,0	2,7
Sonne	1,5	2,6	4,4	6,3	7,3	**8,3**	7,3	6,6	4,6	2,8	1,4	0,8*	4,5
RR-Menge	49	35	26*	43	44	70	82	**95**	81	74	68	63	730
RR-Tage	15	12	9*	11	10	13	15	14	14	14	16	**17**	160

Skagen	Jan	Feb	Mär	Apr	Mai	Jun	Jul	Aug	Sep	Okt	Nov	Dez	Jahr
Tmax	2,2	2,0	4,2	8,0	13,3	17,6	**18,9**	18,7	15,5	11,7	7,4	4,3	10,3
Tmin	−1,4	−2,0*	−0,1	2,5	7,1	10,9	12,6	12,8	10,5	7,5	3,5	0,5	5,4
Sonne*	1,3	2,5	4,3	6,3	8,6	**9,1**	8,5	7,4	5,5	3,3	1,5	0,9*	5,0
RR-Menge	41	29*	35	32	43	47	54	62	64	**68**	67	50	592
RR-Tage	14	12	12	11	10*	10*	12	14	14	16	16	**17**	158

Göteborg	Jan	Feb	Mär	Apr	Mai	Jun	Jul	Aug	Sep	Okt	Nov	Dez	Jahr
Tmax	1,0	0,9	4,1	9,2	15,5	18,9	**21,1**	20,1	16,1	10,8	6,1	3,5	10,6
Tmin	−3,1	−4,0*	−1,7	2,5	7,2	11,5	14,0	13,4	10,1	6,1	2,5	−0,1	4,9
Sonne	1,8	2,8	4,9	7,2	8,3	**9,7**	8,7	7,7	6,1	3,3	1,7	0,9*	**5,3**
RR-Menge	61	38	39*	41	44	54	76	**89**	74	**94**	70	75	755
RR-Tage	15	12	10*	12	10*	12	14	14	16	15	16	**17**	163

Tabelle 12: Klimadiagramme von Oslo, Skagen und Göteborg

---

*in Tylstrup b. Ålborg

Sonne, Wolken und Regen

Ähnlich wenig Wolken wie im Kattegat gibt es auch im Skagerrak. Da die geringste Bewölkung gerade im Juni, zur Zeit des Sonnenhöchststandes auftritt, ergeben sich dann auch recht hohe tägliche Sonnenscheindauern. Als besonders sonnenscheinreich erweisen sich die Küsten des Kattegat. Mit 5,3 Stunden täglich im Jahresmittel zählt Göteborg zu den sonnenscheinreichsten der in diesem Buch beschriebenen Orte.

Daher ist auch die Zahl der Regentage verhältnismäßig gering; besonders selten regnet es an der jütländischen Kattegat-Küste und auf Anholt, nämlich nur an 132 bzw. 138 Tagen im Jahr, an den übrigen Küsten (s. Tab. 12) an etwa 160 Tagen. Die wenigsten Regentage gibt es von März bis Mai, örtlich, z. B. in Samsö, auch im Juni, die meisten im Dezember. Während der Sommermonate Juni bis August muß man mit etwa 13 Regentagen pro Monat rechnen. Das bedeutet aber nicht, daß es dann den ganzen Tag regnet, sondern daß irgendwann an diesen Tagen mindestens 0,1 mm Regen fällt.

Trotz verhältnismäßig weniger Niederschlagstage fallen an der Südküste Norwegens recht beachtliche Regenmengen, nämlich 730 mm pro Jahr in Oslo, fast ebensoviel in Ferder am Ausgang des Oslo-Fjords und sogar 1300 mm in Kristiansand. Dieser Niederschlag fällt überwiegend bei Süd- oder Südostwind, wenn sich feuchte Luftmassen auf der Vorderseite von Tiefdruckgebieten am Gebirge stauen. Auf der Tiefrückseite mit Nordwestwind ist es hingegen recht trocken. Auch im Kattegat regnet es bei südlichen Windrichtungen zweieinhalbmal häufiger als bei nördlichen.

Entlang der schwedischen Küste gehen die jährlichen Niederschlagsmengen von etwa 750 mm im Norden auf ca. 600 mm im Sund zurück. Am trockensten sind die jütländische Küste und die Inseln im Kattegat mit jährlich etwa 530 bis 590 mm. Am wenigsten Regen bzw. Schnee fällt im Februar oder März, am meisten im August oder Oktober, obwohl der Dezember mehr Niederschlagstage aufweist; dann regnet es aber nicht so ergiebig wie im August. Dies zeigt sich auch an den maximalen 24-stündigen Niederschlägen. Sie erreichten im Juli oder August zwischen 50 und 90 mm, während sie es im Dezember „nur" auf 22 bis 56 mm gebracht haben.

Von Oktober bis Ende April oder Anfang Mai kann es schneien, jedoch fällt normalerweise auch im Hochwinter (Januar/Februar) etwa die Hälfte der Niederschläge als Regen.

Gewitter sind über Skagerrak und Kattegat sowie an ihren Küsten recht selten. Auf See treten sie im Jahresdurchschnitt an 0,1 % aller Beobachtungen auf; „Hauptsaison" ist von Juli bis Oktober mit ca. 0,3 % Häufigkeit. Die Monate November bis April sind sehr arm an Gewittern, der März ist nahezu frei von Blitz und Donner.

Von allen Küstenstationen vermeldet Oslo die meisten Gewittertage pro Jahr, nämlich 15,4, gefolgt von der schwedischen Kattegat-Küste (Göteborg, Kullen) mit etwa 13 und Skagen mit 11,6. Besonders gewitterarm ist die jütländische Kattegat-Küste (Fornaes) mit nur 9 Tagen pro Jahr. Die meisten Gewitter erleben die Küstenorte im Juli oder August (2 bis 5 Tage), die wenigsten im März, nämlich meist gar keine.

Belte, Sund und westliche Ostsee

Stichworte: „Durchlaß" für atlantische Luftmassen, überwiegend maritim geprägter Witterungscharakter: milde Winter – kühle Sommer, verbreitet typische Land-Seewind-Zirkulation, niedrigste Wellenhöhen des gesamten Ostsee-Bereiches, vielfältige, zum Teil kräftige und unregelmäßige Strömungen, Nebellöcher im Öresund und am Kap Arkona.

Wetter und Witterung

Neben dem Kattegat bilden die Belte, der Sund und die westliche Ostsee in gewisser Weise den „Durchlaß" für die maritimen atlantischen Luftmassen bis weit in das Innere des europäischen Kontinents. Im Norden erweist sich der skandinavische Gebirgsrücken als steuernd für die in west-östlicher Richtung ziehenden Tiefdruckgebiete. Sie umgehen meist südlich dieses Hindernis und erfahren dabei oftmals im Skagerrak eine Vertiefung. Daneben kommt es dort direkt zu zyklonalen Neubildungen oder zur Entstehung von

Randwirbeln, die sich nicht selten zu Sturmtiefs entwickeln (vgl. Kapitel 3). Dieses wetteraktive Seegebiet von Skagerrak und Kattegat prägt damit auch nachhaltig Wetter und Witterung in der sich südlich anschließenden Region des Kleinen und Großen Belts, des Sundes und der westlichen Ostsee. Insgesamt resultiert daraus ein überwiegend maritimer Klimacharakter. Die in die Westwindströmung eingelagerten Tiefs mit ihren Fronten, oft gefolgt von Zwischenhochkeilen, gestalten den Witterungsablauf meist wechselhaft und unbeständig. Bei einer rasch wechselnden, meist starken Bewölkung mit zeitweisen Niederschlägen ist es im allgemeinen kühl und windig.

Kontinentale Einflüsse sind in diesem westlichsten Seegebiet der Ostsee nur zeitweilig spürbar.

Die jahreszeitlichen Gegensätze der einzelnen Witterungselemente, die im Ostseeraum besonders im Winter nach Osten hin zunehmen, sind im Bereich vom südlichen Kattegat bis zu den Gewässern nordwestlich von Rügen zwar wesentlich deutlicher ausgeprägt als in den Seegebieten der Nordsee, sie zeigen aber das typische Misch- oder Übergangsklima zwischen maritim und kontinental an. In den nachfolgenden Abschnitten wird dieser Sachverhalt bei der zusammenfassenden Darstellung der einzelnen Klimaelemente immer wieder deutlich werden.

Wind

Abbildung 47 zeigt die Windsterne für die vier ausgewählten Monate Februar, Mai, August und November.

Im Winter, Frühjahr und Sommer dominieren neben den Winden aus westlichen Richtungen die nahezu genauso häufigen östlichen Winde. Lediglich im Herbst wehen die Winde überwiegend aus dem Sektor Süd bis West. Sie sind dann mit fast 60 % Häufigkeit vertreten.

Während die Windrichtungsverteilung für das gesamte Seegebiet recht einheitlich ist, unterscheiden sich, wie in Abbildung 48 unschwer zu erkennen ist, die mittleren Windgeschwindigkeiten über See. Über der Beltsee und dem Sund liegen sie in allen Monaten unter denen der westlichen Ostsee. Von Oktober bis Dezember sind die Differenzen mit 2 bis 3 Knoten besonders groß. Häufigkeitsangaben von Windstärkeklassen, wie sie in Tabelle 13 zusam-

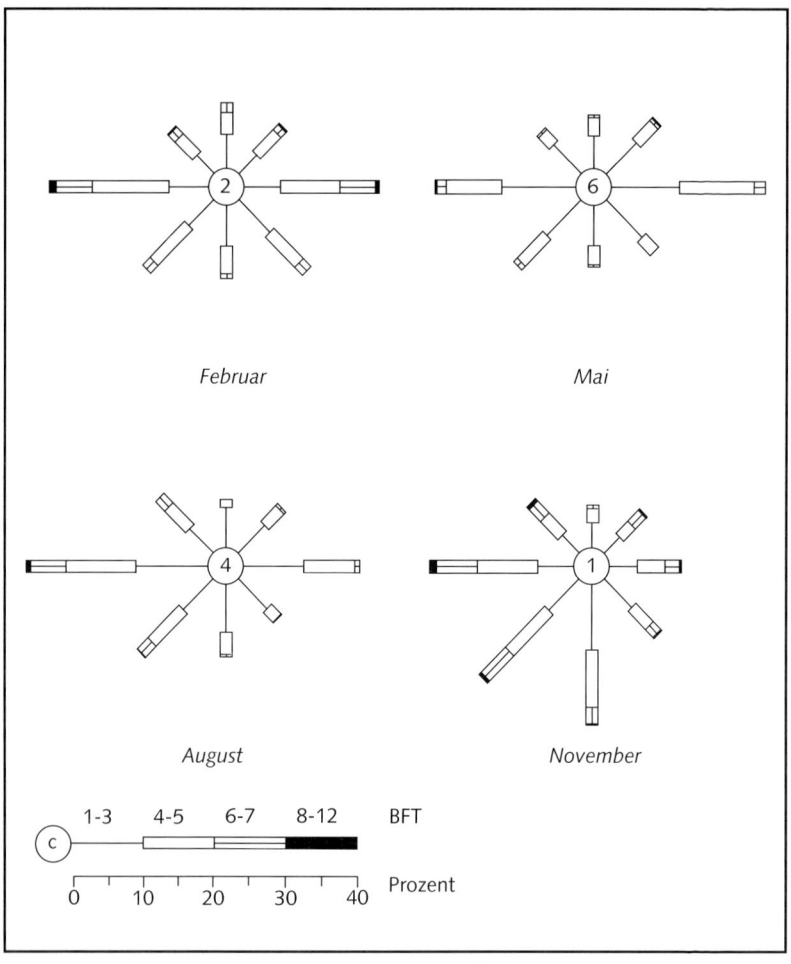

47 Windsterne für das Seegebiet der westlichen Ostsee, der Beltsee und des Sundes.

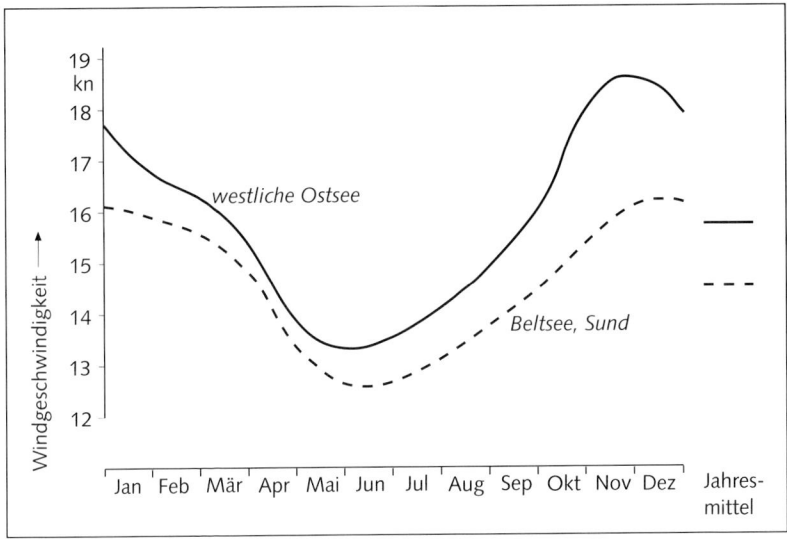

48 Monats- und Jahresmittel der Windgeschwindigkeit über der westlichen Ostsee (ausgezogene Linie), der Beltsee und dem Sund (gestrichelte Linie).

Windstärke	Gebiet	Jan	Feb	Mär	Apr	Mai	Jun	Jul	Aug	Sep	Okt	Nov	Dez	Jahr
Schwerer Sturm (10–12 Bft)		0,1	0,1	0,0	–	–	–	–	–	0,0	0,1	0,1	0,0	0,0
Sturm (8 und 9 Bft)		1,9	1,6	1,6	0,7	0,3*	0,3*	0,4	0,6	1,1	1,9	**3,0**	2,6	1,3
Starkwind (6 und 7 Bft)	A	13,9	13,8	13,5	9,1	5,3	4,3*	4,4	5,0	6,8	9,8	13,9	**15,6**	9,6
	B	18,7	14,8	14,0	8,6	5,7	5,6*	7,0	8,6	13,3	16,8	**23,4**	22,2	13,2
Mäßiger Wind (4 und 5 Bft)	A	37	38	40	35	30*	31	32	34	36	37	39	**41**	35,8
	B	**45**	45	44	41	39*	39*	39	39	41	42	43	45	41,8
Schwachwind (1–3 Bft)	A	45	44	41	50	**59**	**59**	58	56	52	49	43	40*	49,6
	B	36	37	38	45	**50**	50	49	48	44	39	33	32*	41,7
Windstille (0 Bft)		1,5	2,0	3,0	4,2	**4,8**	4,6	4,0	3,4	3,0	2,5	1,6	1,2*	3,0

Tabelle 13: Häufigkeit von Windstärkegruppen in % in der Beltsee und im Sund (A) sowie in der westlichen Ostsee (B)

mengestellt sind, ergänzen neben den in Form von Windsternen dargestellten Richtungshäufigkeiten die regionalen Besonderheiten des Windfeldes im Seegebiet.

Schwere Stürme und Orkan (10 bis 12 Bft) sind zwischen April und August nicht zu erwarten, in den übrigen Monaten sind sie sehr selten. Die Sturmhäufigkeit, bei der es keine regionale Unterscheidung gibt, ist etwa von der Mitte des Frühjahrs bis zum Ende des Sommers/Anfang des Herbstes mit teilweise deutlich weniger als 1 % ebenfalls recht gering. Am sturmreichsten sind der November und Dezember.

Bei den Gruppen Starkwind, mäßiger Wind und auch Schwachwind sind die Auftrittshäufigkeiten regional unterschiedlich. Das vergleichsweise offene und sich hauptsächlich in West-Ost-Richtung erstreckende Seegebiet der westlichen Ostsee ist erwartungsgemäß windreicher als die im wesentlichen in Nord-Süd-Richtung orientierten Belte und der Sund. Dort ist in allen Monaten und auch im Jahr Schwachwind (1 bis 3 Bft) die häufigste Stärkegruppe mit fast 50 % im Mittel. In der westlichen Ostsee tritt neben Schwachwind der mäßige Wind (4 und 5 Bft) nahezu gleich häufig auf. Und weht der Wind mit 6 und 7 Bft (Starkwind), dann vor allem in den Gewässern der Kieler und Mecklenburger Bucht sowie nordwestlich von Rügen. Besonders in der starkwindreichen Zeit von September bis Januar sind hier die Differenzen zu Belten und Sund erheblich.

Die vielfältigen Formen und die unterschiedlichsten Orientierungen der Küsten im Seegebiet bewirken, daß die Windverhältnisse an Küsten und Häfen ganz erheblich von denen über der vorgelagerten offenen See abweichen können. Tabelle 14 gibt für eine Reihe von Küstenorten des beliebten und stark frequentierten Segelreviers der Belte, des Sunds und der westlichen Ostsee quasi zum Nachschlagen und Vergleichen die in den Monaten vorherrschenden Windrichtungen (a), die mittlere monatliche Beständigkeit (b) und Geschwindigkeit (c) des Windes an. Die Tabelle wurde mit den Angaben für zwei küstennahe Seegebiete, den Fehmarnbelt und den Abschnitt zwischen Warnemünde und Gedser, erweitert. Grundlage bildeten die Messungen vom ehemaligen Feuerschiff Fehmarnbelt und Beobachtungen der Fähre Warnemünde-Gedser.

Die Beständigkeit des Windes ist in Prozent angegeben. Eine Beständigkeit von 100 % bedeutet, daß Winde stets aus derselben Richtung wehen. Null-Prozent besagt, daß alle Richtungen mit der gleichen Häufigkeit vertreten sind.

Station		Jan	Feb	Mär	Apr	Mai	Jun	Jul	Aug	Sep	Okt	Nov	Dez	Jahr
Nakkehoved (Nordspitze von Sjaeland)	a	SW	SW	SE	SE	NW	W	W	W	SW	S	S	S	S
	b	10	8	1*	19	13	37	**43**	30	28	15	16	15	15
	c	**12**	12	10	10	8	8*	8*	8	10	11	11	11	9,7
Rosnaes (Kap an Westseite von Sjaeland)	a	SW	SW	E	W	E	W	W	W	SW	SW	SW	SW	SW
	b	17	8	13	15	6	39	**44**	35	32	23	26	27	20
	c	14	13	11	11	9*	10	10	11	12	13	13	**14**	11,7
Sonder Stenderup (NW-Küste des Bredningen, Kleiner Belt)	a	SW	W	E	W	W	W	W	W	SW	SW	SW	SW	SW
	b	27	16	2*	23	11	43	**46**	38	38	30	31	33	24
	c	**8**	8	7	7	6	6	6*	6	6	7	8	8	7,0
Keldsnor (Südspitze von Langeland)	a	W	W	W	W	E	W	W	W	W	W	W	W	W
	b	24	11	5*	17	6	38	**47**	36	35	27	28	31	22
	c	**14**	13	11	10	9	9*	9	9	11	12	13	13	11,1
Omo (Insel im Großen Belt)	a	SW	SW	E	SW	E	W	W	W	W	SW	SW	SW	SW
	b	23	12	7	14	4*	36	**43**	33	35	28	29	30	21
	c	**12**	12	10	9	8*	9	8*	9	10	11	12	12	10,3
Mon	a	NW	NW	NW	NW	E	NW	NW	NW	NW	NW	SE	W	NW
	b	20	10*	14	18	28	30	**42**	28	32	23	25	27	15
	c	**14**	12	11	9	9	8*	9	8	10	12	13	13	10,7
Kopenhagen Trekroner	a	SW	W	W	W	W	W	W	W	W	W	SW	SW	W
	b	14	8	4	18	2*	38	**43**	30	28	15	23	20	16
	c	**11**	11	10	8	7	7*	8	7	9	10	11	11	8,9
Warnemünde	a	SW	SW	W	NW	NW	NW	NW	W	W	S	S	S	W
	b	18	9	17	3*	5	21	42	24	**46**	43	32	44	25
	c	**11**	10	10	9	8*	9	9	9	9	9	10	11	15,0
Arkona	a	W	W	W	E	E	W	W	W	W	SW	SW	SW	W
	b	16	3*	25	5	7	20	43	**46**	42	40	40	40	27
	c	**18**	16	16	14	13	12*	13	13	14	16	17	18	9,4
FS Fehmarnbelt	a	S	S	S	W	SE	W	W	SW	SW	SW	SW	SW	SW
	b	29	8	11	6*	9	29	**47**	26	35	33	17	19	26
	c	17	16	17	15	14	14*	15	15	16	17	**19**	19	16,2
Seegebiet zwischen Warnemünde und Gedser (ca. 54,4°N, 12,0°E)	a	WS	S	S	NW	NE	NW	W	SW	SW	S	SW	SW	SW
	b	36	20	23	20*	14	31	50	34	45	45	**63**	50	36
	c	16	16	16	13	13	12*	13	13	15	17	**21**	20	15,3

Tabelle 14: Vorherrschende Windrichtungen (a), mittlere monatliche Beständigkeit in % (b) und Geschwindigkeit in kn (c) des Windes für Küsten- und Inselstationen

Gewitterwolke (Cumulonimbus, Cb); oben aus dem „Amboß" (Bildmitte) sind einige Cirrus-Wolken herausgeweht; unter sowie vor dem Cb sind kleinere Haufenwolken (Cumuli) zu sehen.

Bft	Jan	Feb	Mär	Apr	Mai	Jun	Jul	Aug	Sep	Okt	Nov	Dez	Jahr
Station: Nakkehoved													
10–12	0,2	0,2	0,4	0,1	–	0,0	–	–	0,1	0,4	**0,5**	0,4	0,2
8– 9	**3**	2	2	1	1	0,0	0,0	1	2	3	2	2	1,5
6– 7	**12**	12	9	7	5	4*	5	5	7	9	11	12	8,0
4– 5	**30**	29	24	24	18*	20	20	20	24	25	27	27	23,9
1– 3	53*	54	62	65	**73**	72	72	71	66	61	58	57	63,6
0	2	3	3	3	**4**	3	0,0*	4	2	2	2	2	2,7
Station: Rosnaes													
10–12	**0,2**	0,0	0,1	–	0,0	–	–	–	–	0,0	–	0,0	0,0
8– 9	2	1	1	1	0,4	0,3	0,2*	0,3	0,8	1	2	2	1,0
6– 7	**15**	12	8	7	5	5*	6	7	10	11	14	15	9,5
4– 5	44	44	39	36	29*	35	34	35	40	45	44	**48**	39,4
1– 3	38	42	50	53	**61**	56	55	54	48	42	40	35*	47,7
0	1	1	2	3	**4**	4	4	3	2	1	1	1*	2,4
Station: Kegnaes													
10–12	0,5	0,1	0,1	0,0	–	–	–	–	–	–	0,0	0,1	0,1
8– 9	**5**	3	1	0,5	0,1	0,1*	0,1	0,3	0,8	2	3	4	1,5
6– 7	**26**	20	18	8	7	6	5*	8	14	23	28	25	15,6
4– 5	41	42	48	43	41*	39	45	43	45	44	42	**45**	43,2
1– 3	28	34	32	48	52	**55**	50	49	41	32	28	26*	39,5
0	0,1	0,2	0,0	0,2	0,1	0,1	0,1	0,0	0,1	–	0,0	0,1	0,1
Station: FS Fehmarnbelt													
10–12	0,1	0,1	0,0	–	–	–	–	–	–	0,0	0,1	0,0	0,0
8– 9	2	1	2	1	0,0	0,0*	0,0	1	1	2	**4**	2	1,4
6– 7	17	13	15	11	8*	8	11	11	14	18	**25**	22	14,4
4– 5	44	44	45	40	37*	45	40	37	41	41	43	**45**	41,2
1– 3	36	40	37	46	**52**	52	47	49	42	39	28*	29	41,2
0	1	1	1	2	**3**	3	2	3	1	1	1	1*	1,8
Station: Warnemünde													
10–12	0,0	–	0,0	–	–	–	0,0	0,0	–	0,0	0,0	–	0,0
8– 9	1	0,2	0,3	0,1	0,1	0,3	0,1	0,1	0,8	0,5	0,7	0,5	0,4
6– 7	**9**	5	5	4	2*	5	6	4	5	4	6	7	5,2
4– 5	**36**	30	30	22	21*	23	25	25	26	26	30	31	27,0
1– 3	51	60	62	68	**72**	66	64	66	65	65	62	59	63,5
0	3	4	4	5	5	5	5	**5**	4	3	2*	2	3,9

Tabelle 15: Häufigkeit von Windstärkegruppen in % für Küstenstationen und küstennahe Seegebiete

Die in Tabelle 15 zusammengestellten Häufigkeiten von Windstärkegruppen für einige ausgewählte Küstenstationen sollen die große Breite und Vielfalt der zu erwartenden mittleren Windverhältnisse im stark gegliederten Seegebiet verdeutlichen. Zwar wehen an allen Stationen schwache und mäßige Winde am häufigsten, doch sind die Anteile in jeder dieser beiden Klassen von Ort zu Ort sehr unterschiedlich. Im Fehmarnbelt beispielsweise, der

„Winddüse" zwischen Kieler und Mecklenburger Bucht, sind im Jahresmittel beide Klassen gleich häufig. An der etwa in 90 km westnordwestlicher Entfernung gelegenen dänischen Station Kegnaes an der Nordküste des Eingangs zur Flensburger Förde wehen im Durchschnitt Winde mit 4 bis 5 Bft um fast 4 % häufiger als die im Intervall von 1 bis 3 Bft, und auch Starkwind und steifer Wind (6 bis 7 Bft) treten dort noch etwas häufiger als im Fehmarnbelt auf. Dies ist sicherlich das Ergebnis einer Düsenwirkung, die in der im Vergleich zum Fehmarnbelt wesentlich kleinräumigeren Landenge zwischen der Halbinsel Kegnaes im Norden und der Birknack-Spitze im Süden bei westlichen und östlichen Winden zustande kommt.

Weitere interessante Details werden sich bestimmt beim Vergleich der Zahlenangaben, auch der für die einzelnen Monate, ergeben. An dieser Stelle nur noch zwei Beispiele: Von vornherein ist nicht unbedingt zu erwarten, daß sich die Windhäufigkeiten der benachbarten Stationen Rosnaes (Kap an der Westseite von Sjaeland) und Nakkehoved (Nordspitze von Sjaeland) sowohl in den Einzelmonaten als auch im Jahr so deutlich unterscheiden, während letztgenannte Station mit Warnemünde an der Südküste der westlichen Ostsee wesentlich mehr Gemeinsamkeiten hat.

Neben den vielfältigen orographischen Bedingungen, die während des ganzen Jahres dem lokalen Windfeld an den Küsten ihr Gepräge geben, ist es in der warmen Jahreszeit die **Land-Seewind-Zirkulation,** die den meisten Küstenabschnitten ihren Stempel aufdrückt. Abbildung 49 zeigt für die Station Boltenhagen am Rande der Wismarer Bucht neben dem mittleren Tagesgang der Windgeschwindigkeit auch die mittleren, dreistündigen Häufigkeiten von ablandigen und auflandigen Winden. Obwohl der Auswertung alle aus einem 15jährigen Zeitraum von Mai bis September verfügbaren Daten zugrunde liegen, also keine Selektion der ganz typischen Land-Seewind-Ereignisse vorgenommen wurde, kommen in eindrucksvoller Weise die unverwechselbaren Gesetzmäßigkeiten dieser thermischen Windzirkulation zum Ausdruck.

Da es sich bei den thermisch bedingten Küstenwinden um lokale Zirkulationssysteme handelt, können die Uhrzeiten des Einsetzens der See- bzw. Landbrise von einem Küstenabschnitt zum anderen recht verschieden sein, je nach Küstenform und -steilheit. Auch das Küstenhinterland ist von Bedeu-

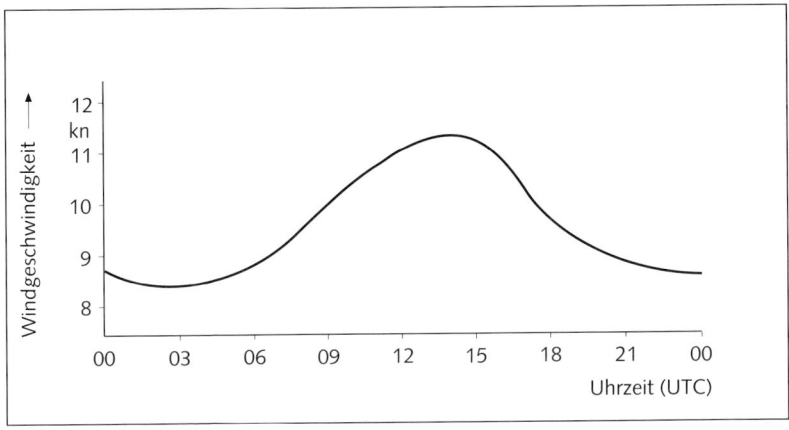

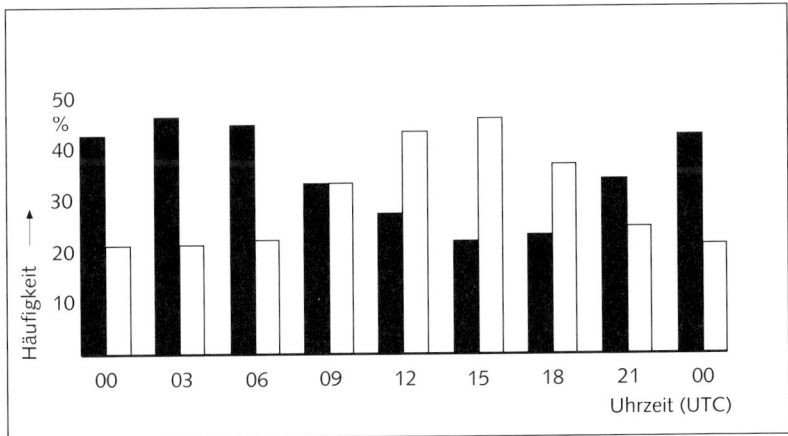

49 *Mittlerer Tagesgang der Windgeschwindigkeit (oben) und mittlere Häufigkeiten von ablandigen Winden (Sektor Südost bis Südwest, dunkle Säulen) und auflandigen Winden (Sektor Nordwest bis Nordost, offene Säulen) für Boltenhagen; Zeitraum Mai bis September.*

tung. Durch unzureichende Thermik über schmalen Küsten- und Inselarealen oder über stark bewaldeten Küstengebieten stellt sich dieses spezielle Windsystem des Küstenbereiches seltener oder überhaupt nicht ein. Die Kieler und Mecklenburger Bucht, die Ostküste Jütlands sowie das Nord- und Südostufer der Insel Sjaeland sind im Gebiet der Belte, des Sunds und der westlichen Ostsee die für eine zuverlässig wehende auflandige Brise bekannten Segelreviere.

Seegang

Da das Seegebiet in seinem nördlichen Bereich sehr stark gegliedert ist und damit nur kurze Windwirkstrecken hat, entwickelt sich Seegang mit größeren Wellenhöhen vorzugsweise nur in der westlichen Ostsee. In Abbildung 50 sind die mittleren monatlichen Wellenhöhen für beide Teile des Seegebietes dargestellt. Der nahezu parallele Jahresverlauf ist die Gemeinsamkeit, die im Mittel um etwa 20 cm niedrigeren Wellenhöhen im Bereich des Sundes und der Beltsee bestimmen den Unterschied sowohl in den Einzelmonaten als auch im Jahr.

Neben dem Ostteil des Finnischen und dem Rigaer Meerbusen ist das gesamte Seegebiet diejenige Region der Ostsee, die im vieljährigen Mittel die niedrigsten Wellenhöhen aufweist. Dies spiegelt sich auch in den Häufigkeiten einzelner Seegangsstufen wider. Sehr hohe Wellen von 4,8 m Höhe oder mehr kommen so gut wie nicht vor. Das trifft auch auf den hohen Seegang (3,3 bis 4,7 m Höhe) zu: Im Jahresdurchschnitt sind es 0,2 %, und nur im November und Dezember werden 0,5 % erreicht. Vergleichsweise selten sind auch Höhen von 1,8 bis 3,2 m, also grobe See. Von April bis August liegen die Häufigkeiten unter 5 % mit einem Minimum von 2 % im Mai, und nur ab September bis Mai liegen 5 bis 10 % aller Seegangsbeobachtungen in dieser Gruppe.

Deutlich höhere Häufigkeitsanteile – im Jahresdurchschnitt etwa 25 % im Bereich der Belte und des Sundes und fast 40 % in der westlichen Ostsee – mit einem ausgeprägten Jahresgang vor allem im erstgenannten Teilgebiet, weist das Intervall von 0,8 bis 1,7 m Höhe (mäßig bewegte See) auf. In dieser Seegangsgruppe, und auch für die ruhige See sind die Unterschiede zwi-

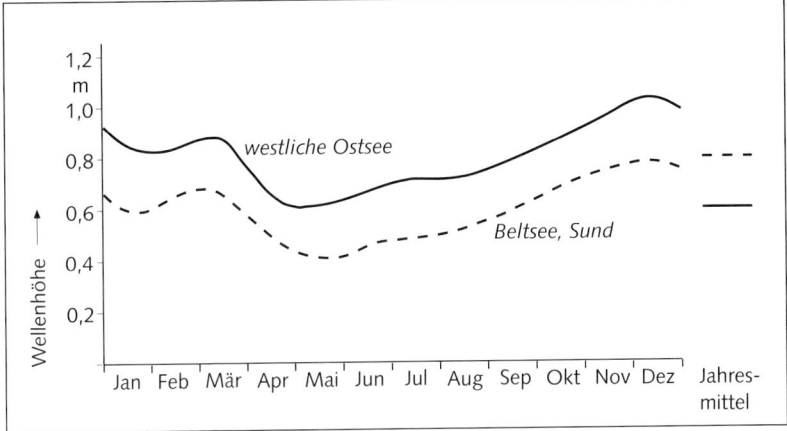

50 *Monats- und Jahresmittel der mittleren kennzeichnenden Wellenhöhe des See-gangs für die Beltsee und den Sund (gestrichelte Linie) und die westliche Ostsee (ausgezogene Linie).*

Seegangsstufen	Gebiet	Jan	Feb	Mär	Apr	Mai	Jun	Jul	Aug	Sep	Okt	Nov	Dez	Jahr
Mäßig	A	30	29	31	24	16*	16	18	21	23	27	**34**	34	25,2
0,8–1,7 m	B	41	40	41	35	33	33*	36	37	37	41	**44**	**44**	38,6
Ruhig	A	64	64	63	74	**83**	82	79	76	71	66	57	56*	69,6
0,0–0,7 m	B	43	47	45	62	64	**65**	58	55	48	45	32*	36	50,0

Tabelle 16: Mittlere monatliche Häufigkeit von Seegangsstufen in % für die Beltsee und den Sund (A) sowie die westliche Ostsee (B)

schen Nord- und Südteil des Gebietes nicht unerheblich, wie aus Tabelle 16 abzulesen ist.

Oberflächenströmungen

Die Oberflächenströmungen in den Belten und im Sund sind durch den Was-seraustausch zwischen Nord- und Ostsee sowie durch den unmittelbaren Windeinfluß bedingt. Je nach Wetterlage kommen im wesentlichen zwei Strö-

157

mungsrichtungen vor: Bei Winden aus dem Sektor Südwest bis Nordwest setzt der Strom in der Ostsee hinein, das heißt, es herrscht Einstrom, während Ausstrom durch Winde aus dem Sektor Nordost bis Südost verursacht wird. Ein- und Ausstromlagen können schnell wechseln, wobei die Ausstromlagen im allgemeinen länger andauern und im Mittel auch überwiegen. Der Wind und der Luftdruck können die Oberflächenströmung verstärken, schwächen, aufheben oder eine entgegengesetzte Richtung bewirken. Hierdurch und zusätzlich modifiziert durch die Wasserstandsschwankungen bei stürmischen Winden sowie die Gestalt des Meeresbodens, entstehen die unregelmäßigen, schnell wechselnden Strömungen, die nicht immer in Richtung des örtlichen Windes setzen.

Wegen der überaus großen Vielfalt von Meerengen, Buchten und Einschnitten und den zahlreichen Bänken, Untiefen und Klippen im Seegebiet kann nachfolgend nur auf einige regionale Strömungsbesonderheiten hingewiesen werden. Es wird empfohlen, sich bei der Planung eines Törns in den einschlägigen Seehandbüchern des Bundesamtes für Seeschiffahrt und Hydrographie eingehend zu informieren. Die folgenden Angaben sind den Seehandbüchern Nr. 2003 und 2004 entnommen [17, 18].

Dänische Küste und Kleiner Belt   Insbesondere im engen Fahrwasser Snaevringen können die Oberflächenströmungen große Stärke erreichen. Sie setzen nicht immer in Richtung des Fahrwassers, sondern stellenweise auch quer dazu. Längs der Küsten trifft man an einzelnen Stellen dicht unter Land Gegenstrom.

Im Als-Sund setzt die Strömung im allgemeinen mit 1 bis 1,5 sm/h nach Norden. Wenn durch starke oder stürmische Winde aus dem Sektor Ost bis Süd Wasserstau in der Sonderborg-Bucht eintritt, kann die Geschwindigkeit zeitweise 3 sm/h erreichen.

Recht starke Strömung läuft auch durch den Årö-Sund, wobei Unregelmäßigkeiten auftreten können, da an den engsten Stellen die Strömung nicht immer mit der Richtung des Fahrwassers übereinstimmt.

Im Hjarno-Sund, der Haupteinfahrt zum Horsens Fjord, kann sich bei stürmischen Wetter die Strömungsgeschwindigkeit bis auf 3 sm/h erhöhen. Zeitweise muß mit Neerströmen gerechnet werden.

In den Gewässern südlich von Fyn sind wegen hoher Strömungsgeschwindigkeiten der Svendborg Sund und Rudköbing Lob zu nennen. Bei Sturm sowohl aus östlichen als auch westlichen Richtungen kann der dann in westliche bzw. östliche Richtung setzende Strom im Svendborg Sund Geschwindigkeiten bis zu 6 sm/h annehmen; im Rudköbing Lob erhöht sich bei stürmischem Wetter der im allgemeinen mit 2 sm/h setzende Strom auf 4 bis 5 sm/h.

Großer Belt Die Oberflächenströmungen sind im Großen Belt durch eine große Veränderlichkeit gekennzeichnet. Zwar stellt sich bei nordöstlichen bis südlichen Winden eine in das Kattegat setzende und bei Nordwest- bis Nordnordostwind eine in die westliche Ostsee laufende Strömung ein, doch nehmen diese meistens nicht die gesamte Breite des Belts ein. Oft ist die Strömungsrichtung gegenläufig, das heißt, an der einen Seite des Großen Belts setzt ein Nordstrom, an der anderen ein Südstrom. Zuweilen unterscheidet sich auch die Stromrichtung in der Mitte des Belts von denen, die an den Seiten anzutreffen sind. An den Grenzen zwischen den unterschiedlichen Strömungsrichtungen treten meist Stromkabbelungen auf, die in der Stromrichtung verlaufen.

In Verbindung mit der Unterströmung und den vielen Unebenheiten am Grund kann die Oberflächenströmung erheblich von der erwarteten Hauptrichtung abweichen. An den Stellen, an denen der Grund steil ansteigt, ist oft mit Neerstrom zu rechnen. Dies betrifft hauptsächlich die Küste von Fyn zwischen der Kerteminde Bucht und Knudshöved und, besonders bei nach Nord setzendem Strom, die Küste von Langeland zwischen Spondsbjerg und Gulstav.

Die Geschwindigkeit der Strömung ist in erster Linie von der Tiefe und Breite des Fahrwassers abhängig. Der Gezeiteneinfluß ist im allgemeinen gering. Selbst bei ruhigem Wetter ist mit Geschwindigkeiten bis zu 3 sm/h zu rechnen. In der Nähe von Untiefen, die stellenweise sehr dicht an das Fahrwasser heranreichen, kann die Geschwindigkeit noch größer sein und zeitweise 4 bis 5 sm/h betragen.

Am deutlichsten machen sich die Gezeiten in den großen Buchten beidseitig des Beltes bei ruhigem Wetter bemerkbar. Das gilt insbesondere für Smålandsfarvandet, die große Bucht, die im Norden durch Sjaeland und im Süden durch Lolland und Falster begrenzt wird. Bei schwachwindigem Wetter kentert der Strom regelmäßig alle 6 Stunden mit einem nach Osten gerichteten einlaufenden und in entgegengesetzte Richtung setzenden auslaufenden Strom. Sobald der Wind auffrischt und länger anhält, werden Flut- und Ebbstrom vom windbedingten Driftstrom modifiziert und überlagert. Während im westlichen Teil der Bucht die Stromgeschwindigkeit nur selten 1 sm/h übersteigt, kann sie im östlichen Teil in den schmalen Durchfahrten zwischen Lolland, Falster und Mön zuweilen 3 bis 4 sm/h erreichen und sich bei Sturm auf 5 sm/h steigern. Bei starken bis stürmischen auflandigen Winden kann in der Bucht erheblicher Seegang entstehen.

Öresund   Auch in den verhältnismäßig engen Gewässern des Öresunds sind oft unberechenbare Strömungsverhältnisse zu erwarten. Obwohl die Hauptrichtung der Strömung bei den verschiedenen Windrichtungen bekannt ist – Süd- bzw. einlaufender Strom bei nördlichen Winden und auslaufender bzw. Nordstrom bei südlichen Winden –, muß mit zum Teil erheblichen Abweichungen gerechnet werden. Diese sind durch den Küstenverlauf und die unterschiedlichen Wassertiefen bedingt. Stromversetzungen, manchmal sogar gegen den herrschenden Wind, können vorkommen. Im dänischen Küstenabschnitt von Kopenhagen bis Helsingör kann eine starke nördliche oder südliche Strömung laufen, oftmals auch unter Land. Geschwindigkeiten von 3 bis 4 sm/h sind nicht auszuschließen. Gleiches gilt für die schwedische Seite des Sunds. Dort setzt vor den Häfen und Einfahrten von Malmö, Landskrona und Helsingborg – wie übrigens auch an den dänischen Häfen an der Ostseite von Sjaeland – die Strömung gewöhnlich quer zu Einfahrt und kann beim Ein- und Auslaufen behindernd wirken. Kommt die Windwirkstrecke im Sund bei Nord- oder Südwind voll zum Tragen, sind grober Seegang und schwere Dünung möglich, und am Boden kann sich eine gegenläufige Strömung einstellen.

Deutsche Ostseeküste und westliche Ostsee   Im offenen Seegebiet sind die Strömungsgeschwindigkeiten bei windschwachem Wetter vergleichsweise gering. Dann können sich Gezeitenströme, deren Geschwindigkeit maximal etwa 0,5 sm/h beträgt, oder Strömungen, die durch Eigenschwingungen der Ostsee hervorgerufen werden, kurzfristig durchsetzen. Bei länger anhaltenden Starkwinden und Sturm, vor allem aus Nordwest oder Ost, können im Bereich des Fehmarnbeltes und -sundes zeitweise Strömungsgeschwindigkeiten von 3 bis 4 sm/h, selten bis 5 sm/h, vorkommen. Die Strömung setzt dann größtenteils in Richtung des Fahrwassers.

Mit etwas niedrigeren windbedingten Strömungsgeschwindigkeiten, etwa 2 bis 3 sm/h, vereinzelt 3 bis 4 sm/h, kann auch bei stürmischen Winden im äußeren Bereich der Mecklenburger Bucht (etwa nördlich der Strecke Fehmarn-Darßer Ort) und in der Kadetrinne gerechnet werden.

Bei der Umsteuerung von Darßer Ort ist zu beachten, daß oft starke Ost- oder Westströmungen auftreten, die in vielen Fällen Geschwindigkeiten bis zu 4 sm/h erreichen können. Außerdem besteht vor dem Westdarß die Möglichkeit einer starken östlichen Versetzung auf die Küste, vor allem dann, wenn durch stürmische westliche bis nordwestliche Winde größere Wassermassen durch Sund und Belte in die Ostsee gedrückt werden.

Allgemein gilt, daß im Frühjahr die Häufigkeit starker Strömungen am größten ist, zum Sommer hin eine deutliche Verringerung erfolgt, und im Herbst und Winter wieder ein Anstieg eintritt.

In den inneren Bereichen der Kieler und Mecklenburger Bucht sind die Strömungsgeschwindigkeiten noch geringer. Der Küstenverlauf bestimmt dann weitgehend die Strömungsrichtung.

In den verhältnismäßig engen Gewässern der Flensburger und Kieler Förde, der Schlei, aber auch der etwas größeren Einschnitte von Eckernförder, Neustädter und Wismarer Bucht, sind besondere lokale Strömungsverhältnisse anzutreffen. Je nach Windrichtung setzt die Strömung in die Buchten und Förden hinein oder heraus, und an besonders engen Durchfahrten, z. B. in der Holnisenge in der Flensburger Förde, der Maasholmer Enge in der Schlei oder der Friedrichsorter Enge in der Kieler Förde kann sie im Extremfall 3 bis 4 sm/h erreichen. Dabei können starke Neerströme entstehen. Seewärts nimmt die Geschwindigkeit schnell ab.

Wasserstand

Die Seehandbücher Nr. 2003 und 2004 [17, 18] enthalten auch ausführliche Informationen über den Wasserstand. Die nachfolgenden Angaben zu den

Wasserstandsschwankungen sind auszugsweise diesen Veröffentlichungen entnommen.

Die durch die Gezeiten bedingten Wasserstandsschwankungen von ca. 0,2 m sind im Vergleich zu den durch Dauer, Richtung und Stärke des Windes verursachten Änderungen sehr gering. Stürmische Winde können in den engen, unregelmäßig verlaufenden Fahrwassern größere Unterschiede des Wasserstandes bewirken. Im Kleinen und Großen Belt sowie im Öresund liegen die Wasserstandsanstiege bei den wirksamen Windrichtungen und entsprechend lange anhaltenden Starkwind- bzw. Sturmbedingungen im allgemeinen zwischen 0,5 und 1,5 m über dem Mittelwasser. In dieser Größenordnung bewegen sich auch die Beträge für die Absenkungen des Wasserstandes. Das bedeutet, daß auf flachen Stellen erheblich weniger Wasser stehen kann, als die auf den mittleren Wasserstand bezogenen Karten angeben.

An den Küstenabschnitten, denen ein größeres offenes Seegebiet vorgelagert ist, muß mit höheren Wasserstandsschwankungen gerechnet werden. Das betrifft die an das Kattegat grenzende Nordspitze der Insel Sjaeland sowie die Kieler und Mecklenburger Bucht. In diesen drei Bereichen können nordwestliche bis nordöstliche Stürme bis zu 2 m, in Extremfällen örtlich bis zu 3 m höheren Wasserstand gegenüber dem Mittelwasser hervorrufen. Umgekehrt sinkt das Wasser bei Südost- bis Südweststurm bis etwa 2 m unter Mittelwasser.

Solche extremen Wasserstandsschwankungen sind allerdings selten und auf die Herbst- und Wintermonate beschränkt. Bei der letzten großen Sturmflut an den Küsten Mecklenburg-Vorpommerns am 3. und 4. November 1995 wurden Maximalwasserstände von 2,02 m über Normal in Wismar und 1,89 m über NN in Timmendorf (Insel Poel) erreicht [18]. Es war die fünftschwerste Sturmflut seit 1872.

Sicht

Über dem offenen Wasser des Seegebietes der westlichen Ostsee, der Belte und des Sundes ist die Sicht im Jahresmittel zu drei Viertel aller Beobachtungstermine gut oder sehr gut ($\geq$ 10 km). In den Sommermonaten Juni, Juli und August können diese Sichtbedingungen in knapp 85 % aller Fälle, im Winter im Bereich der Beltsee und des Sundes in knapp 60 % (Januar und Februar) bis fast 70 % (Dezember) angetroffen werden. Über der westlichen Ostsee sind die Anteile für diese Sichtstufe im Winter etwas höher; sie schwanken zwischen 65 und 75 %.

Dunst mit Sichtweiten zwischen 1 und 4 km ist in beiden Teilgebieten sowohl in den Einzelmonaten als auch im Jahresmittel etwa gleich häufig. Im Januar und Februar ist diese Sichtstufe erwartungsgemäß am häufigsten, etwa 9 %. Im Sommer bleiben die Häufigkeiten unter 2 %.

Nebel mit Sichtweiten unter 1 km tritt hauptsächlich in den Wintermonaten Dezember bis Februar, teilweise auch noch im März auf. Während dieses Zeitraumes ist Nebel in der Beltsee und im Sund häufiger (etwa 8,5 % im Mittel) als über der westlichen Ostsee (ca. 7 %). Speziell der Nordteil des Öresundes erweist sich in den drei Wintermonaten als ausgesprochenes „Nebelloch". Im Jahresgang der Nebelhäufigkeiten sind zwei Besonderheiten hervorzuheben. Dies ist einmal der rasche Rückgang von Nebel in der zweiten Frühlingshälfte, vermutlich bedingt durch die Abnahme der Kaltwassernebel in Verbindung mit der allmählichen Erwärmung des Wassers, und zum anderen gibt es im November ein sekundäres Minimum des Nebelauftretens. Herbstliche Sturmtiefs verhindern dann eine größere Nebelhäufigkeit.

Für eine Auswahl von Küstenstationen ist in Tabelle 17 die mittlere monatli-

Ort	Jan	Feb	Mär	Apr	Mai	Jun	Jul	Aug	Sep	Okt	Nov	Dez	Jahr
Beltsee:													
Samsö	**6**	5	4	2	1	1*	1*	1	2	4	5	6	38
Halskov Rev	**7**	6	6	2	1	1	0*	1	1	2	3	5	35
Kegnaes	**8**	7	6	5	2	1	1	1*	1	3	4	5	44
Sund:													
Lappegrund	7	**7**	7	3	2	1	1*	1	2	3	4	6	44
Kopenhagen	5	**6**	4	3	2	1*	1*	2	2	4	3	4	36
Bogö	4	5	**7**	2	1	0	0*	1	1	4	5	6	38
Westl. Ostsee:													
FS Fehmarnbelt	8	7	**9**	5	3	1	1	1*	2	3	5	8	51
Boltenhagen	**7**	6	5	5	3	1	1*	2	3	6	5	5	49
Warnemünde	**8**	6	5	6	3	2	1*	2	2	6	5	5	51
Arkona	8	8	9	8	5	3	2*	2	3	6	5	7	66

Tabelle 17: Mittlere monatliche und jährliche Anzahl der Nebeltage an Küstenstationen

163

che und jährliche Anzahl der Nebeltage zusammengestellt. Danach sind, je nach geographischer Lage, an den Küsten der Beltsee und des Sundes durchschnittlich 35 bis 45 Nebeltage pro Jahr zu erwarten. An den Küsten der westlichen Ostsee liegt die Zahl bei etwa 50, nur am Kap Arkona sind es noch etwa 15 mehr.

Es ist zu beachten, daß der Nebel nicht den ganzen Tag über, sondern nur zu mindestens einem Beobachtungstermin aufgetreten sein muß. So hat beispielsweise die Südküste der westlichen Ostsee mehr Nebeltage als die Küsten des Sundes, jedoch ist die Nebelhäufigkeit im Öresund erheblich höher als im Küstenbereich von Kieler und Mecklenburger Bucht. Dies läßt darauf schließen, daß die durchschnittliche Andauer des Nebels im Sund länger ist.

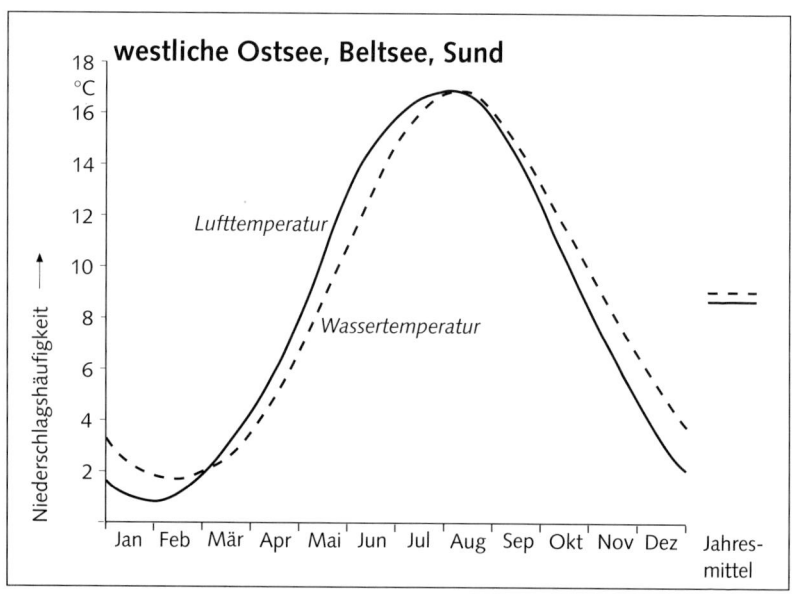

51 *Monats- und Jahresmittel der Luft- (ausgezogene Linie) und Wassertemperatur (gestrichelte Linie) für das Seegebiet der westlichen Ostsee, der Beltsee und des Sundes.*

Temperatur, Sonnenschein, Bewölkung und Niederschlag

Während es über der freien Nordsee infolge des großen Wärmespeichervermögens des Wassers einen vergleichsweise geringen Jahresgang (Differenz zwischen höchstem und niedrigstem Monatsmittel) der Lufttemperatur gibt, vergrößert sich die Amplitude im Ostseebereich durch die zunehmende Entfernung von Nordatlantik und Nordsee.

Im westlichsten Seegebiet der Ostsee beträgt die Jahresschwankung der Lufttemperatur etwa 15,5 °C, und die der Wassertemperatur ist um ca. 1 °C niedriger. In Abbildung 51 ist der mittlere Jahresgang von Luft- und Wassertemperatur dargestellt. Die geringere Jahresamplitude der Wassertemperatur kommt dadurch zustande, daß das Wasser im Winter wärmer ist als die Luft, die oftmals vom kalten Festland kommt.

Die Temperaturdifferenz Luft – Wasser ist von März bis Juli positiv, das heißt, die Luft ist wärmer als das Wasser. Im August sind Luft und Wasser etwa gleich warm, und von September bis Februar ist die Differenz negativ, dann ist die Luft kälter als das Wasser. Tabelle 18 gibt Auskunft über die Extremtemperaturen über See, getrennt für das Gebiet der Beltsee und des Sundes (A) sowie die mittlere Ostsee (B).

Gebiet	Luft				Wasser				Differenz Luft – Wasser			
	Min	Monat	Max	Monat	Min	Monat	Max	Monat	Min	Monat	Max	Monat
A	−18	JAN	28	JUL	−1,0	JAN–MRZ	26	AUG	−17	DEZ	14	JUN
B	−20	FEB	30	JUL	−0,5	JAN–MRZ	26	JUL/AUG	−20	JAN/FEB	16	APR/MAI

Tabelle 18: Extremtemperaturen in °C über der Beltsee und dem Sund (A) sowie der westlichen Ostsee (B)

Der mittlere monatliche **Bedeckungsgrad** des Himmels mit Wolken ist über dem Seegebiet recht einheitlich. Er schwankt im Jahresverlauf zwischen 5/8 und 6/8 mit den niedrigeren Werten zwischen April und September und den höheren im Herbst, Winter und zeitigen Frühjahr. Zwischen April und August kann im Mittel mit 3 bis 4 heiteren Tagen (Bedeckungsgrad < 20 %) und muß mit 7 bis 8 trüben Tagen (Bedeckungsgrad > 80 %) gerechnet werden. Von September bis März sind die heiteren Tage sehr selten (im Mittel pro Monat

165

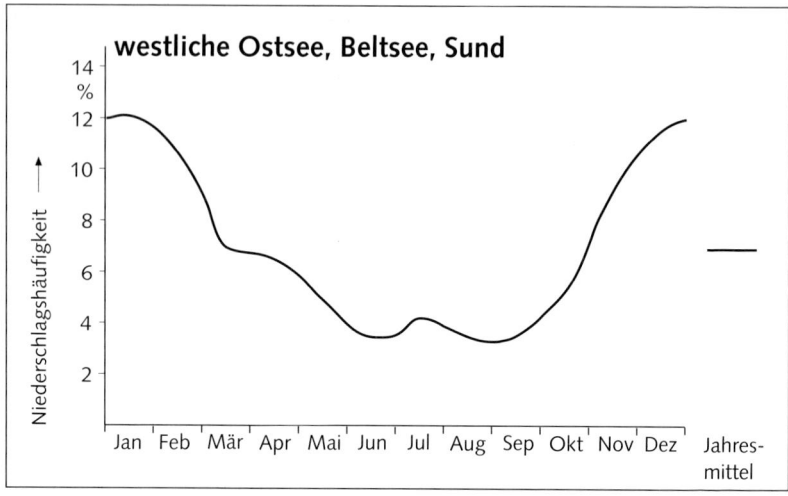

52 *Monats- und Jahresmittel der Niederschlagshäufigkeit in Prozent über dem Seegebiet der westlichen Ostsee, der Beltsee und des Sundes.*

lediglich 1 Tag), dafür überwiegen die trüben Bedingungen mit 12 bis 18 Tagen pro Monat.

Die mittleren monatlichen **Niederschlagshäufigkeiten** über See zeigt Abbildung 52. Deutlich ist der Jahresgang mit den Minima im Juni und August und dem Maximum im Spätherbst ausgeprägt. Das im Juli angedeutete sekundäre Maximum der Niederschlagshäufigkeit dürfte mit dem sogenannten „europäischen Sommermonsun" im Zusammenhang stehen.

In Tabelle 19 sind für 4 Küstenstationen, Kegnaes im Übergangsbereich zwischen Kieler Bucht und Kleinem Belt, Kopenhagen am Öresund, Warnemünde in der Mecklenburger Bucht und Kap Arkona an der Nordspitze Rügens, Monatsmittel und -summen einiger wichtiger Klimaelemente zusammengestellt. Auffallend sind die großen Niederschlagsmengen in Kegnaes, die durch das Zusammenspiel mehrerer lokaler Effekte (Orographie und Staueffekte im schleswig-holsteinischen Hügelland) zustande kommen und die vergleichsweise lange mittlere Sonnenscheindauer am Kap Arkona. Im vieljährigen Durchschnitt scheint dort die Sonne 1829 Stunden im Jahr, und auch Fehmarn bringt es noch auf 1805 Stunden. Unzweifelhaft ist dies der Leewirkung der skandinavischen Gebirge zuzuschreiben.

Gewitter sind im Sommer über See mit 0,6 bis 0,8 % recht häufig. Im Winter fehlen sie nahezu völlig. An den Küstenstationen muß zwischen Mai und August mit 2 bis 4 Gewittertagen pro Monat im Durchschnitt gerechnet werden.

	Jan	Feb	Mär	Apr	Mai	Jun	Jul	Aug	Sep	Okt	Nov	Dez	Jahr
Kegnaes													
Tmax	2,4	2,5	4,5	8,7	13,6	17,7	18,9	**19,3**	16,2	12,2	7,6	4,3	10,7
Tmin	−0,9	−1,2*	0,5	3,2	7,8	11,6	13,1	13,6	11,4	8,4	4,1	0,9	6,0
Sonne	1,3	2,1	3,5	5,7	7,5	**8,2**	7,1	6,7	5,1	3,2	1,5	1,1*	4,4
RR-Menge	79	39*	64	47	62	74	70	77	**87**	75	83	77	834
RR-Tage	**20**	14	17	13	13*	14	14	16	16	15	17	19	188
Kopenhagen (Airport)													
Tmax	2,0	2,1	4,8	9,6	15,1	19,4	**20,5**	20,4	16,8	12,2	7,2	3,7	11,1
Tmin	−2,0	−2,3*	−0,4	2,3	7,0	11,1	12,8	12,5	10,0	6,9	2,9	−0,5	5,0
Sonne	1,4	2,1	4,1	6,1	8,4	**8,5**	8,0	6,5	5,7	3,0	1,2	0,8*	5,4
RR-Menge	36	24*	34	35	40	45	**57**	55	53	47	52	47	525
RR-Tage	**17**	14	12	13	11*	13	14	14	15	16	16	**17**	172
Arkona													
Tmax	1,9	2,0	4,3	8,0	12,8	17,3	19,2	**19,5**	16,3	12,0	7,1	3,8	10,4
Tmin	−1,7*	−1,6	0,2	2,7	7,2	11,5	13,6	14,0	11,4	7,8	3,4	0,0	5,7
Sonne	1,2	2,3	3,8	6,1	8,4	**9,0**	7,9	6,9	5,6	3,4	1,8	1,2*	4,9
RR-Menge	35	26*	34	34	38	48	55	**59**	52	44	53	43	522
RR-Tage	**18**	15	16	13	12	11*	13	12	13	14	18	18	173
Warnemünde													
Tmax	2,3	3,2	6,2	10,1	15,6	19,0	20,5	**20,8**	17,5	13,0	7,6	4,1	11,7
Tmin	−1,9*	−1,4	0,7	3,6	8,0	11,8	13,7	13,5	11,0	7,4	3,2	0,0	5,8
Sonne	1,2	2,3	3,5	5,8	7,9	**8,2**	7,5	7,3	5,2	3,4	1,8	1,2*	4,6
RR-Menge	46	30*	41	42	47	59	**71**	59	55	42	51	48	590
RR-Tage	**19**	15	16	16	13	13*	14	13	14	15	17	18	171

Tabelle 19: Monats- und Jahresmittel und -summen einiger Klimaelemente für 4 Küsten- und Inselstationen des Seegebietes der Beltsee, des Sundes und der westlichen Ostsee

Südliche Ostsee

Stichworte: Neben der zentralen Ostsee das Seegebiet mit den stärksten Winden und höchsten Wellen, noch überwiegend maritimer Witterungscharakter, im Herbst Maximum von Starkwind und Sturm, im Frühjahr viel Nebel.

Das Seegebiet der südlichen Ostsee ist hier so eingeteilt worden, daß es im Westen etwa durch die Linie Kap Arkona – Trelleborg, im Norden durch die schwedische Küste zwischen Trelleborg und Utklippan, im Süden durch die Ostküsten Rügens und Usedoms sowie die polnische Küste bis zur Danziger Bucht begrenzt wird. Im Nordosten schließt sich das Seegebiet der zentralen Ostsee an. Im Seegebiet liegen die dänischen Inseln Bornholm und Christiansö sowie weitere kleinere Inseln in der Hanöbukt.

Wind

Einen Überblick über die mittlere Häufigkeit der Windrichtungen und -stärken im Seegebiet vermitteln die Windsterne in den Abbildungen 53 und 54. Wegen einiger nicht unerheblicher räumlicher Unterschiede erfolgte eine Trennung in das Gebiet östlich von Rügen (etwa 54 bis 55°N und 013 bis 016°E) sowie das nördlich von Bornholm (ca. 55 bis 56°N und 014 bis 017°E).
Neben den ganzjährig häufigsten Windrichtungen West und Südwest herrschen östlich von Rügen im Winter und Frühjahr noch besonders häufig nordöstliche und vor allem östliche Winde vor. Die Richtungen Nord und Süd sind vergleichsweise selten. Im Sommer liegt das Häufigkeitsmaximum eindeutig auf der Richtung West, wobei die benachbarten Richtungen Südwest und besonders Nordwest ebenfalls eine vergleichsweise hohe Häufigkeit besitzen. Im Herbst verlagert sich das Maximum der Auftrittshäufigkeit auf den Sektor Süd bis West. Nördliche bis östliche Winde sind dann recht selten.
Im weiter nordöstlich gelegenen Seegebiet zwischen Bornholm und der südschwedischen Küste sehen die Windverteilungen etwas anders aus. Im Winter dominieren dort nordöstliche und östliche Winde, und auch im Sommer

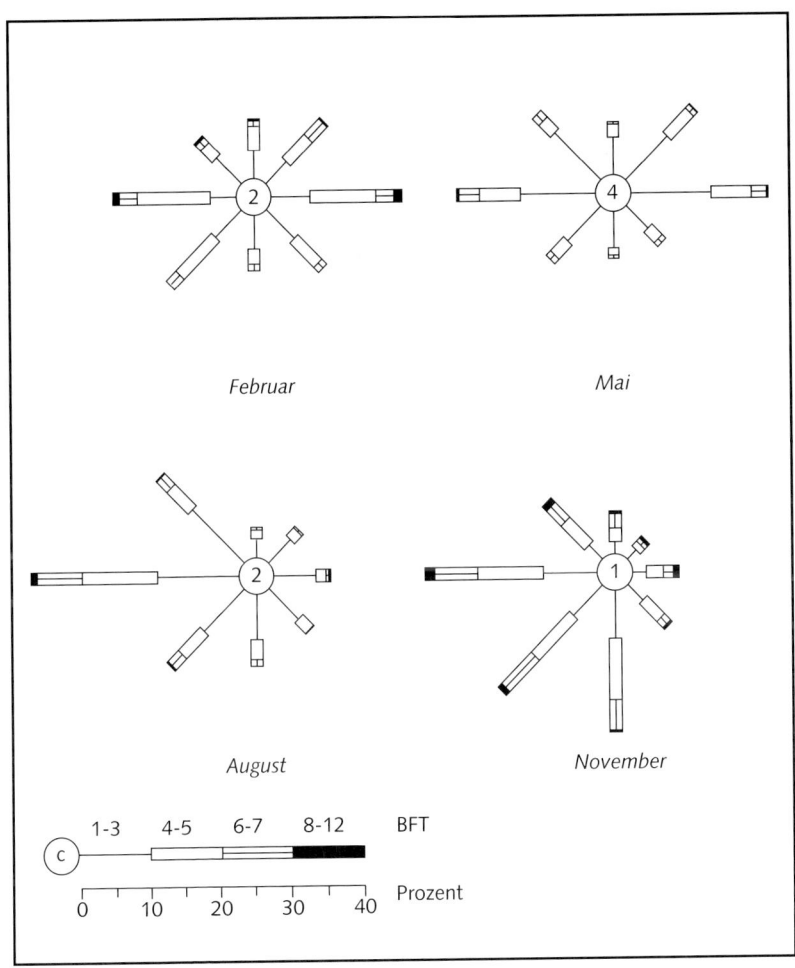

53 Windsterne für das Seegebiet östlich von Rügen.

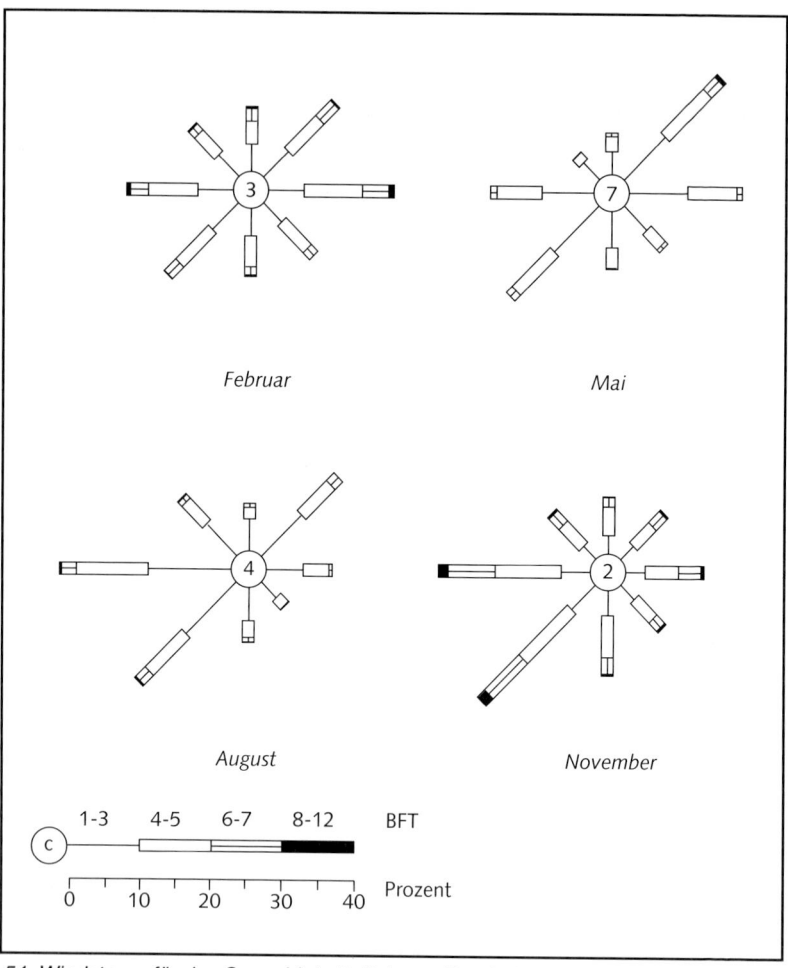

54 Windsterne für das Seegebiet nördlich von Bornholm.

hat die Nordostkomponente noch eine bemerkenswert große Häufigkeit. Dies ist ein typischer Effekt des Zusammenspiels globaler und regionaler Klimafaktoren. In die große, nach Westen und Norden geschützte Hanöbukt können, durch Küstenverlauf und Landerhebung bedingt, die vorherrschenden Westwinde der gemäßigten Breiten nur in abgeschwächter Form eindringen. Lediglich das Bornholmsgatt öffnet dem Südwestwind ungehindertes Einströmen in die Bucht, was sich auch in entsprechend großen Häufigkeiten zeigt. Dagegen besteht für nordöstliche bis südöstliche Winde kein Hindernis.

Auch hinsichtlich der Windstärken unterscheiden sich beide Seegebiete, wie aus Tabelle 20 abzulesen ist. Starkwind, Sturm und schwerer Sturm sind im vieljährigen Mittel im Seegebiet östlich von Rügen häufiger als in der Region nördlich von Bornholm. Summiert man die mittleren Häufigkeiten für diese drei Windstärkegruppen und vergleicht die beiden Teilgebiete, so stehen 18,3 % nur 15,1 % gegenüber. Der letztgenannte Wert ist, wenn man ihn den aus Tabelle 25 für den Südteil der zentralen Ostsee ergebenden (15,3 %) gegenüberstellt, nahzu identisch. Damit wird deutlich, daß das Teilgebiet östlich von Rügen dasjenige Seegebiet der gesamten Ostsee mit den höchsten Windgeschwindigkeiten ist.

Weitere Aspekte macht der Vergleich deutlich: Abgesehen vom Mai liegen in

Windstärke	Gebiet	Jan	Feb	Mär	Apr	Mai	Jun	Jul	Aug	Sep	Okt	Nov	Dez	Jahr
Schwerer Sturm (10–12 Bft)	S	0,2	0,2	0,1	0,0	–	0,0	0,0	0,1	0,2	0,3	0,4	0,3	0,2
	N	0,1	0,1	0,0	–	–	–	–	–	0,0	0,1	0,1	0,0	0,0
Sturm (8 und 9 Bft)	S	2,7	2,6	2,9	1,1	0,4*	0,6	1,1	1,4	3,6	4,0	**4,7**	4,3	2,5
	N	3,1	2,0	1,4	0,7	0,4*	0,4	0,5	0,8	2,1	2,8	**4,4**	4,2	1,9
Starkwind (6 und 7 Bft)	S	18,0	14,8	13,1	10,9	9,2*	10,0	12,5	14,4	17,3	21,1	**23,5**	22,3	15,6
	N	18,7	14,8	14,0	8,6	5,7	5,6*	7,0	8,6	13,3	16,8	**23,4**	22,2	13,2
Mäßiger Wind (4 und 5 Bft)	S	**42**	41	38	30	27*	28	28	29	31	34	39	41	34,1
	N	**45**	45	44	41	39*	39*	39	39	41	42	43	45	41,8
Schwachwind (1–3 Bft)	S	35	39	43	54	**59**	57	55	53	46	39	32	31*	45,4
	N	28	34	37	42	**47**	46	46	46	38	33	25*	26	37,3
Windstille (0 Bft)	S	1,6	2,1	2,7	3,6	**4,3**	4,2	3,4	2,2	1,5	1,1	0,9*	1,0	2,4
	N	1,7*	2,9	3,5	6,5	**8,6**	7,2	5,6	4,1	2,9	2,8	1,8	2,1	4,1

Tabelle 20: Häufigkeit von Windstärkegruppen in % im Süd- (S) und Nordteil (N) der südlichen Ostsee

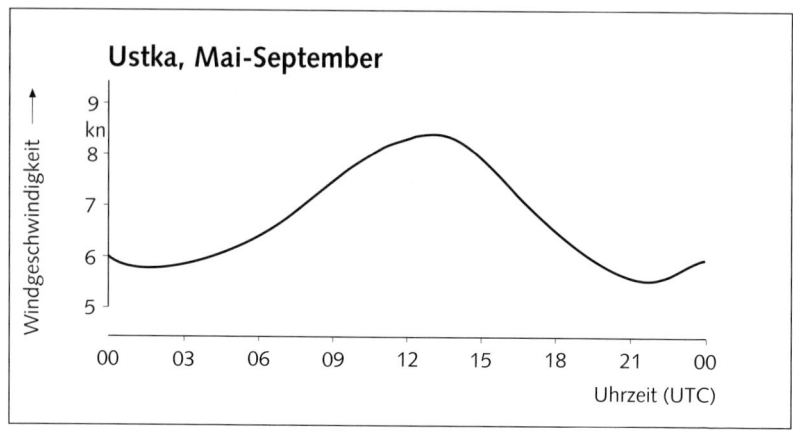

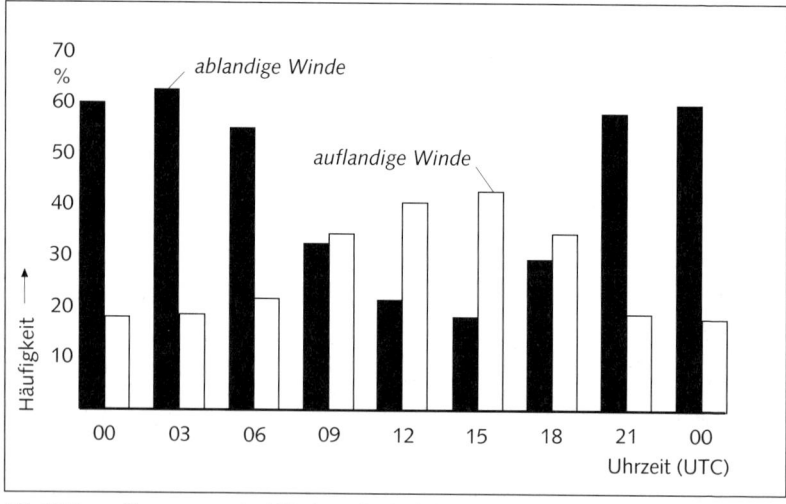

55 Mittlerer Tagesgang der Windgeschwindigkeit (oben) und mittlere Häufigkeit von ablandigen Winden (Sektor SE bis SW, dunkle Säulen) und auflandigen Winden (Sektor NW bis NE, offene Säulen) im unteren Abbildungsteil; Ustka/Polen, Mai bis September.

allen übrigen Monaten die Häufigkeitsprozente von Starkwind im Seegebiet südlich von Bornholm im zweistelligen Bereich, im nördlichen Gebiet trifft dies nur für die Monate September bis März zu. Und interessant ist auch, daß sich die Häufigkeiten von mäßigem Wind und Schwachwind in den beiden Regionen umgekehrt verhalten. Mäßiger Wind ist, weil die oberen Windstärkegruppen geringer belegt sind, im Nordteil der südlichen Ostsee während des gesamten Jahres im Mittel weitaus häufiger als im Südteil. Beim Schwachwind ist dies genau umgekehrt.

Die Jahresgänge der Windgeschwindigkeit und der Beständigkeit des Windes in der südlichen Ostsee sind denen in der zentralen Ostsee sehr ähnlich, so daß auf eine detaillierte Beschreibung an dieser Stelle verzichtet wird. Das Kapitel „Zentrale Ostsee" mit seinen Abbildungen vermittelt hierzu weitere Informationen.

Auch im Seegebiet der südlichen Ostsee ist die Land-Seewind-Zirkulation während der warmen Jahreszeit ein Phänomen, das die Windverhältnisse an den Küsten prägt. Abbildung 55 zeigt den deutlichen tageszeitlichen Wechsel zwischen Land- und Seewind. Mit zunehmender Erwärmung des Landes frischt der Wind am Vormittag von See her auf, erreicht zwischen 12 und 15 Uhr UTC (14 bis 17 Uhr MESZ) seine höchste Geschwindigkeit und flaut danach wieder ab. Der Landwind ist schwächer als die Seebrise, er beginnt nach Sonnenuntergang und endet am Morgen.

Im unteren Abbildungsteil sind für die Station Ustka an der polnischen Ostseeküste die aus einem Zeitraum von 15 Jahren für die Monate Mai bis September abgeleiteten mittleren Häufigkeiten von ablandigen (Richtungssektor

Ort	Jan	Feb	Mär	Apr	Mai	Jun	Jul	Aug	Sep	Okt	Nov	Dez	Jahr
Arkona	**18**	16	16	14	13	12*	13	13	14	16	17	18	15,0
Sandvig	**10**	10	9	7	6	6*	6	6	7	9	9	9	8,2
Kolobrzeg	**7**	6	7	6	5	5*	6	5	6	6	7	7	6,0

Tabelle 21: Mittlere monatliche und jährliche Windgeschwindigkeit in kn an Insel- und Küstenstationen im Bereich der südlichen Ostsee

Südost bis Südwest) und auflandigen (Richtungssektor Nordwest bis Nordost) Winden für 3stündige Intervalle aufgetragen. Während nachts das Verhältnis ablandig zu auflandig etwa 3 zu 1 beträgt, stellt sich vormittags und am späten Nachmittag etwa Gleichstand ein, und dazwischen nimmt es die Größenordnung 1:2 bis 1:2,5 an.

Die mittlere monatliche und jährliche Windgeschwindigkeit ist in den Hafenorten zum Teil erheblich niedriger als über der vorgelagerten See. Dies verdeutlicht auch Tabelle 21, in der für drei Insel- und Küstenstationen Geschwindigkeitsangaben zusammengestellt sind.

So liegt in Kolobrzeg an der polnischen Küste das Jahresmittel um etwa 6 kn unter dem vergleichbaren Wert für das vorgelagerte Seegebiet, und auch der an der Nordostseite von Bornholm besonders windgeschützte Hafen von Sandvig weist bei geringem Jahresgang nur einen um 2 kn höheren Jahreswert als Kolobrzeg auf. Dagegen liegen am windexponierten Kap Arkona an der Nordspitze Rügens alle Monatsmittel und damit auch das Jahresmittel le-

Bft	Jan	Feb	Mär	Apr	Mai	Jun	Jul	Aug	Sep	Okt	Nov	Dez	Jahr
Christiansö													
10–12	1,1	0,2	0,0	0,1	–	0,0	–	–	0,0	0,1	0,4	0,5	0,2
8– 9	**11**	6	4	1	0,5*	0,8	0,6	1	4	5	8	10	4,3
6– 7	34	26	24	14	10*	11	16	16	24	30	**36**	35	22,8
4– 5	37*	41	43	**45**	43	41	42	44	42	41	38	38	41,2
1– 3	17	26	27	38	45	**46**	40	37	29	24	18	17	30,2
0	0,5*	0,9	1	2	2	**2**	2	2	2	0,9	0,5	0,6	1,3
Arkona													
10–12	0,4	0,5	0,0	0,2	–	–	0,0	0,1	0,0	0,0	0,2	0,1	0,1
8– 9	**6**	4	4	2	0,9	0,8	0,4*	0,4*	2	2	4	4	2,6
6– 7	**29**	21	21	15	11	9*	12	11	17	20	26	28	18,4
4– 5	41*	43	47	44	43	44	44	45	45	**48**	46	47	44,5
1– 3	22	30	27	38	43	**45**	42	42	35	28	23	20*	32,9
0	0,9	1	0,9	1	2	**2**	**2**	2	2	1	1	1	1,5
Kolobrzeg													
10–12	–	–	–	–	–	–	–	–	–	–	–	–	–
8– 9	0,0	–	–	–	–	–	–	0,0	0,0	0,0	0,0	–	0,0
6– 7	0,5	0,1	0,1	0,1	0,0	0,1	–	0,1	0,1	0,0	0,5	0,1	0,1
4– 5	**19**	12	16	11	7	6*	7	6	10	9	14	18	11,3
1– 3	76*	83	80	83	86	**88**	87	88	83	86	82	79	83,4
0	4	5	3	6	**7**	6	6	6	7	5	4	3*	5,1

Tabelle 22: Häufigkeit von Windstärkegruppen in % für Insel- und Küstenstationen im Bereich der südlichen Ostsee

diglich um etwa 1 kn unter den Geschwindigkeitswerten für das nach Osten hin angrenzende Seegebiet.

Auch die in Tabelle 22 angegebenen Häufigkeiten von Windstärkegruppen für Küstenstationen verdeutlichen diesen Sachverhalt: An der polnischen Küste ist, ebenso wie im südlichen Teil des Seegebietes, Schwachwind mit 1 bis 3 Bft die häufigste Stärkegruppe, jedoch liegen in Kolobrzeg die Häufigkeitsprozente fast doppelt so hoch wie über dem offenen Seegebiet. Für Kap Arkona und die kleine dänische Insel Christiansö ist hingegen mäßiger Wind (4 bis 5 Bft) am häufigsten, und wegen der besonderen Windexposition beider Standorte überschreiten die Häufigkeitsanteile von Starkwind, Sturm und schwerem Sturm teilweise die für die offene See geltenden mittleren Werte.

Seegang

Neben dem Seegebiet der zentralen Ostsee hat die südliche Ostsee den Seegang mit den höchsten Wellen. Im Zusammenhang mit der Erörterung des Jahresganges der mittleren Wellenhöhe wird auf das folgende Kapitel verwiesen, wo in Abb. 63 der Jahresverlauf für dieses Seegebiet mit dargestellt ist. Zwischen Februar und Oktober betragen die Unterschiede nur wenige Zentimeter, und lediglich in den Monaten November, Dezember und Januar wächst die Differenz im Mittel auf maximal 1 bis 2 Dezimeter an. Obwohl, wie im vorangegangenen Abschnitt erläutert, der Südteil des Seegebietes windreicher als der Nordteil ist, treten die größeren Wellenhöhen im Nordteil auf, vor allem im Winter. Dies dürfte seine Ursache in der längeren Windwirkstrecke bei östlichen Winden in diesem Gebiet haben.

Tabelle 23 läßt die typischen Merkmale des Seegangs in der südlichen Ostsee hervortreten. Ruhige See ist – in Analogie zum Schwachwind – im südlichen Teil des Seegebietes die häufigste Seegangsstufe, obwohl mäßig bewegte See nahezu die gleiche Häufigkeit besitzt. Bei dieser Stufe ist zwischen Nord- und Südteil keine gebietsmäßige Differenzierung möglich. Für die Stufen grobe, hohe und sehr hohe See fällt auf, daß in allen Monaten und auch beim Jahreswert stets das Gebiet nördlich von Bornholm die größeren Häufigkeiten aufweist, obwohl dort die Häufigkeiten von Starkwind, Sturm und schwerem Sturm geringer sind. Der längere Fetch bei östlichen Winden drückt sich also in deutlich höheren Wellen aus.

Vergleicht man übrigens die Seegangsverhältnisse der zentralen Ostsee (Tabelle 27 im nächsten Kapitel) mit denen vom Nordteil der südlichen Ostsee, dann treten in den Häufigkeiten der Seegangsstufen keine Unterschiede auf. Bezüglich der Seegangsbedingungen sind beide Gebiete nahezu identisch. Zentrale und südliche Ostsee bilden zusammen die große offene Wasserfläche dieses Randmeeres. Die größten kennzeichnenden Wellenhöhen der Windsee von 6 bis 7 m sind aus diesem Gebiet gemeldet worden. Möglich sind allerdings noch etwas höhere Wellen. Solche Wellenhöhen kommen jedoch nur im Spätherbst und Winter beim Vorüberziehen kräftiger Sturmtiefs vor.

Seegangsstufen	Gebiet	Jan	Feb	Mär	Apr	Mai	Jun	Jul	Aug	Sep	Okt	Nov	Dez	Jahr
Sehr hoch	S	0,2	0,2	0,1	0,0	–	–	0,0	0,0	0,0	0,2	0,2	0,3	0,1
≥ 4,8 m	N	0,4	0,3	0,2	–	–	–	–	0,0	0,1	0,2	0,4	0,4	0,2
Hoch	S	**1,4**	1,0	1,0	0,4	0,0*	0,0	0,1	0,2	0,3	0,5	0,6	1,0	0,5
3,3 – 4,7 m	N	3,8	2,2	1,8	0,9	0,4*	0,4*	0,5	0,7	1,9	2,4	3,4	**3,9**	1,9
Grob	S	22	21	17	10	6*	8	13	13	19	20	21	**24**	16,2
1,8 – 3,2 m	N	27	21	19	12	8*	8*	12	14	22	23	**31**	28	18,9
Mäßig	S	43	43	44	38	35*	36	40	40	40	42	43	**44**	41,0
0,8 – 1,7 m	N	43	43	44	38	35*	36	40	40	42	43	44	44	41,0
Ruhig	S	33	36	38	50	**57**	54	47	46	37	35	33	29*	41,2
0,0 – 0,7 m	N	25	33	36	48	**57**	55	47	44	35	31	21*	24	38,1

Tabelle 23: Mittlere monatliche Häufigkeit von Seegangsstufen in % im Süd- (S) und Nordteil (N) der südlichen Ostsee

Regionale Seegangseffekte sind im Seehandbuch Nr. 2003 [17] beschrieben. Nachfolgend wird auszugsweise auf einige kurz eingegangen: Im Bornholmsgatt, dem vielbefahrenen Fahrwasser zwischen Sandhammaren und Bornholm, ist bei Stürmen aus Nordost der Seegang über dem ansteigenden Grund südlich von Sandhammaren gefährlich hoch und steil. Darüber hinaus muß bei südwestlichen Stürmen mit einer starken Stromversetzung Richtung Festland gerechnet werden.

Vor dem schwedischen Hafen Simrishamn können sich bei Oststurm hohe Seegangs- und schwierige Stromverhältnisse im Bereich der Hafeneinfahrt entwickeln, die das Ein- und Auslaufen erheblich erschweren oder unmöglich machen.

In den Gewässern um Bornholm und Christiansö ist es einmal der steil ansteigende Grund bei Davids Banke, einem Rücken im Bornholmsgatt, der schweren Seegang bei stürmischem Wetter hervorrufen kann. Zum anderen muß die Nordostküste Bornholms erwähnt werden. Sobald eine steife auflandige Brise weht, läuft an der Ostküste der Insel eine starke Dünung entlang. Vor der Westküste entsteht dann sofort eine hohe und kurze See. Schließlich ist auch die Ostküste der Insel bei auflandigem Starkwind oder Sturm gefährdet. Er kündigt sich meistens durch das Einsetzen von Dünung an, und es kann schnell schwerer Seegang aufkommen.

Oberflächenströmungen und Wasserstand

Die mittleren **Strömungsverhältnisse** in der südlichen Ostsee – einem vor der schwedischen Südküste im allgemeinen westsüdwestwärts gerichteten Strom, der im Frühjahr wegen des Süßwasserzustromes durch die Schneeschmelze seine stärkste Entwicklung hat, und eine dadurch angeregte zyklonale Bewegung der Wassermassen, die sich in einem häufig nach Osten gerichteten Strom vor den Südküsten des Gebietes ausdrückt – werden durch die Windverhältnisse vollkommen verändert [17, 20]. Dabei wirkt besonders das großräumige Windfeld als stromauslösende Kraft, während der örtliche Wind eine untergeordnete Rolle spielt. Bei Einstromlagen in die Ostsee kann der vor der schwedischen Südküste nach Südwest bis West setzende Strom gehemmt oder zur Richtungsumkehr gezwungen und entsprechend der Oststrom vor der polnischen Küste verstärkt werden. Umgekehrt kann die Strömung vor der schwedischen Küste durch Starkwinde aus Nordost bis Ost über dem nordosteuropäischen Raum noch verstärkt und die Strömung vor der Küste Polens zum Erliegen oder zur Richtungsumkehr gebracht werden.

Die Küstenströmung vor der polnischen Küste ist dann am stärksten, wenn die Stürme gleichlaufend mit der Küste wehen. Dann können Geschwindigkeiten von 2 bis 3 sm/h erreicht werden. Bei auflandigem Wind und Dünung können beträchtliche Stromversetzungen vorkommen. Grundsätzlich ist bei küstenparallelem Strom das Einlaufen in die meisten polnischen Hafeneinfahrten wegen des starken Querstromes gefährlich, zum Teil fast unmöglich, gelegentlich auch untersagt.

Demgegenüber hat Trelleborg einen der besten Schutzhäfen an der Südküste Schwedens. Der Hafen ist zwar gegen südliche bis südwestliche Winde ungeschützt, doch kommt kaum Seegang und Dünung auf, da die Wassertiefen vor ihm gering sind und der Grund allmählich ansteigt. Selbst außerhalb des Hafens steht bei auflandigen Stürmen verhältnismäßig geringe See.

Die schwierigen Stromverhältnisse vor Simrishamn wurden bereits angesprochen. Es können dort steile Grundseen auftreten, da der Meeresboden sehr stark ansteigt. Bei stürmischen östlichen Winden läuft die Oberflächenströmung mit 1 bis 2 sm/h west- bis südwestwärts.

Auch vor Utklippan, einem wichtigen Ansteuerungspunkt in der südlichen Ostsee, können sich unberechenbare Strömungsverhältnisse einstellen.

Während der Strom in der Umgebung von Bornholm nur selten 1 bis 1,5 sm/h erreicht, kann er in der Durchfahrt zwischen Bornholm und Christiansö bei stürmischem Wetter ziemlich stark werden. Seine Richtung hängt vom Wind und der allgemeinen Strömung in der Ostsee ab. An den Küsten Bornholms selbst, vor allem im Nordosten und Osten, muß bei starken bis stürmischen nördlichen Winden mit starker, quer zu den Hafeneinfahrten setzender Strömung gerechnet werden. Bei diesen auflandigen Winden gestaltet sich das Einlaufen schwierig, denn es können sich vor den Einfahrten starke Strudel und Wirbel bilden, beispielsweise vor dem Hafen Gudhjem.

Die **Wasserstandsschwankungen** im Seegebiet der südlichen Ostsee, die zum Teil erheblich vom mittleren Wasserstand abweichen können, werden hauptsächlich durch die großräumigen Windverhältnisse über der Ostsee verursacht. Die von der Nordsee durch den Skagerrak und das Kattegat fortschreitende Gezeitenwelle hat in der südlichen Ostsee nur noch eine untergeordnete Bedeutung.

Die Schubkraft des Windes auf die Wasseroberfläche bewirkt bei auflandigen Winden einen Anstau des Wassers an den Küsten auf Höhen von etwa 0,5 bis 1,0 m über Mittelwasser. Extreme Anstauhöhen bis 1,5 m bei südlichen

Winden an der schwedischen Küste und bis zu 2,5 m bei Nordnordost- bis Nordoststurm an der polnischen Küste können gelegentlich vorkommen. Die bei ablandigen Winden eintretende Senkung des Wasserstandes liegt im allgemeinen in der Größenordnung von 0,5 bis 1,0 m, und nur in seltenen Fällen werden 1,5 m erreicht.

Zu den schnellen und erheblichen Wasserstandsschwankungen müssen die sogenannten „Seebären" gezählt werden. Sie verursachen manchmal in weniger als einer Stunde Wasserstandsänderungen von 0,5 m. Diese Erscheinung wird durch fortschreitende lange Wellen, die z. B. durch Gewitterböen oder auch Ostsee-Tromben über dem Seegebiet entstehen, hervorgerufen [21, 22].

Sicht und Nebel

Die Sichtverhältnisse in der südlichen Ostsee unterscheiden sich, abgesehen vom Nebel, zwischen Nord- und Südteil dieses Seegebietes. Im Jahresmittel erfüllen im Seegebiet östlich von Rügen etwa 67 % (im Gebiet nördlich von Bornholm sogar 10 % mehr) aller Sichtbeobachtungen die Bedingung für gute und sehr gute Sicht, also Sichtweiten über 10 km. Am häufigsten mit 80 bis 85 % tritt diese Sichtstufe im Nordteil zwischen Juni und Oktober auf. Im Südteil ist lediglich im August das Kriterium für ≥ 80 % Häufigkeit erfüllt. Am seltensten mit je 58 % Häufigkeit (Südteil) bzw. je 69 % (Nordteil) sind gute und sehr gute Sichtweiten im Februar und März.

Die Häufigkeiten von Dunst (Sichtweiten zwischen 1,0 und 3,9 km) differieren zwischen den beiden Teilregionen besonders vom Spätherbst bis zum zeitigen Frühjahr. Dann ist diese Sichtstufe östlich von Rügen erheblich häufiger anzutreffen als nördlich von Bornholm.

Zwischen Januar und April liegen im Mittel 5 bis knapp 7 % aller Sichtbeobachtungen sowohl im Nord- als auch im Südteil des Seegebietes unter 1 km, es herrscht also Nebel. Die beiden nebelreichsten Monate sind März und April. Am nebelärmsten mit Häufigkeiten unter 2 % ist der Zeitraum von Juni bis September.

Allgemein gilt, daß über den großen freien Flächen der Ostsee die Nebelhäufigkeit im Frühjahr am größten ist, wenn das Oberflächenwasser noch re-

179

lativ kalt ist. Umgekehrt ist im Herbst infolge des dann noch relativ warmen Wassers die Nebelhäufigkeit über See vergleichsweise selten. Eine Ausnahme bildet der Oktober mit seinen vermehrten Mischungsnebeln.

Über Land, an den Küstenstationen und innerhalb küstennaher Seegebiete ist dagegen die Nebelhäufigkeit in den Wintermonaten am größten und in den Sommermonaten am geringsten. Küstenstationen und küstennahe Seegebiete zeigen einen deutlichen Tagesgang von schlechter Sicht und Nebel. Die schlechtesten Sichtbedingungen liegen im allgemeinen etwa 2 bis 3 Stunden nach Sonnenaufgang und die besten im allgemeinen in der ersten Nachthälfte. Die mittlere Nebeldauer über der freien Ostsee beträgt in den meisten Monaten 5 bis 6 Stunden. Es wurden jedoch auch Nebel mit maximal 50 bis 60 Stunden Andauer beobachtet, vor allem während des Häufigkeitsmaximums in den Frühjahrsmonaten.

Temperatur, Sonnenschein, Bewölkung und Niederschlag

Der in Abbildung 56 dargestellte Jahresgang der Luft- und Wassertemperatur für das Seegebiet der südlichen Ostsee, der übrigens auch für den im nächsten Kapitel behandelten Südteil der zentralen Ostsee gilt, zeigt den bekannten und erwarteten Verlauf. Von April bis Juli ist die Temperaturdifferenz Luft–Wasser positiv, das heißt, die Luft erwärmt sich in dieser Zeit schneller als das Wasser. Während im März und August die Luft über dem Wasser und das oberflächennahe Wasser im Mittel die annähernd gleiche Temperatur besitzen, ist von September bis Februar im Wasser noch so viel Wärme gespeichert, daß sich die Temperaturdifferenz umkehrt, das Wasser also wärmer als die Luft ist. Mit etwa 2 °C Differenz in den Wintermonaten sind die Unterschiede nicht unerheblich und etwas größer als im westlich angrenzenden Seegebiet der westlichen Ostsee. Größer ist auch die Jahresschwankung der Lufttemperatur über der südlichen Ostsee: ca. 16,5 °C gegenüber 15,5 °C im Gebiet der westlichen Ostsee. Allmählich nehmen die kontinentalen Einflüsse zu.

Die Schwankungsbreite der Lufttemperatur kann in jedem beliebigen Monat 21 bis 27 °C betragen, in den kältesten Monaten (Januar und Februar) sind Schwankungen zwischen –20 °C und knapp 10 °C möglich, in den wärmsten

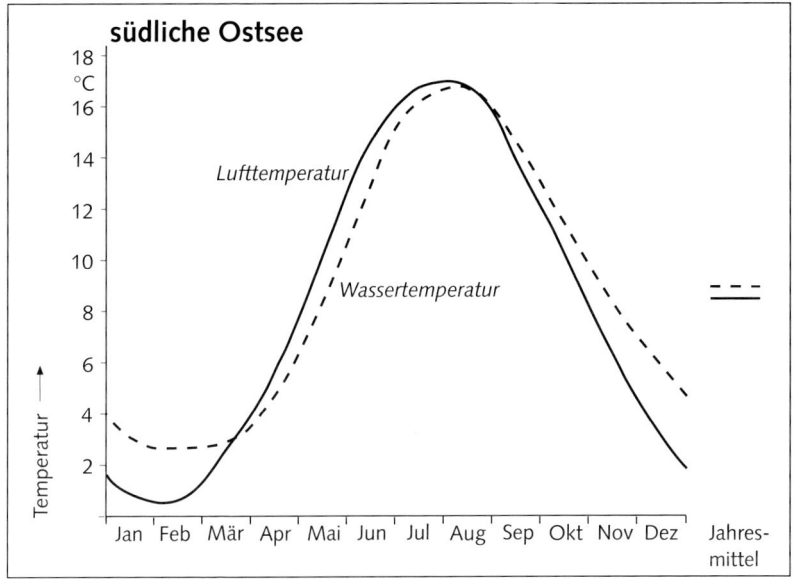

56 *Monats- und Jahresmittel der Luft- (ausgezogene Linie) und Wassertemperatur (gestrichelte Linie) für das Seegebiet der südlichen Ostsee (gilt auch für den Südteil der zentralen Ostsee).*

(Juli und August) zwischen 8 und 30 °C. Die extremen Randwerte werden jedoch nur sehr selten beobachtet.

Die mögliche Schwankungsbreite der Wassertemperatur liegt von Monat zu Monat zwischen 13 und 17 °C. Im Zeitraum von Januar bis März kann sie bis in den negativen Wertebereich absinken, jedoch erreichte sie in dieser Zeit gelegentlich auch Werte von 11 bis 14 °C. Im Juli und August schwankt die Wassertemperatur zwischen 8 und 23 °C. Ähnlich wie bei der Lufttemperatur treten die Extremwerte nur sehr selten auf.

181

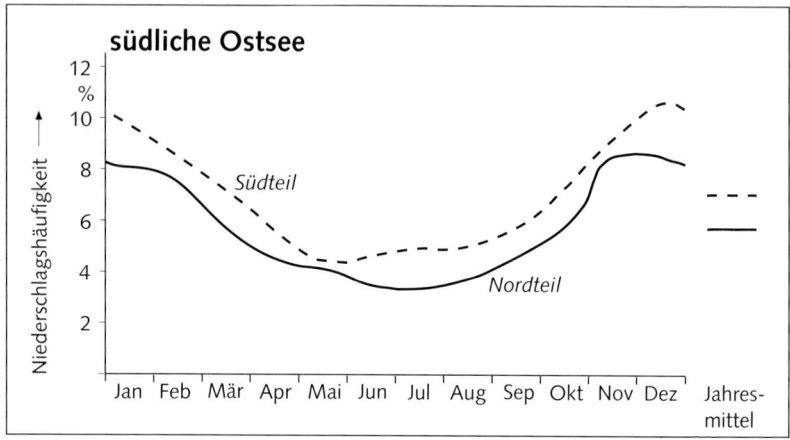

57 Monats- und Jahresmittel der Niederschlagshäufigkeit in Prozent über dem Nordteil (ausgezogene Linie) und Südteil (gestrichelte Linie) der südlichen Ostsee.

	Jan	Feb	Mär	Apr	Mai	Jun	Jul	Aug	Sep	Okt	Nov	Dez	Jahr
Greifswald													
Tmax	1,6	2,5	5,9	10,5	16,0	19,7	**21,3**	21,2	17,8	12,8	6,9	3,2	11,6
Tmin	−2,8*	−2,4	0,1	3,1	7,5	11,1	12,7	12,6	9,9	6,5	2,4	−1,0	5,0
Sonne	1,4	2,5	3,9	5,8	8,0	**8,3**	7,7	7,4	5,4	3,5	1,8	1,3*	4,8
RR-Menge	41	28*	39	40	50	59	**61**	55	53	43	50	47	566
RR-Tage	**18**	14	15	14	13	12*	14	13	14	14	17	**18**	175
Kolobrzeg													
Tmax	1,4	2,4	5,8	9,7	14,9	18,4	20,3	**20,5**	17,4	12,8	7,0	3,1	11,2
Tmin	−3,2*	−2,5	−0,2	2,8	7,1	10,9	13,2	12,8	10,3	6,5	2,5	−1,2	5,0
Sonne	−	−	−	−	−	−	−	−	−	−	−	−	−
RR-Menge	47	31*	39	39	47	62	**88**	69	68	55	62	55	594
RR-Tage	19	14	16	13	13	12*	15	13	15	15	**19**	18	182
Sandvig/Bornholm													
Tmax	2,3	1,9	3,8	8,3	15,7	17,6	**20,4**	19,9	16,6	11,9	7,5	4,5	10,6
Tmin	−1,3	−2,0*	−0,9	2,5	6,2	11,2	14,5	14,7	11,9	7,7	3,9	1,2	5,8
Sonne	1,2	2,0	3,9	6,3	8,7	**9,5**	8,3	7,1	6,1	3,2	1,2	0,9*	4,9
RR-Menge	49	37	29*	31	32	42	**58**	58	55	59	50	53	553
RR-Tage	15	13	11	10	9*	9	10	11	12	14	15	**15**	144

Tabelle 24: Monats- und Jahresmittel und -summen einiger Klimaelemente für 3 Küstenstationen der südlichen Ostsee

Der **Bedeckungsgrad** des Himmels mit Wolken weist im Jahresverlauf eine vergleichsweise geringe Schwankungsbreite auf. Das Minimum mit $4/8$ bis $5/8$ Bedeckung tritt in den Monaten Mai, Juni und Juli auf, das Maximum mit $6/8$ von November bis Januar. Der Bedeckungsgrad ist von der Windrichtung abhängig. Die meisten Wolken gibt es zu allen Jahreszeiten bei südlichen bis westlichen, im Herbst und Winter auch bei nordöstlichen Winden. Hochdruckwetterlagen mit Windstille oder schwach umlaufenden Winden sind verhältnismäßig wolkenarm, aber auch Wetterlagen mit Wind aus West und Nordwest, im Sommer ebenfalls aus Nord bis Ost.

Der Süd- und Nordteil des Seegebietes unterscheiden sich hinsichtlich der Niederschlagshäufigkeit, wie Abb. 57 zeigt. Im Mittel kann man in allen Monaten erwarten, daß in den Gewässern östlich von Rügen häufiger Niederschlag fällt als im Seegebiet nördlich von Bornholm. Dort macht sich der Einfluß der skandinavischen Gebirge bemerkbar. Dies läßt sich auch aus der mittleren monatlichen Zahl der Niederschlagstage ablesen, die neben einigen anderen Klimaelementen in Tabelle 24 für drei Küsten- und Inselstationen zusammengestellt sind. Danach hat Kolobrzeg an der polnischen Küste pro Jahr fast 40 Niederschlagstage mehr als Sandvig auf Bornholm. Auch das sekundäre Juli-Maximum in Verbindung mit dem europäischen Sommermonsun und einem gehäuften Auftreten von Regenwetterlagen [23] tritt sowohl in der Zahl der Niederschlagstage als auch in den Monatssummen im Südteil des Seegebietes zutage.

Zentrale Ostsee

Stichworte: Größtes zusammenhängendes Seegebiet der Ostsee mit Süd-Nord-Erstreckung über ca. 6 Breitenkreise, Übergangsgebiet zwischen ozeanischem und kontinentalem Klima: zögernde Erwärmung im Frühjahr mit Kälterückfällen, milder Herbst. Neben der südlichen Ostsee das Gebiet mit den größten Windgeschwindigkeiten und höchsten Wellen.

Die zentrale Ostsee umfaßt die beiden großen Inseln Gotland und Öland, den Kalmarsund und die schwedische Ostküste sowie den Rigaer Meerbusen im

Nordosten und die Danziger Bucht im Südosten mit den dazwischen liegenden Küstenabschnitten Litauens und Lettlands. Die Trennlinie zwischen
Nord- und Südteil dieses Seegebietes bildet näherungsweise der 57. Brei-
tenkreis.

Wetter und Witterung

Das Seegebiet der zentralen Ostsee liegt im Bereich vorherrschender Westwinde und im Übergangsgebiet zwischen dem ozeanischen Klima Westeu-
ropas und dem kontinentalen Klima des osteuropäischen Festlandes. Die
Einflüsse des Atlantiks einerseits und des europäischen Kontinents andererseits sind sowohl innerhalb eines Jahres als auch von Jahr zu Jahr unterschiedlich stark ausgeprägt. Die kontinentalen Merkmale können in der zentralen Ostsee noch deutlicher hervortreten als beispielsweise in der westlichen und südlichen Ostsee. Dadurch treten die jahreszeitlichen Gegensätze
auch markanter hervor.

Im Frühjahr wirkt der im Winter stark ausgekühlte Wasserkörper der Ostsee
hemmend auf den Erwärmungsprozeß. Es setzt nur ein langsames Anstei-
gen der Temperatur ein, und durch plötzliche Kälterückfälle können sich emp-
findlich kühle Witterungsabschnitte ergeben. Insgesamt ist die Witterung
während des Frühjahrs sehr wechselhaft, aber niederschlagsarm wegen des
kalten Wassers. Warme, kontinentale Luftmassen können im Sommer recht
dauerhaftes heiteres, trockenes und windschwaches Wetter bewirken, andererseits können vor allem die weiter südlich gelegenen Teile des Seegebietes mitunter wochenlang im Einflußbereich atlantischer Störungen liegen.
Bei starker Bewölkung bleibt es dann feucht und kühl. Erst der Einfluß des
südeuropäischen Hochdruckgebietes bringt dann wieder beständiges und
warmes Sommerwetter.

Das häufig im Spätsommer einsetzende und oft über weite Abschnitte des
Herbstes andauernde ruhige, heitere Wetter mit nochmals kräftiger Sonneneinstrahlung läßt diese Jahreszeit oft zur angenehmsten des ganzen Jahres werden. Hinzu kommt, daß die Ostsee die gespeicherte Wärmeenergie
nur langsam abgibt, so daß ein mildes Klima herrscht. Mit dem stärkeren
Übergreifen atlantischer Störungen auf den Ostseeraum setzt im Spätherbst

regnerisch-stürmisches Wetter ein. Trüb und feucht, jedoch bei vergleichsweise hohem Temperaturniveau, geht der Herbst in den Winter über.

Wind

Sowohl über dem nördlichen als auch südlichen Teil der zentralen Ostsee
sind Winde aus dem Sektor Süd bis West im Jahresdurchschnitt am häufigsten (Abb. 58 und 59). Besonders im Sommer (vergleiche August als typischen Sommermonat in den Windstern-Darstellungen) dominieren Südwest-
und Westwind, im November, dem windstärksten Monat, kommt die Richtung
Süd hinzu. Etwas anders sieht die Windrichtungsverteilung im wind-
schwächsten Monat Mai aus, denn dann sind nördliche bis östliche Winde
vorherrschend. Mit nahezu gleich großer Häufigkeit wehen im Februar, dem
typischen Wintermonat, die Winde aus allen acht Hauptwindrichtungen.
Im Rigaer Meerbusen (keine Darstellung in Form von Windsternen) bestimmen im Winter südöstliche und im Frühjahr nördliche Winde die Windrichtungsverteilungen. Im Sommer sind auch dort West- und Südwestwind und
im Herbst Süd- und Südwestwind am häufigsten.
Abb. 60 zeigt den Jahresverlauf der Beständigkeit des Windes. Am unbe-
ständigsten sind die Winde zwischen Februar und April. Das deckt sich mit
dem Befund, daß im Februar die Winde aus allen Hauptwindrichtungen etwa
gleich häufig wehen. Während der zweiten Jahreshälfte unterliegt die Beständigkeit auf vergleichsweise hohem Niveau nur geringen Schwankungen,
abgesehen vom Unterschied zwischen dem Juli-Maximum und dem sekun-
dären Minimum im August.
Der Verlauf der Beständigkeit des Windes während eines Jahres ist im Rigaer Meerbusen etwa ähnlich. Durch größere Beständigkeit im Winter und
Frühjahr resultiert ein insgesamt höherer Jahresdurchschnitt.
Die Windgeschwindigkeit über dem Seegebiet der zentralen Ostsee ist, abgesehen von Teilen der südlichen Ostsee, mit etwas mehr als 16 Knoten im
Jahresmittel am höchsten. Der ausgeprägte Jahresgang mit Minimum im
Mai/Juni und dem Maximum zum Jahresende ist in Abb. 61 dargestellt. Im
Rigaer Meerbusen liegen in allen Monaten die Mittel um 0,5 bis 1 Knoten un-
ter denen der zentralen Ostsee.

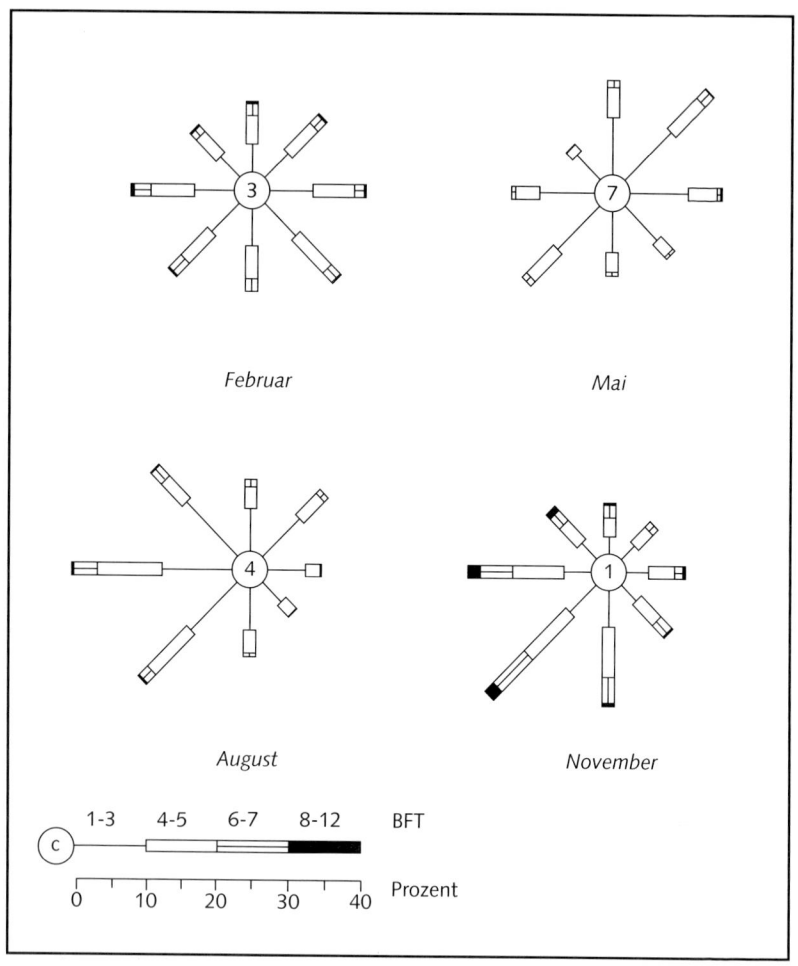

58 Windsterne für den südlichen Teil der zentralen Ostsee.

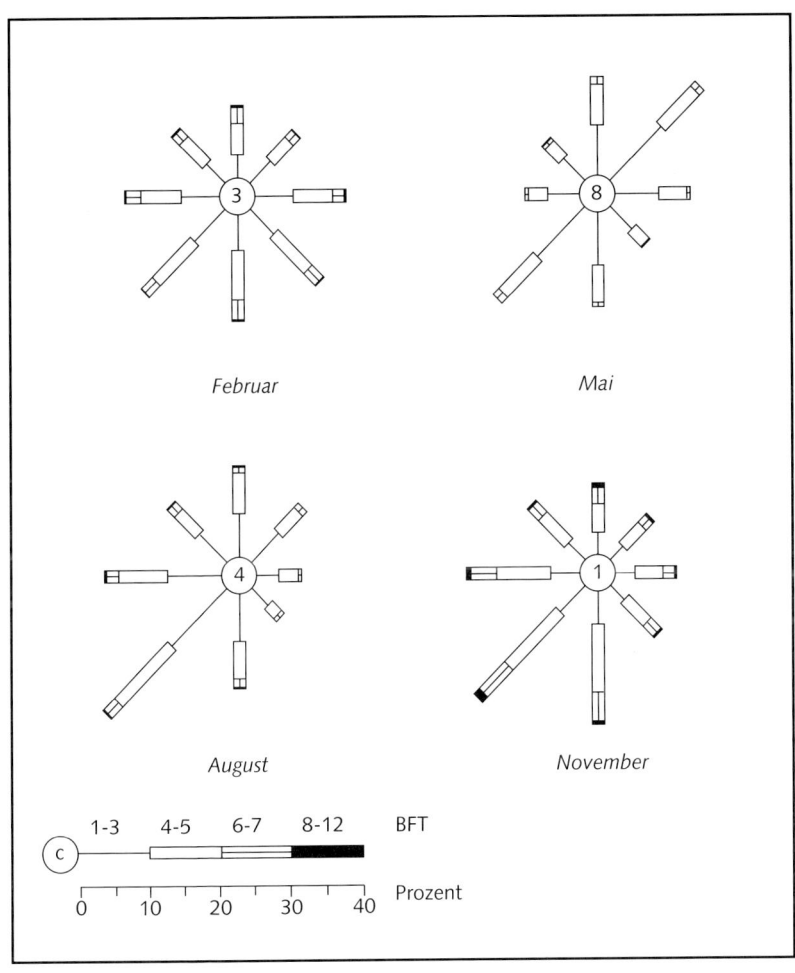

59 Windsterne für den nördlichen Teil der zentralen Ostsee.

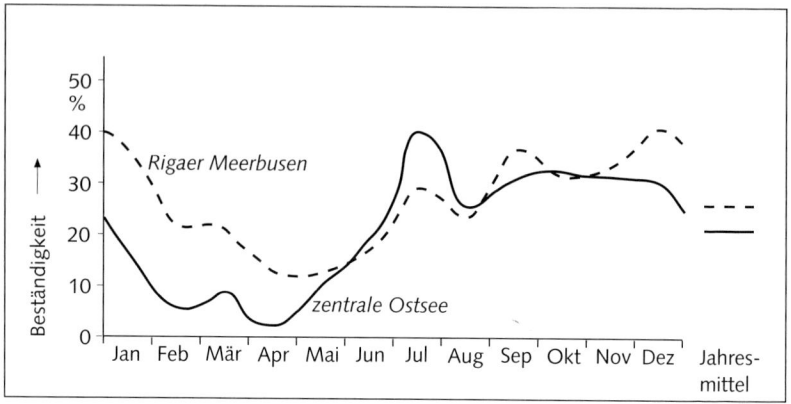

60 Monats- und Jahresmittel der Beständigkeit des Windes über der zentralen Ostsee (ausgezogene Linie) und dem Rigaer Meerbusen (gestrichelte Linie).

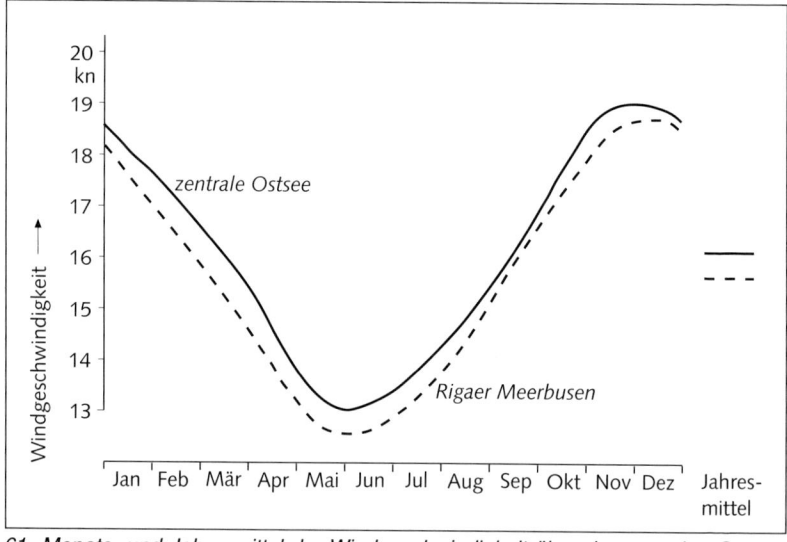

61 Monats- und Jahresmittel der Windgeschwindigkeit über der zentralen Ostsee (ausgezogene Linie) und dem Rigaer Meerbusen (gestrichelte Linie).

Windstärke	Gebiet	Jan	Feb	Mär	Apr	Mai	Jun	Jul	Aug	Sep	Okt	Nov	Dez	Jahr
Schwerer Sturm	S	0,2	0,2	0,1	0,0	–	0,0	0,0	0,1	0,2	0,3	0,4	0,3	0,2
(10–12 Bft)	N	0,1	0,1	0,1	0,0	–	–	–	–	0,0	0,0	0,1	0,1	0,1
	R	0,0	0,0	–	–	–	–	–	–	0,0	–	0,0	0,0	0,0
Sturm	S	3,1	2,0	1,4	0,7	0,4*	0,4	0,5	0,8	2,1	2,8	**4,4**	4,2	1,9
(8 und 9 Bft)	N	3,3	2,1	1,3	0,6	0,3	0,2*	0,4	1,1	1,7	2,1	3,1	**3,6**	1,7
	R	1,9	1,2	1,0	0,5	0,1*	0,1*	0,2	0,5	1,0	1,6	2,3	**2,7**	1,1
Starkwind	S	18,7	14,8	14,0	8,6	5,7	5,6*	7,0	8,6	13,3	16,8	**23,4**	22,2	13,2
(6 und 7 Bft)	N	14,6	11,7	8,3	6,2	5,4	4,6*	4,9	7,5	11,2	15,4	**18,1**	17,1	10,4
	R	16,4	11,6	8,7	5,4	3,5	3,3*	3,5	5,8	9,7	13,5	18,4	**20,6**	10,0

Tabelle 25: Häufigkeit von Windstärkegruppen in % im Süd- (S) und Nordteil (N) der zentralen Ostsee sowie im Rigaer Meerbusen (R)

Aufschluß über die Häufigkeiten verschiedener Windstärkegruppen gibt Tabelle 25.

Bei den höheren und hohen Windstärken fällt eine deutliche räumliche Differenzierung auf. Deshalb wurden nur die drei Gruppen Starkwind, Sturm und schwerer Sturm in die Tabelle aufgenommen. In den unteren Windstärkenbereichen < 6 Bft sind die Unterschiede erheblich geringer.

Schwachwind (1 bis 3 Bft) trifft man am ehesten im Rigaer Meerbusen und der Danziger Bucht, etwas seltener in den offenen Seegebieten der zentralen Ostsee. Diese Windstärkegruppe hat ihr Häufigkeitsmaximum im Frühjahr und Frühsommer, das Minimum im Spätherbst und Frühwinter.

Mäßiger Wind (4 und 5 Bft) ist die im Nordteil des Seegebietes am häufigsten auftretende Gruppe. Ihr Jahresgang ist umgekehrt wie der von Schwachwind und Windstille.

Die Windstärkegruppe 6 und 7 Bft (Starkwind) tritt im Südteil der zentralen Ostsee wesentlich häufiger auf als im Nordteil oder im Rigaer Meerbusen und der Danziger Bucht. Im November und Dezember wird in mehr als einem Fünftel aller Fälle Starkwind beobachtet.

Sturm (8 und 9 Bft) ist gleichfalls mit unterschiedlichen Häufigkeiten in den einzelnen Teilregionen des Seegebietes zu erwarten: Vergleichsweise selten in den beiden großen Einbuchtungen und am häufigsten im Südteil. Gemeinsam ist allen Regionen, daß Sturm im ersten Viertel des Jahres seltener ist als im letzten Viertel und daß auch überall zwischen April und August die Sturmhäufigkeit teilweise deutlich unter 1% liegt.

Der Rigaer Meerbusen bleibt nahezu während des gesamten Jahres von schweren Stürmen (10 bis 12 Bft) verschont. Zwischen April und August ist auch in den anderen Regionen ihre Anzahl sehr gering und fehlt im Mai völlig.

Da die Windverhältnisse im Küstenbereich außerordentlich stark von den örtlichen orographischen Bedingungen abhängen, treten erhebliche Unterschiede zwischen den für die offene See mitgeteilten mittleren Bedingungen und den von Ort zu Ort wechselnden Gegebenheiten auf. Besonders an der schwedischen Ostküste zwischen dem Kalmarsund und Landsort geben tief einschneidende, fjordartige Buchten der Küste ihr Gepräge. Weiter nördlich schließt sich das ausgedehnte Revier der Stockholmer Schären an. Demgegenüber ist die lettische und litauische Küste vergleichsweise wenig gegliedert. Hier bestimmt vor allem der Küstenverlauf das lokale Windfeld. Im Be-

Bft	Jan	Feb	Mär	Apr	Mai	Jun	Jul	Aug	Sep	Okt	Nov	Dez	Jahr
Hel													
10–12	0,0	0,0	0,0	–	0,0	0,0	–	–	–	–	0,0	0,0	0,0
8– 9	0,1	0,0	0,0	–	0,0	0,0	–	–	–	–	0,0	0,1	0,0
6– 7	**2**	1	1	0,6	0,1*	0,1*	0,1	0,2	1	0,9	1	2	0,8
4– 5	**45**	34	29	19	15	14*	17	18	28	36	43	40	28,2
1– 3	51*	63	68	79	**84**	83	81	80	69	63	55	57	69,4
0	2	3	2	2	**2**	**2**	2	2	1	0,9	0,8*	0,8	1,6
Klaipeda													
10–12	–	–	–	–	–	–	–	–	–	0,0	0,1	–	0,0
8– 9	0,7	0,3	0,1	–	0,0	0,0	0,1	0,1	0,2	0,1	0,7	0,4	0,2
6– 7	**7**	4	2	0,8	0,2*	1	2	2	5	6	7	7	3,8
4– 5	**43**	34	35	25	21*	21	27	28	37	37	42	43	32,7
1– 3	48*	60	62	74	**78**	77	71	69	58	56	50	48	62,5
0	0,6	1	1	0,8	0,8	0,9	0,7	0,5*	0,8	0,5	0,7	1	0,8
Riga													
10–12	0,0	–	0,0	–	–	–	–	–	–	–	–	0,0	0,0
8– 9	0,0	0,0	0,1	0,0	–	–	–	–	–	0,0	0,1	0,2	0,0
6– 7	**2**	0,7	0,8	0,6	0,1*	0,4	0,5	0,4	0,4	0,8	1	2	0,8
4– 5	36	33	34	27	24	21	18*	21	28	35	**38**	36	29,1
1– 3	56*	59	58	62	66	68	**69**	67	62	59	57	58	61,7
0	6	8	7	11	11	11	**12**	11	10	5	4*	5	8,3
Visby													
10–12	–	–	0,0	–	–	–	–	–	0,0	–	–	–	0,0
8– 9	0,3	0,1	0,1	–	–	0,0	–	–	0,1	0,1	0,3	0,1	0,1
6– 7	**12**	7	6	3	2	2	0,9*	2	4	6	10	10	5,3
4– 5	**50**	45	47	38	37	34	32*	37	42	44	43	47	41,2
1– 3	36*	46	46	55	58	60	**63**	57	50	48	44	41	50,3
0	2	2	2	4	3	4	4	**5**	4	3	2*	3	3,1

Tabelle 26: Häufigkeit von Windstärkegruppen in % für einige Küstenstationen

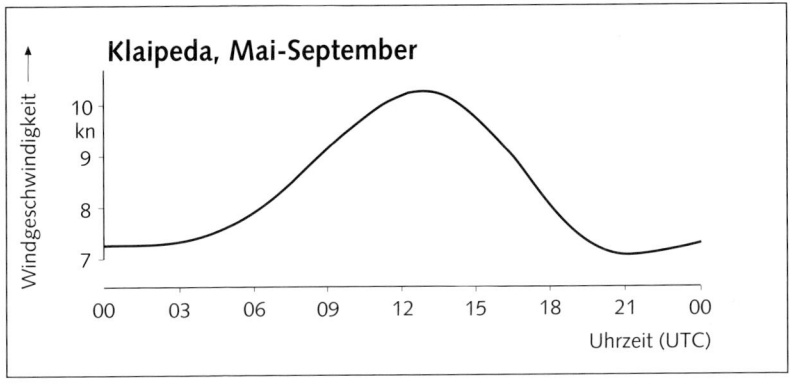

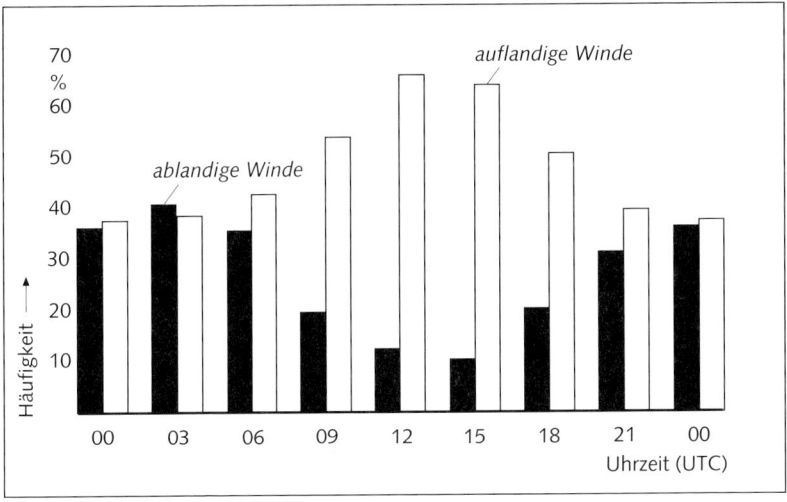

62 *Mittlerer Tagesgang der Windgeschwindigkeit (oben) und mittlere Häufigkeiten von ablandigen Winden (Sektor NE bis SE, dunkle Säulen) und auflandigen Winden (Sektor SW bis NW, offene Säulen) im unteren Abbildungsteil; Klaipeda, Mai bis September.*

reich der Buchten, Halbinseln und Kaps sowie der überaus großen Inselviel-falt kommen Entfernungen, Ausdehnungen, Formen und Höhen als stark mo-difizierende Faktoren hinzu. Allgemeingültige quantitative Angaben sind hier-zu nicht möglich. Am ehesten läßt sich noch der auf die Windrichtung kana-lisierend und auf die Geschwindigkeit verstärkend wirkende Düseneffekt ab-schätzen. Beide Effekte treten im Seegebiet der zentralen Ostsee besonders im Kalmar- und Farösund sowie in der Irbenstraße auf.

In Tabelle 26 sind für vier Küstenstationen die mittleren monatlichen Häufig-keiten von Windstärkegruppen zusammengestellt.

Im Vergleich mit Tabelle 25 wird deutlich, daß in den Hafenorten die Häufig-keiten von Starkwind, Sturm und schwerem Sturm zum Teil erheblich niedri-ger sind als über der vorgelagerten See. Schwachwind ist mit deutlichem Ab-stand an den Küstenstationen längs der Ostküste der zentralen Ostsee die häufigste Gruppe. Dies gilt zwar auch für die beiden großen Inseln Gotland und Öland, doch ist hier, wie die Verteilung von Visby zeigt, auch mäßiger Wind mit 4 bis 5 Bft vergleichsweise oft anzutreffen.

Neben den von Ort zu Ort stark wechselnden orographischen Bedingungen und ihrem Einfluß auf das lokale Windfeld ist es während der warmen Jah-reszeit die Land-Seewind-Zirkulation, die einen regelmäßigen tageszeitli-chen Wechsel von Windrichtung und -stärke bewirkt. Der im oberen Teil der Abbildung 62 dargestellte mittlere Tagesgang der Windgeschwindigkeit an der Küste von Klaipeda zeigt deutlich, wie sich der Seewind am Vormittag er-hebt, um die Mittags- und Nachmittagsstunden seine größte Stärke (ca 10 kn) erreicht und gegen Abend wieder zu Ende geht. Die mittleren Häufig-keiten von Landwind aus dem Richtungssektor Nordost bis Südost und See-wind (Sektor Südwest bis Nordwest) sind für dreistündige Tagesintervalle im unteren Abbildungsteil aufgetragen. Sehr einprägsam ist die Gegenläufigkeit der Häufigkeiten während eines Tages erkennbar.

Seegang

In der zentralen Ostsee trifft man die größten kennzeichnenden Wellenhöhen des Seegangs an. Zunächst vermittelt Abbildung 63 einen Überblick über den Jahresgang der mittleren kennzeichnenden Wellenhöhen. Diese Angaben

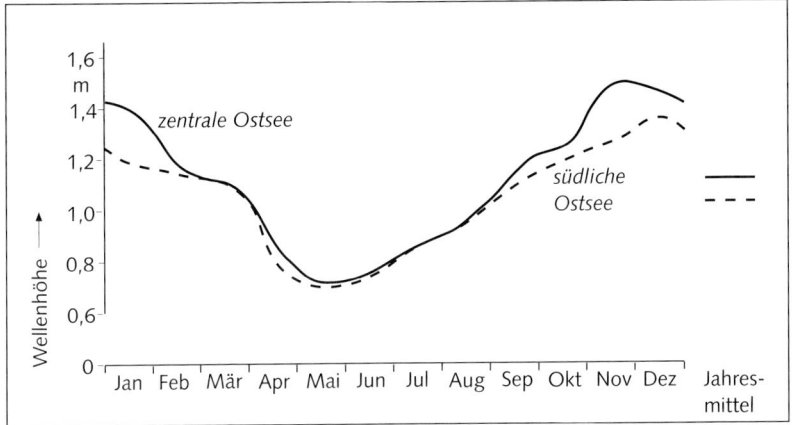

63 Jahresgang und Jahresmittel der mittleren kennzeichnenden Wellenhöhe des Seegangs für die Seegebiete der zentralen (ausgezogene Linie) und südlichen (gestrichelte Linie) Ostsee.

Seegangsstufen	Jan	Feb	Mär	Apr	Mai	Jun	Jul	Aug	Sep	Okt	Nov	Dez	Jahr
Sehr hoch, ≥ 4,8 m	0,8	0,4	0,4	0,1	0,0	0,0	0,0	0,0	0,3	0,3	0,5	0,7	0,3
Hoch. 3,3 – 4,7 m	3,8	2,2	1,8	0,9	0,4*	0,4*	0,5	0,7	1,9	2,4	3,4	**3,9**	1,9
Grob, 1,8 – 3,2 m	27	21	19	12	8*	8	12	14	22	23	**31**	28	18,9
Mäßig, 0,8 – 1,7 m	43	43	44	39	35*	36	40	40	42	43	**44**	44	41,0
Ruhig, 0,0 – 0,7 m	25	33	36	48	**57**	55	47	44	35	31	21*	24	38,1

Tabelle 27: Mittlere monatliche Häufigkeit von Seegangsstufen in %

genügen jedoch nicht, um den Seegang möglichst umfassend zu charakterisieren. Aussagekräftig sind die Häufigkeiten der einzelnen Seegangsstufen. Sie sind in Tabelle 27 für die offene zentrale Ostsee zusammengestellt.
Sehr hohe Wellen sind in der gesamten Ostsee zwar selten; am ehesten trifft man sie noch im Winter in den offenen Seegebieten der zentralen Ostsee an. Die Danziger Bucht, der Rigaer Meerbusen und auch die Gewässer westlich von Gotland bleiben in der Zeit von April bis September von Wellen mit Höhen über 5 m verschont. Während dieser Zeit ist dort auch die Auftrittshäufigkeit hoher Wellen (3,3 bis 4,7 m) sehr gering; sie liegt von Mai bis August nur bei

etwa 0,1 %. Im übrigen Seegebiet mit seinen langen Windanlaufstrecken über dem Wasser – vor allem aus nördlicher oder südlicher Richtung – beträgt sie auch in den Sommermonaten ca. 0,5 % und nimmt im Winterhalbjahr auf 2 bis 4 % zu.

Mäßig bewegte See (Wellenhöhen 0,8 bis 1,7 m) ist die am häufigsten auftretende Seegangsstufe. Vor allem im Herbst und Winter stellt sie die größten Anteile aller Seegangsstufen. Die Schwankung um den Mittelwert von 41 % für die offenen, großen Seegebiete ist im Jahresverlauf vergleichsweise gering. Dies trifft auch für die weiten Buchten bei Danzig und Riga zu, dort liegt aber der Jahresmittelwert nur bei 35 % (Rigaer Meerbusen) bzw. 38 % (Danziger Bucht).

Von April bis August ist die ruhige See (0,0 bis 0,7 m) die charakteristische Seegangsstufe auch für die zentrale Ostsee. Während dieser Zeit werden in dieser Kategorie die größten Häufigkeitsanteile erreicht.

Bei der Beschreibung der Wind- und Seegangsverhältnisse in der zentralen Ostsee, dem größten Seegebiet in der für die Zwecke dieses Buches vorge-

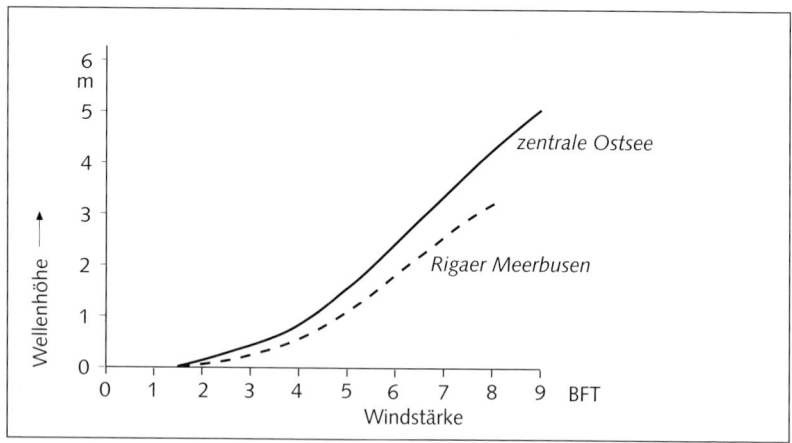

64 Beziehung zwischen Windstärke und Wellenhöhe der Windsee in der offenen zentralen Ostsee (ausgezogene Linie) und dem Rigaer Meerbusen (gestrichelte Linie).

nommenen Einteilung, soll auch kurz auf die Beziehung zwischen Wellenhöhe und Windstärke eingegangen werden. Abbildung 64 gibt an, welche mittlere Wellenhöhe bei welcher Windstärke entsteht. Deutlich fällt auf, daß im Rigaer Meerbusen, einem Seegebiet mit vergleichsweise kleiner Windwirkstrecke (Fetch) bei gleicher Windstärke eine geringere Wellenhöhe zustande kommt als in der offenen zentralen Ostsee mit ihrem großen Fetch. Beide Kurven sind als „Hüll-Linien" zu betrachten, denn für die übrigen Seegebiete der gesamten Ostsee liegen die Kurven dazwischen.

Regionale Seegangs-, Dünungs- und Brandungseffekte

Die Hinweise zu regionalen Seegangs-, Dünungs- und Brandungseffekten sind auszugsweise den Seehandbüchern 2001 [24] und 2002 [25] entnommen.

Vor den Hafeneinfahrten von Gdynia und Gdansk entwickelt sich bei nördlichem bis nordöstlichem Wind vergleichsweise hoher Seegang. Lokale Umwandlungen erfährt er an der litauischen Küste besonders vor Klaipeda. Bei stürmischen westlichen Winden entsteht rasch eine erhebliche Brandung. Westsüdwest- bis Westnordweststurm läßt eine schwere Dünung in den Seekanal laufen.

Im Rigaer Meerbusen ist zu beachten, daß bei nördlichen Winden auf der Reede vor Riga starker Seegang entsteht.

An der Ostküste von Öland läuft bei stürmischen östlichen Winden über dem steil ansteigenden Grund von Ölandsrev und Ölands Södra Grund eine schwere See auf, die gemieden werden sollte. Gleiches gilt auch für die Nordspitze von Öland.

In der Nordeinfahrt des Kalmarsunds entsteht bei stürmischen nördlichen Winden schnell grober Seegang. Bei schlechter Sicht ist zu bedenken, daß nördliche Winde und Seegang Versetzungen in Richtung Ölandküste verursachen. Im Nordwestteil von Gotland steht bei auflandigem Wind erheblicher Schwell, so daß ein Einlaufen in die Häfen dann nicht empfohlen werden kann. An der Ostküste Gotlands können östliche Winde problematisch werden, weil dann Seegang in die Buchten hinein setzt. Nördlich der Insel Gotska Sandön gibt es eine Reihe von Untiefen und steil abfallenden Bänken. Bei stürmischem Wetter entwickelt sich dort ein gefährlicher Seegang, der zum Teil selbst noch an der Leeseite der Insel auftritt, so daß keine Liegeempfehlung gegeben werden kann.

Strömung und Wasserstand

Die beständigen Strömungen im Seegebiet der zentralen Ostsee sind im allgemeinen von untergeordneter Bedeutung im Vergleich mit denen, die gelegentlich von starken, anhaltenden Winden verursacht werden.

In der großen, halbkreisförmigen Danziger Bucht setzt der Strom, je nach Windrichtung, entweder nach Ost oder West. Die Geschwindigkeit kann bisweilen bei starkem Westwind 2 sm/h betragen.

An der russischen Küste ist Mys Taran, ein über 30 m hoher Landvorsprung, ein sehr markanter Punkt. Die Strömung setzt dort mit einer Geschwindigkeit von 2 sm/h und mehr südlich der Kaps, je nach Windrichtung, küstenparallel nord- oder südwärts und nördlich davon hauptsächlich westwärts.

Vor den Küsten Litauens und Lettlands läuft die Strömung meistens nach Norden und kann vor Klaipeda 2 sm/h und vor Ventspils 3 bis 4 sm/h erreichen. Länger andauernde nördliche Winde verursachen eine südwärts setzende Küstenströmung.

In dem weiträumigen Rigaer Meerbusen ist vor allem mit Gefälleströmungen zu rechnen. Langanhaltende stürmische westliche Winde drücken durch die Irbenstraße das Wasser mit einer ostwärts setzenden Strömung in die Bucht. Nach dem Abflauen des Windes läuft das Wasser als Gefälleströmung in die entgegengesetzte Richtung. In der Einfahrt zum Rigaer Meerbusen und in der Irbenstraße sollte man diese sich rasch ändernden Strömungsverhältnisse unbedingt berücksichtigen. Am Kap Kolkasrags entsteht bei anhaltenden südwestlichen Winden zudem ein starker, nordwestwärts setzender Neerstrom.

In den Stockholmer Schären kann besonders unter Land und in engen Fahrwassern die Strömungsgeschwindigkeit in vereinzelten Fällen 1 bis 2 sm/h erreichen. Da der Wind in den engen Buchten und Durchfahrten plötzlich umspringen kann, muß er auch für starke windabhängige Strömungen in Betracht gezogen werden. So sind in den schmalen Sunden, vor allem dann, wenn die Windrichtung mit der Orientierung des Sundes übereinstimmt, Strömungsgeschwindigkeiten von 4 bis 5 sm/h möglich. Gleiches gilt auch für die tief einschneidenden fjordähnlichen Buchten, die der schwedischen Ostküste zwischen Landsort und dem Kalmarsund ihr Gepräge geben.

Schließlich sei noch auf die Strömung im Farösund hingewiesen. Sie läuft in der Nordeinfahrt häufig mit großer Geschwindigkeit nord- oder südwärts, je nach Windrichtung. Die nördliche Strömung versetzt die Schiffe nach der Westseite, die südliche nach der Ostseite des Fahrwassers.

Die **Wasserstandsschwankungen** im offenen Seegebiet der zentralen Ostsee werden um so geringer, je weiter man nach Norden kommt. Sie hängen hauptsächlich von den herrschenden Windverhältnissen ab. Im Frühjahr und Sommer beträgt der Unterschied zwischen den maximalen Wasserständen selten mehr als 0,5 m, im Herbst und Winter dagegen 1,0 bis 1,2 m, maximal 1,6 bis 1,8 m in der Bucht von Pärnu im Rigaer Meerbusen bei südwestlichen Winden.

Auszugsweise wurden diese Angaben zu den Strömungs- und Wasserstandsverhältnissen den Veröffentlichungen [24] und [25] entnommen.

Sicht und Nebel

Auch im Gebiet der zentralen Ostsee ist die Sichtweite in drei Viertel aller Fälle gut oder sehr gut, liegt also bei oder über 10 km. Zwischen Juni und Oktober ist der Prozentsatz für ungehinderte Sichtbedingungen noch größer: Er erreicht 80 bis 85 %.

Durch Dunst eingeschränkte Sichtverhältnisse (1 bis 4 km) müssen vor allem im Spätherbst, Winter und zeitigem Frühjahr erwartet werden. Die Häufigkeit ihres Auftretens bleibt jedoch in der offenen zentralen Ostsee und auch im Rigaer Meerbusen deutlich unter 10 %, während in der Danziger Bucht und auch in den Gewässern vor der schwedischen Ostküste ähnliche Verhältnisse wie beispielsweise im Finnischen Meerbusen anzutreffen sind. Der nebelreichste Monat ist über den großen offenen Seeflächen zwischen Schweden, Litauen und Lettland der März. Einen Monat später tritt im Rigaer Meerbusen im Mittel der meiste Nebel auf, und in der Danziger Bucht haben Dezember und April die größte Nebelhäufigkeit.

	Jan	Feb	Mär	Apr	Mai	Jun	Jul	Aug	Sep	Okt	Nov	Dez	Jahr
Kaliningrad	5	4	4	4	3	3*	3	4	5	**6**	5	5	51
Klaipeda	4	5	7	**7**	6	4	2	2*	3	4	4	5	48
Riga	4*	4	4*	6	6	6	5	5	**6**	6	5	4	61
Ristna	3	4	7	**8**	7	4	3	2	2*	3	2	2	47
Svenska Högarna	3	4	7	**7**	5	6	3	2	2*	3	1	2	47
Stockholm	2	2	3	3	1	1*	2	2	2	**3**	2	3	26
Ölands Nörra Udde	2	3	**5**	5	3	2	1*	1	2	4	2	2	34

Tabelle 28: Mittlere monatliche Zahl der Nebeltage an Küstenstationen

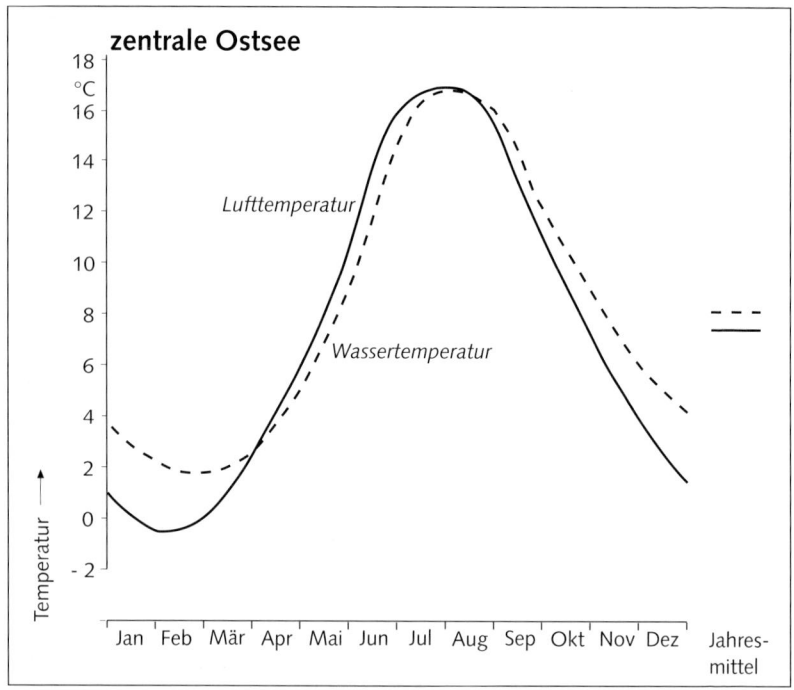

65 Monats- und Jahresmittel der Luft- (ausgezogene Linie) und Wassertemperatur (gestrichelte Linie) für den Nordteil des Seegebietes der zentralen Ostsee.

An den Küstenorten kommen alle möglichen Nebelarten vor. Neben dem Kaltwassernebel, der vielfach mit Seewinden aufs Land treibt, ist der sogenannte Strahlungsnebel über Land recht häufig. Er bildet sich bei schwachwindigem klarem Wetter nachts vor allem im Herbst und Winter, wenn die Lufttemperatur infolge Ausstrahlung unter den Taupunkt absinkt. Mit dem Landwind driftet dieser Nebel aufs Meer hinaus, wo er sich meistens nach einiger Zeit auflöst.

Für einige Küstenorte ist in Tabelle 28 die mittlere monatliche und jährliche Zahl der Nebeltage zusammengestellt. Dabei muß der Nebel nicht den ganzen Tag über, sondern nur zu mindestens einem Beobachtungstermin aufgetreten sein. Die meisten Hafenorte haben im Sommer die geringste, im Herbst die größte Anzahl an Nebeltagen, wie das an Landstationen allgemein üblich ist. An einigen stärker maritim beeinflußten Orten, wie zum Beispiel in Svenska Högarna und Ristna, tritt das Maximum im Frühling und das Minimum erst im Spätsommer und Frühherbst auf.

Temperatur, Sonnenschein, Bewölkung und Niederschlag

Charakteristisch für das thermische Regime der zentralen Ostsee ist, daß mit zunehmender geographischer Breite die Jahresmittel der Lufttemperatur abnehmen (im Südteil noch etwa 8,4 °C, im Nordteil ab etwa 57°N auf 7,4 °C zurückgehend), während sich die Jahresschwankung genau umgekehrt verhält: Sie ist für den Südteil mit ca. 16,5 °C um etwa 1 °C niedriger als im Nordteil des Seegebietes. Noch ausgeprägter sind die Bedingungen im nahezu allseitig von Land umschlossenen Rigaer Meerbusen: Einer Jahresmitteltemperatur von 6,8 °C steht eine Jahresschwankung von 22,2 °C gegenüber. Das sind typische Merkmale für ein zunehmend kontinental geprägtes Klima. Jahresgang von Luft- und Wassertemperatur für den Nordteil der zentralen Ostsee sind in Abbildung 65 dargestellt. Für den Südteil des Seegebietes wird auf Abbildung 56 verwiesen, da keine wesentlichen Unterschiede in den Temperaturverläufen über der südlichen und dem Südteil der zentralen Ostsee bestehen.

Abbildung 65 macht deutlich, daß das nach dem Winter noch kalte Ostseewasser ein kaltes Frühjahr und einen kühlen Sommerbeginn bewirkt. Umge-

Gebiet	Luft				Wasser				Differenz Luft – Wasser			
	Min	Monat	Max	Monat	Min	Monat	Max	Monat	Min	Monat	Max	Monat
S	–20	FEB	29	JUL	–0,4	JAN–MRZ	26	JUL	–25	FEB	22	MAI/JUN
N	–25	JAN	29	JUL/AUG	–0,4	JAN–MRZ	25	AUG	–25	DEZ	18	JUN

Tabelle 29: Extremtemperaturen in °C über dem Süd- (S) und Nordteil (N) der zentralen Ostsee

kehrt verzögert der Wärmevorrat der Ostsee den Winterbeginn. Das thermische Sommermaximum wird erst Ende Juli/Anfang August, also etwa 5 bis 6 Wochen nach dem Sonnenhöchststand, erreicht. Tabelle 29 gibt eine Übersicht über die möglichen Extremtemperaturen im Seegebiet.

Der mittlere monatliche **Bedeckungsgrad** des Himmels mit Wolken liegt von Mai bis August bei 4/8, und damit ist das Seegebiet der zentralen Ostsee von allen Seegebieten dasjenige, das über einen zusammenhängenden Zeitraum von 4 Monaten die größte Wolkenarmut hat. Im Herbst, Winter und der ersten Frühlingshälfte besteht diese Sonderstellung nicht. Dann überwiegen auch hier die Wolken, und es muß im Mittel mit 15 bis 20 trüben Tagen (Bedeckungsgrad $\geq$ 80 %) gerechnet werden. Während des wolkenarmen Witterungsabschnittes reduziert sich die Zahl der trüben Tage auf etwa 10 pro Monat, und dafür können 4 bis 5 heitere Tage (Bedeckungsgrad $\leq$ 20 %) erwartet werden.

Der wolkenärmste, sonnenscheinreichste und strahlungsintensivste Monat ist der Juni mit, je nach geographischer Breite, 9,5 bis 10,5 Stunden mittlerem Sonnenschein pro Tag (vgl. Tab. 30). Die Ursache hierfür ist nicht nur im hohen Sonnenstand begründet, sondern auch eine im Juni häufig auftretende Hochdruckwetterlage sowie das meist noch kalte Ostseewasser, das die Quellwolkenbildung verhindert, kommen als ursächliche Faktoren in Betracht.

Der größte Bedeckungsgrad und damit die geringste Sonnenscheindauer stellen sich im Dezember ein. Wiederholtes Tiefdruckwetter und die eigenständige Wolkenbildung über dem noch relativ warmen Wasser, besonders nach Kaltlufteinbrüchen, sind dafür verantwortlich.

In diesem Zusammenhang ergibt sich für den Dezember, dicht gefolgt vom Januar, auch das Maximum der **Niederschlagshäufigkeit.** In Abbildung 66

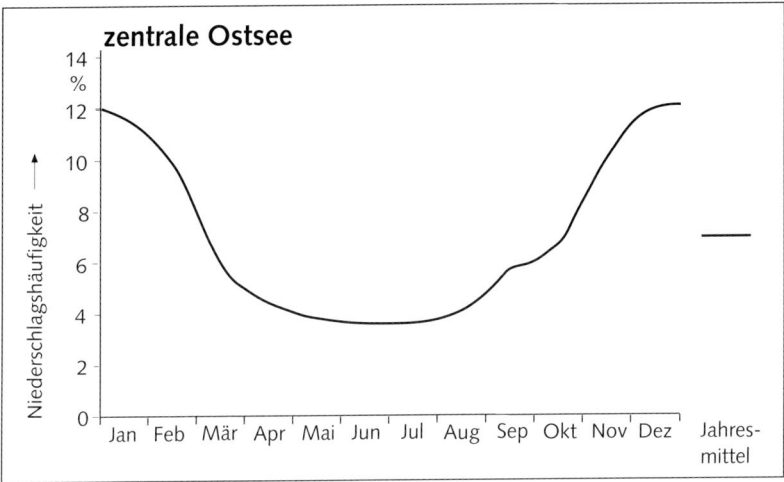

66 *Monats- und Jahresmittel der Niederschlagshäufigkeit in Prozent über der zentralen Ostsee.*

ist der mittlere Jahresverlauf der Niederschlagshäufigkeit über dem Seegebiet aufgetragen. Während im allgemeinen die größten monatlichen Niederschlagsmengen im Sommer fallen, obwohl die Zahl der Niederschlagstage das Minimum hat, verschiebt sich an einigen Küsten- und Inselstationen, wie Kaipeda und Ristna auf der estnischen Insel Hiiumaa, das Niederschlagsmaximum auf den November und Dezember. Dann ist auch die mittlere monatliche Zahl der Niederschlagstage am größten.

Die **Gewitterhäufigkeit** über dem offenen Seegebiet der zentralen Ostsee hat im Vergleich zu den übrigen Gebieten der Ostsee weiter abgenommen. Mit etwa 0,4 % erreicht sie im August ihr Maximum. In den Vormonaten ab April und auch in den beiden ersten Herbstmonaten ist im Mittel mit 0,1 bis 0,3 % Auftrittshäufigkeit zu rechnen.

Im Bereich des Rigaer Meerbusens liegt die Häufigkeit von Gewittern wesentlich höher: Im Juli und August werden dort – wie in keinem anderen See-

	Jan	Feb	Mär	Apr	Mai	Jun	Jul	Aug	Sep	Okt	Nov	Dez	Jahr
Klapeida													
Tmax	0,2	−0,3	3,2	8,7	15,1	18,4	19,9	**20,1**	16,4	11,5	6,1	2,3	10,1
Tmin	−5,2*	−4,9	−2,1	2,0	6,9	10,9	13,6	13,6	10,2	6,4	1,7	−2,5	4,2
RR-Menge	48	29*	39	35	38	58	73	81	86	83	87	**89**	703
RR-Tage	19	15	15	12	11*	11*	13	14	16	17	19	**20**	196
Riga													
Tmax	−2,2	−1,5	3,0	9,7	15,9	20,2	**21,5**	20,8	16,3	16,3	4,2	0,0	9,9
Tmin	−7,2	−7,3*	−4,0	1,1	6,4	10,3	12,3	11,9	8,2	8,2	−0,2	−5,2	2,5
Sonne	1,2	2,2	4,5	6,6	8,6	**9,4**	8,9	7,6	5,5	5,5	1,2	0,8*	5,0
RR-Menge	63	33	24*	30	39	43	59	78	**78**	75	59	60	642
RR-Tage	19	18	16	13	13	11*	12	17	16	19	19	**21**	194
Ristna													
Tmax	−0,5	−1,1	1,1	5,7	11,7	16,6	**18,9**	18,5	14,5	9,9	5,3	1,9	8,6
Tmin	−4,7	−5,4*	−3,4	0,4	4,9	10,2	13,4	13,3	9,7	6,0	1,6	−2,1	3,7
Sonne	0,9	2,1	4,0	6,2	9,2	**10,5**	9,5	7,8	5,3	3,2	1,2	0,7*	5,1
RR-Menge	47	35	33	33	35	32*	57	65	69	68	**78**	65	618
RR-Tage	18	15	15	13	11	9*	11	14	17	17	**21**	21	181
Stockholm													
Tmax	−0,8	−0,6	3,3	8,9	15,7	20,6	**21,7**	20,6	15,5	10,2	4,5	1,0	10,1
Tmin	−6,6	−6,9*	−3,9	0,0	5,3	10,0	12,2	11,5	7,8	4,0	−0,6	−4,7	2,4
Sonne	1,3	2,6	4,4	6,2	8,9	**9,7**	8,4	7,1	5,1	3,2	1,8	1,1*	5,0
RR-Menge	33	24*	25	30	29	48	**66**	66	50	49	52	42	514
RR-Tage	17	14	13	11	10*	11	14	13	14	13	17	**17**	164
Visby													
Tmax	0,7	0,3	3,1	8,0	14,3	18,9	**20,3**	19,7	15,4	10,7	5,7	2,5	10,0
Tmin	−3,4	−4,3*	−2,8	0,5	5,1	9,6	12,3	12,2	9,0	5,5	1,7	−1,6	3,7
Sonne	1,2	2,1	4,1	6,0	8,4	**9,5**	9,1	7,9	6,1	3,3	1,4	0,9*	5,0
RR-Menge	48	28*	32	29	29	31	50	50	**59**	50	57	51	517
RR-Tage	19	14	14	11	10	9*	11	12	14	14	**19**	18	166

Tabelle 30: Monats- und Jahresmittel und -summen einiger Klimaelemente für 5 Küsten- und Inselstationen der zentralen Ostsee

gebiet – jeweils 1,5 % erreicht. Über Land ist in diesen beiden Sommermonaten die Gewitterhäufigkeit ebenfalls hoch. Im vieljährigen Mittel muß in Riga mit 4 bis 5 Gewittertagen gerechnet werden.

Weitere Einzelheiten zu den klimatischen Bedingungen an den Küsten und auf den Inseln des Seegebietes können Tabelle 30 entnommen werden.

Finnischer Meerbusen

Stichworte: Witterung trägt überwiegend kontinentale Züge: strenge bis sehr strenge Winter mit Vereisung der Gewässer, spätes und nebelreiches Frühjahr, relativ kurzer, aber meist beständiger Sommer mit allmählichem Übergang zu einem ruhigen, heiteren Frühherbst, ab November beginnt meist schon der Winter.

Wetter und Witterung

Der Finnische Meerbusen steht bereits überwiegend unter dem Einfluß der meteorologischen Verhältnisse der russischen Landmasse. Besonders in der kalten Jahreszeit liegt dieser östlichste Teil der Ostsee vorwiegend im Bereich kontinental-arktischer Luftmassen, die mit östlichen Winden aus dem westwärts vorstoßenden russischen Hoch herangeführt werden und manchmal sogar bis nach Westeuropa vordringen. Oftmals baut sich ein selbständiges Hoch über Nordeuropa auf, so daß auch die Witterung über ganz Skandinavien völlig kontinentale Züge aufweist. Die beschriebene Großwetterlage Hoch Nordmeer-Fennoskandien ist ein typisches Beispiel für eine Wetterlage, bei der im breiten Strom polar-kontinentale Luftmassen über die Ostsee und ihre angrenzenden Länder einfließen können.

Damit sind die Winter, insbesondere nach der Vereisung des Bottnischen Meerbusens, oft sehr streng und das Frühjahr setzt spät ein. Im Sommer zeigt sich hingegen im allgemeinen heiteres und trockenes Wetter von längerer Dauer. Der Einfluß warmer, kontinentaler Luftmassen bewirkt geringe Bewölkung, starke Einstrahlung, schwache Winde und ein relativ hohes Temperaturniveau. Bei ruhigem Wetter sind starke Luftspiegelungen häufig auftretende Erscheinungen. Beim Durchzug von Störungen stellen sich kühle Witterungsabschnitte mit starker Bewölkung und Regen, Regenschauern und Gewittern ein.

Wind

In den Abbildungen 67 und 68 sind die Windrichtungsverteilungen in Form von Windsternen für den West- und Ostteil des Finnischen Meerbusens dargestellt. Infolge der west-östlichen Erstreckung dieses Seegebietes sind die Häufigkeiten sowohl der westlichen als auch der östlichen Winde gegenüber der offenen Ostsee deutlich erhöht. Das gilt insbesondere für das Frühjahr und den Sommer. Im Winter dominieren im vieljährigen Durchschnitt die Winde aus dem Sektor Südost bis Südwest, und im Herbst verlagert sich das Häufigkeitsmaximum auf die Richtungen Süd und Südwest. Dann haben Nordost- und Ostwinde ein Minimum.

Die Windsterne von Mai und August deuten schon an, daß der Wind verhältnismäßig unbeständig ist. Im Jahresmittel beträgt die Beständigkeit nur etwas mehr als 20 %. In den Passatgebieten liegt sie bei 90 %. Am geringsten ist sie im Frühjahr, wo sie auf Werte um 10 % absinkt. Im Sommer nimmt sie Beträge um 25 % an, und mit etwas über 30 % sind die Winde im Oktober und November verhältnismäßig beständig.

Gegenüber dem Bottnischen ist im Finnischen Meerbusen das Jahresmittel der Windgeschwindigkeit um fast 2 Knoten erhöht. Im Jahresverlauf sind die niedrigsten Geschwindigkeiten mit 10 bis 12 Knoten zwischen Mai und Juli und die höchsten um 17 bis 18 kn im November und Dezember zu erwarten. Aufschluß über die Häufigkeiten verschiedener Windstärkegruppen gibt, ne-

Windstärke	Gebiet	Jan	Feb	Mär	Apr	Mai	Jun	Jul	Aug	Sep	Okt	Nov	Dez	Jahr
Schwerer Sturm (10–12 Bft)	W	0,1	0,1	0,1	0,0	-	-	-	-	0,0	0,0	0,1	0,1	0,1
	E	0,0	0,0	-	-	-	-	-	-	0,0	-	0,0	0,0	0,0
Sturm (8 und 9 Bft)		1,9	1,2	1,0	0,5	0,1	0,1*	0,2	0,5	1,0	1,6	2,3	2,7	1,1
Starkwind (6 und 7 Bft)	W	18,7	14,8	14,0	8,6	5,7	5,6*	7,0	8,6	13,3	16,8	23,4	22,2	13,2
	E	16,4	11,6	8,7	5,4	3,5	3,3*	3,5	5,8	9,7	13,5	18,4	20,6	10,0
Mäßiger Wind (4 und 5 Bft)		46	45	43	40	35	35*	37	40	44	46	46	47	41,9
Schwachwind (1 bis 3 Bft)		31	39	41	48	55	54	52	52	38	37	28	26*	41,7
Windstille (0 Bft)		1,7*	2,9	3,5	6,5	8,6	7,2	5,6	4,1	2,9	2,8	1,8	2,1	4,1

Tabelle 31: Häufigkeit von Windstärkegruppen in % über dem Finnischen Meerbusen (W: Westteil, E: Ostteil)

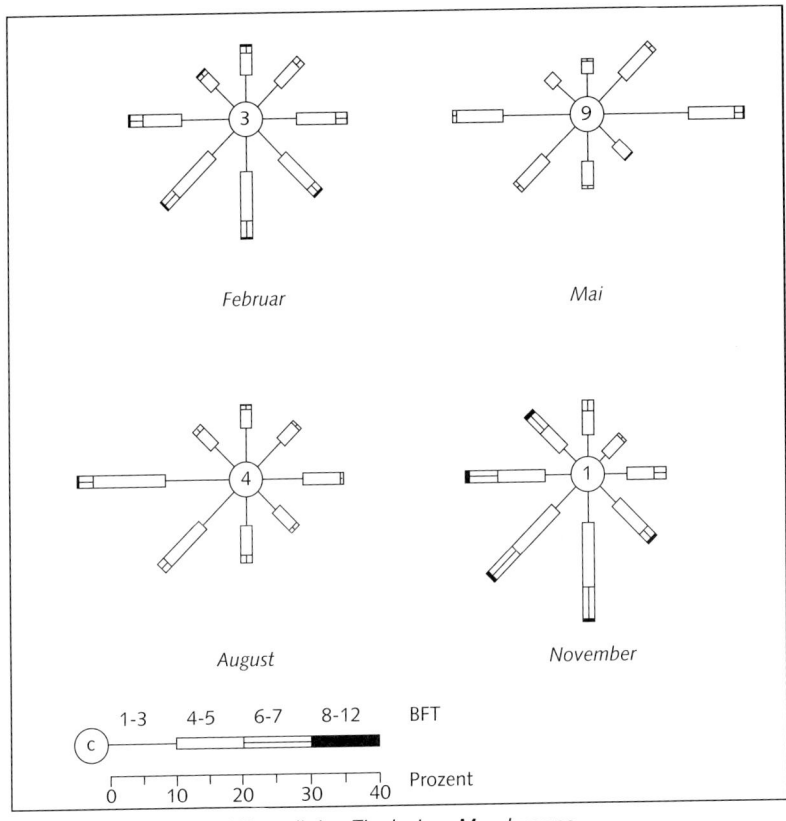

Februar

Mai

August

November

1-3 4-5 6-7 8-12   BFT

c

Prozent

0   10   20   30   40

67 Windsterne für den Westteil des Finnischen Meerbusens.

ben den Windsternen, Tab. 31. Schwachwind (1 bis 3 Bft) und mäßiger Wind (4 und 5 Bft) sind mit nahezu gleich großen Anteilen im Jahresdurchschnitt die beiden häufigsten Gruppen und machen zusammen fast 84 % aus. Allerdings unterscheiden sie sich im Jahresverlauf deutlich voneinander: Bei Schwachwind beträgt die Schwankungsbreite zwischen Maximum (Mai mit 55 %) und Minimum (Dezember mit 26 %) fast 30 %, beim mäßigen Wind

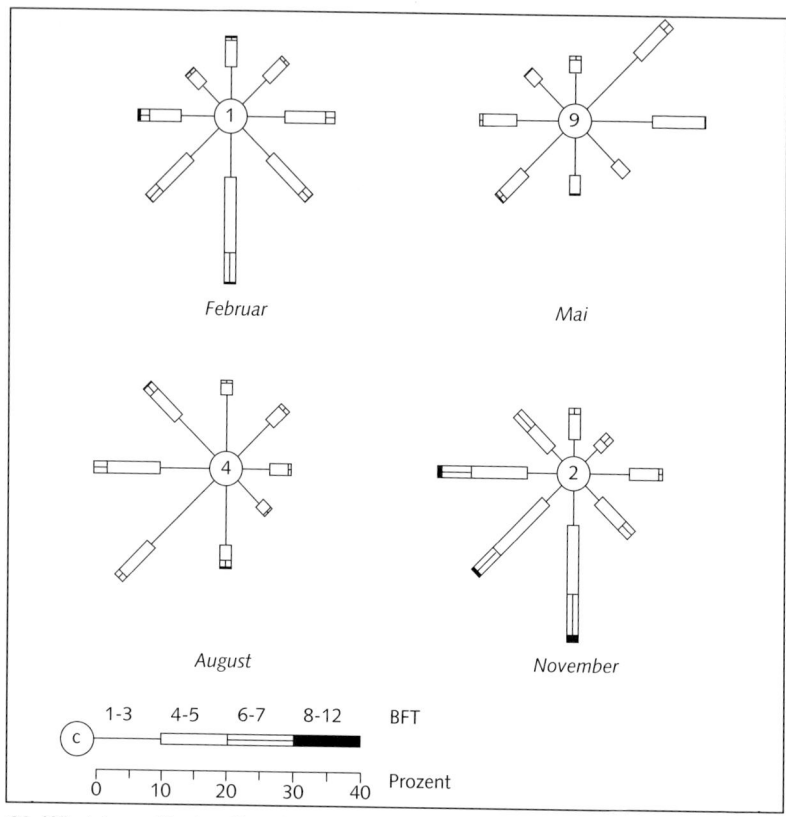

68 Windsterne für den Ostteil des Finnischen Meerbusens.

sind es nur 12 % (Maximum im Dezember mit 47 %, Minimum im Mai und Juni jeweils 35 %).

Starkwind (6 und 7 Bft) tritt im Ostteil des Finnischen Meerbusens seltener auf als im Westteil. Liegen die Häufigkeitsprozente etwa östlich von 027°E im Jahresdurchschnitt bei 10 %, mit dem Maximum von etwas mehr als 20 % im Dezember, und einem von Mai bis Juli andauernden Minimum von 3 bis 4 %, so ist im Westteil das Maximum von 23,5 % bereits im November zu erwarten, und zur Zeit des Minimums im Mai und Juni sinkt die Starkwind-Häufigkeit nicht unter 5 %.

Sturm (8 und 9 Bft) kann in jedem Monat auftreten, von April bis August jedoch nur selten. Dann liegt die Häufigkeit lediglich zwischen 0,1 und 0,5 %. Am häufigsten sind Stürme zwischen November und Januar. Während dieser Zeit können 2 bis 3 % aller Winde Sturmstärke erreichen.

Von schweren Stürmen und Orkan (10 bis 12 Bft) bleibt der Finnische Meerbusen nahezu verschont.

In den küstennahen Gewässern und in Küstenorten, besonders wenn diese an stark gegliederten Küsten liegen, können deutliche Abweichungen von der großräumigen Luftströmung auftreten. Der Finnische Meerbusen gehört zu jenen Seegebieten, die eine sehr differenziert gestaltete Küste aufweisen. Seine Nordseite ist durch mehrere weit nach Süden ragende Halbinseln und fördeartige Buchten geprägt, und an der Nordseite finden sich an mehreren Stellen Steilufer, aber auch Untiefen und flache Inseln. Für die Städte Helsinki – im zentralen Teil des Finnischen Meerbusens gelegen – und St. Petersburg im äußersten Osten sind in Tab. 32 die mittleren Häufigkeiten der Windstärkegruppen gegenübergestellt. Deutlich ist zu erkennen, wie sich entsprechend den Umgebungsbedingungen, aber auch hinsichtlich der Lage

Bft	Jan	Feb	Mär	Apr	Mai	Jun	Jul	Aug	Sep	Okt	Nov	Dez	Jahr
St. Petersburg													
10–12	–	–	–	–	–	–	–	–	–	–	–	–	–
8– 9	–	–	–	–	–	–	–	–	–	–	–	–	–
6– 7	0,4	0,2	0,2	0,2	0,3	0,3	0,0	–	0,3	0,2	**0,8**	0,3	0,3
4– 5	**12**	9	8	8	7	6	4*	4	6	10	12	10	8,0
1– 3	84	85	**87**	84	84	85	86	86	83*	85	84	86	84,8
0	4	6	5	8	9	9	10	10	**10**	5	3*	4	6,9
Helsinki													
10–12	–	–	–	–	–	–	–	–	–	–	–	–	–
8– 9	–	–	–	–	–	–	–	–	–	–	–	–	–
6– 7	0,9	0,5	0,5	0,2	0,2	0,2	–	0,1	0,1	0,3	**1**	0,7	0,4
4– 5	25	22	22	21	21	18	13*	14	16	22	26	**28**	20,6
1– 3	72	75	76	76	76	79	**83**	82	81	76	71	69*	76,1
0	2*	3	2	3	3	3	4	**4**	3	2	2*	3	2,8

Tab. 32: Mittlere monatliche und jährliche Häufigkeit von Windstärkegruppen in % für zwei Küstenstationen im Bereich des Finnischen Meerbusens

der Orte im Seegebiet, die Anteile in den einzelnen Stärkegruppen sowohl in den Einzelmonaten als auch im Jahresdurchschnitt verschieben können.

Seegang

Im Finnischen Meerbusen nehmen die Wellenhöhen vom Eingang bis zum Ende stetig ab. Im Winter, wenn eigentlich verhältnismäßig hohe Wellen auftreten, sind gewöhnlich weite Teile zugefroren, so daß die mittleren Wellenhöhen dann gegen Null gehen. Zumindest wird die Windwirkstrecke herabgesetzt. Letztere ist im Finnischen Meerbusen wegen der nahezu breitenkreisparallelen Erstreckung des Seegebietes bei westlichen und östlichen Winden am größten.

In der eisfreien Zeit betragen die größten kennzeichnenden Wellenhöhen der Windsee im Westteil ungefähr 5 m, und im Ostteil erreichen sie nur gut 4 m. Solche Wellenhöhen kommen meist im Spätherbst und Frühwinter beim Vorüberzug kräftiger Sturmtiefs vor (siehe Wetterlagen).

Wenn die Dünung von Westen her in den Meerbusen hinein läuft, wird sie rasch niedriger, so daß ihre größten Höhen im östlichen Teil etwa bei 3 m liegen.

Die Betrachtung der Häufigkeit von Seegangsstufen zeigt, daß die ruhige See (Wellenhöhen ≤ 0,7 m) charakteristisch für das Seegebiet ist. Im Jahresdurchschnitt liegen im Westteil über 50 % und im Ostteil über zwei Drittel aller Wellenhöhen im Intervall zwischen 0,0 und 0,7 m. Überdurchschnittlich hoch sind die Häufigkeiten im Frühjahr und Sommer. Mäßig bewegte See (0,8 bis 1,7 m) ist die Stufe mit der zweitgrößten Häufigkeit: Etwa ein Drittel aller Wellen im Westteil und ca. ein Viertel im Ostteil fallen in diese Kategorie, besonders im Herbst und Winter.

Eine grobe See (1,8 bis 3,2 m) ist gleichfalls im Herbst und Winter recht häufig. Das Maximum findet man im November und Dezember mit 20 bis 25 % im Westteil und 10 bis 15 % im Ostteil. Im inneren Bereich des Seegebietes macht sich jedoch die in den meisten Wintern geschlossene Eisdecke bemerkbar.

Als regionale Seegangs-, Dünungs- und Brandungseffekte sind entsprechend [24] auszugsweise hervorzuheben: In Tallinn Laht, dem Fahrwasser nach Tallinn, steht bei östlichen Winden und starkem Seegang an der Ostküste der vor der Bucht liegenden Insel Naissar eine hohe Brandung. Da die Reede von Tallinn nach Nordwesten und Norden windoffen ist, stehen bei starken bis stürmischen Winden aus diesen Richtungen besonders im Herbst dort und vor der Hafeneinfahrt hoher Seegang und Dünung. Auch die Reede von Narva ist bei West- und Nordwind starkem Seegang ausgesetzt.

Strömung und Wasserstand

Richtung und Stärke der Strömung sind in erster Linie vom Wind abhängig: Stärkere Südwest- und Westwinde verursachen eine östliche Strömung, bei entgegengesetzten Windrichtungen setzt der Strom nach Westen. Flaut der Wind ab, fluten die aufgestauten Wassermassen zurück und erzeugen eine Gefälleströmung.

Obwohl die durchschnittlichen Strömungsgeschwindigkeiten in dieser Region im allgemeinen gering sind, verdienen sie aber insofern besondere Beachtung, als sie sehr starken und plötzlichen Schwankungen unterworfen sind.

Bei schwachwindigen Wetterlagen liegen sie bei 0,1 bis 0,2 sm/h, bei starkem und steifem Wind können jedoch 0,4 bis 0,5 sm/h erreicht werden. In Gefälleströmungen muß mit höheren Geschwindigkeiten gerechnet werden; dann sind auch bei ruhigem Wetter 0,5 bis 1,0 sm/h möglich.

Eine Eigenheit des Finnischen Meerbusens, der am stärksten von den Eigenschwingungen der Ostsee betroffen wird, bedarf noch der Erwähnung: Beim plötzlichen Zusammenbrechen eines Sturmes, besonders aus Westsüdwest, besteht die Gefahr einer starken rückläufigen – also gegen den Wind setzenden – Gefälleströmung, die unmittelbar nach dem Überschreiten der höchsten Windgeschwindigkeit einsetzt und um so kräftiger ist, je rascher der Sturm abflaut. Je nach Neigung der Meeresoberfläche sind schon Extremwerte der oberflächennahen Strömungsgeschwindigkeit von 4 sm/h erreicht worden.

Auf einige weitere regionale Strömungsverhältnisse, die auszugsweise [24] entnommen sind, soll noch hingewiesen werden. So macht sich im Soëla väin, dem Sund zwischen den Inseln Saaremaa und Hiiumaa am südwestlichen Eingang zum Finnischen Meerbusen, auch bei ruhigem Wetter die Strömung deutlich bemerkbar. Bei Südwest- bis Nordwestwinden läuft eine starke Strömung ostwärts mit Geschwindigkeiten bis zu 4 sm/h. In Narva Laht, der weiten Bucht vor Narva, ist die Strömung meist nicht von Bedeutung, dafür kann aber plötzlich eine starke Gefälleströmung bis zu 1,5 sm/h behindernd wirken. Auch im Seegebiet zwischen Gogland und Surupi muß nach starken südwestlichen Winden mit einer nach Südwesten gerichteten Gefälleströmung gerechnet werden, die bisweilen erheblich sein kann. Schließlich läuft auch in den Gewässern um Kronstadt bei westlichen Stürmen eine starke Strömung bis zu 3 sm/h. Sie ist so gerichtet, daß sie südlich von Kronstadt in die Neva-Bucht hinein und nördlich der Insel aus der Bucht heraus läuft, allerdings mit geringeren Geschwindigkeiten (0,5 bis 1,5 sm/h).

Die Wasserstandsschwankungen nehmen entlang der Küste von West nach Ost zu. Südwest- und Westwinde führen gewöhnlich zu einer Erhöhung, Nordost- und Ostwinde zu einer Absenkung des Wasserstandes. Stürmische Winde aus westlichen Richtungen können im Westteil des Finnischen Meerbusens Erhöhungen bis zu 0,7 m, im Ostteil – und hier speziell in der Kronstadt- und Vyborg-Bucht im Herbst und Winter – bis zu 1,5 m und mehr gegenüber dem mittleren Wasserstand bewirken. Besonders extreme Hochwasser mit 2,5 bis 3,5 m über Pegelnull treten sehr selten auf.

Sicht und Nebel

Wie die Tabelle 33 zeigt, ist die Sicht über See im Finnischen Meerbusen zu drei Viertel aller Fälle gut oder sehr gut ($\geq$ 10 km). Der Landeinfluß bewirkt, daß gute Sichten am häufigsten im Sommer, am seltensten im Winter auftreten. Mittlere Sicht (4 bis 10 km, in der Tabelle nicht aufgeführt) tritt im Jahresmittel zu etwa 12 % auf. Ein Jahresgang ist kaum vorhanden. Dunst (1 bis 4 km) kommt im Jahresmittel zu 7 %, Nebel (Sicht weniger als 1 km) zu 4 % vor. Der nebelreichste Monat ist der März. Dann tritt meist Kaltwassernebel, eine typische Seenebelform, auf.

Die Nebelhäufigkeit über See stimmt im allgemeinen gut mit der der angrenzenden Küstenorte überein. Die mittlere Anzahl der Nebeltage schwankt zwischen 50 bis 55 im Westteil des Finnischen Meerbusens und 40 bis 45 im Ostteil. Im nebelreichsten Monat März muß im allgemeinen mit 5 bis 7 Ne-

Sichtstufe	Jan	Feb	Mär	Apr	Mai	Jun	Jul	Aug	Sep	Okt	Nov	Dez	Jahr
Gut und sehr gut (≥ 10 km)	68	60*	63	73	80	86	**87**	84	81	78	76	73	76
Dunst (1 bis 3,9 km)	12,0	**12,8**	11,1	7,5	4,4	2,7*	2,4	3,1	4,1	5,2	7,0	9,8	6,9
Nebel (< 1,0 km)	5,0	6,9	**10,5**	6,4	3,6	1,7	1,2*	2,0	2,4	3,0	2,7	4,1	4,1

Tab. 33: Mittlere monatliche und jährliche Häufigkeit von Sichtstufen in % im Finnischen Meerbusen

beltagen gerechnet werden, sonst zwischen 4 und 6 von September bis April. In dieser Zeit zeichnen sich die Nebel durch besondere Intensität und lange Dauer aus. Meist entsteht der Nebel in den frühen Morgenstunden, und er ist über große Gebiete verbreitet.

An der Nordseite des Finnischen Meerbusens mit dem der Küste vorgelagerten Schärengürtel kann die Nebelgrenze bei ruhigem Wetter ziemlich scharf dem Rand des Schärengürtels folgen. Bei Landnebel kann man dann auf See relativ gute Sicht erwarten. Oft bildet sich dieser Nebel zu einer niedrigen Wolkendecke um, die hohe Küstenteile, Leuchttürme, Schornsteine u. a. verhüllt. Bei Seenebel sind mitunter im inneren Schärengebiet gute Sichtverhältnisse anzutreffen. Der nebelärmste Monat mit 1 bis 2 Nebeltagen ist an den Küsten der Juni, über See hat erst der Juli die geringste Nebelhäufigkeit (siehe Tabelle 33).

Temperatur, Bewölkung, Sonnenschein und Niederschlag

Obwohl die Witterung des Finnischen Meerbusens überwiegend kontinentale Züge trägt – der Ostteil stärker als der Westteil –, können diese sowohl innerhalb eines Jahres als auch von Jahr zu Jahr unterschiedlich stark ausgeprägt sein. Grundsätzlich treten jedoch die jahreszeitlichen Gegensätze in allen Klimaelementen deutlich in Erscheinung.

Über dem Westteil des Seegebietes besitzt die **Lufttemperatur** bei einem Jahresmittel von 6 °C eine mittlere jährliche Schwankungsbreite von etwa 19,6 °C. In Abbildung 69 sind die Jahresgänge von Luft- und Wassertemperatur (letztere ohne die Monate Januar bis März wegen häufiger Vereisung)

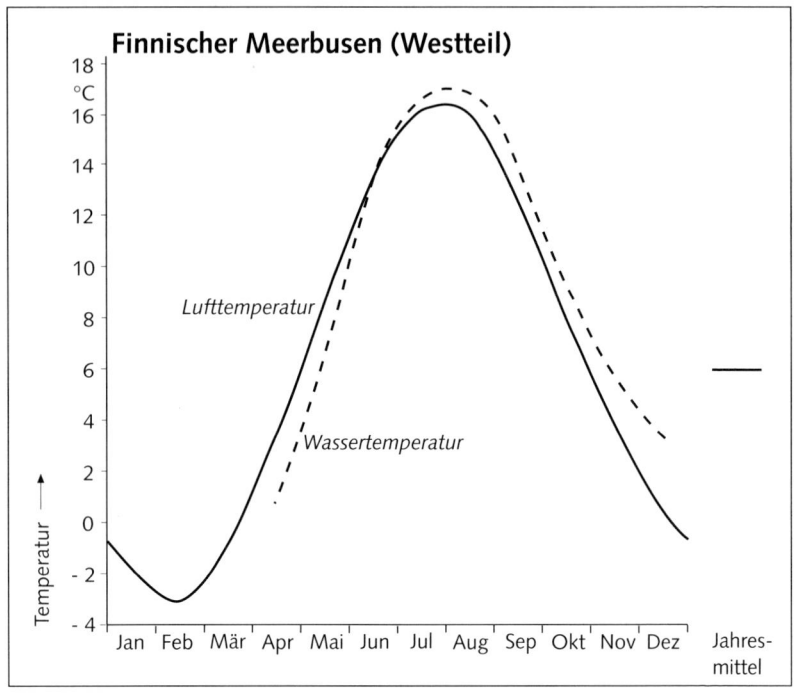

69 *Monats- und Jahresmittel der Luft- (ausgezogene Linie) und Wassertemperatur (gestrichelte Linie) über dem Westteil des Finnischen Meerbusens.*

für den Westteil des Finnischen Meerbusens dargestellt. Im Ostteil sind die Verhältnisse ähnlich. Bei einem um etwa 0,5 °C geringerem Jahresmittel, infolge niedrigerer Temperaturen im Winter, ist dort die Differenz zwischen dem kältesten und wärmsten Monat gleich groß.

Bei der großen Schwankungsbreite der Temperatur müssen auch die Jahreszeiten-Mittel weit auseinander liegen. Dem Wintermittel (Dezember bis Februar) von −1,4 °C stehen für Juni bis August (Sommermittel) 15,4 °C gegenüber. Das späte kalte Frühjahr bringt es nur auf 3,8 °C Mitteltemperatur, während der Herbst mit durchschnittlich 8,2 °C größtenteils noch wohltemperiert ist.

Der **Bedeckungsgrad** des Himmels mit Wolken hat im Finnischen Meerbusen von allen Seegebieten der Ostsee den ausgeprägtesten Jahresgang: Dem bewölkungsärmsten Monat Juni mit durchschnittlich 4/8 Himmelsbedeckung, wobei Mai und Juli nur wenig von diesem Wert entfernt sind, folgt ein halbes Jahr später das Maximum der Bedeckung mit knapp 7/8. Dann liegt auch die **Sonnenscheindauer** im untersten Wertebereich. In Abhängigkeit von den örtlichen Standortbedingungen, die zur Horizontabschirmung bei der tief stehenden Sonne führen können, ist nur mit 0,3 bis knapp einer Stunde Sonnenschein pro Tag zu rechnen. Zur Zeit des Sonnenhöchststandes im Juni sind es 9 bis 10 Stunden täglich (vgl. Tabelle 34).

Deutliche jahreszeitliche Gegensätze zeigt auch die **Niederschlagshäufigkeit.** Von Ende April bis Anfang September liegt sie generell unter 6 %, im Juni nur bei 4 %. Demgegenüber muß man ab November und bis zum März durchgehend Häufigkeiten zwischen 10 und 15 % erwarten. Dann fällt auch

	Jan	Feb	Mär	Apr	Mai	Jun	Jul	Aug	Sep	Okt	Nov	Dez	Jahr
Tallin													
Tmax	−2,7	−2,9	1,1	7,4	14,7	19,0	**20,8**	19,4	14,6	9,3	3,4	−0,5	8,6
Tmin	−8,3	−9,0*	−5,2	−0,1	5,1	9,8	12,1	11,6	7,8	3,5	−1,1	−5,5	1,7
Sonne	1,1	2,2	4,4	6,1	8,7	**9,8**	9,5	8,1	5,1	2,5	1,0	0,6*	4,9
RR-Menge	45	27	27*	35	36	49	73	78	**80**	69	67	54	640
RR-Tage	19	14	14	12	10*	11	14	14	16	16	19	**21**	181
Helsinki													
Tmax	−4,1	−3,7	0,6	7,2	15,2	20,0	**21,3**	19,6	13,9	8,3	2,4	−1,5	8,3
Tmin	−10,3*	−10,3*	−6,6	−1,1	4,4	9,3	11,5	10,7	6,3	2,3	−2,5	−7,3	0,6
Sonne	1,3	2,6	4,2	6,0	8,09	**9,9**	8,9	7,2	4,5	2,9	1,2	0,9*	4,9
RR-Menge	41	31*	34	37	35	44	73	**80**	73	73	72	58	648
RR-Tage	23	18	16	13	11*	12	14	16	17	18	22	**23**	204
St. Petersburg													
Tmax	−5,1	−4,1	1,1	8,1	15,6	20,1	**21,3**	20,1	14,5	8,2	2,0	−2,3	8,3
Tmin	−10,7*	−9,6	−5,2	0,6	6,5	11,4	13,9	12,8	8,1	3,4	−1,9	−6,4	1,8
Sonne	0,5	1,3	3,6	5,5	8,2	**8,9**	8,8	6,8	4,3	2,1	0,7	0,3*	4,3
RR-Menge	38	31*	35	33	38	57	79	**80**	69	66	55	50	630
RR-Tage	19	15	14	11	11*	12	13	14	16	16	19	**21**	180

Tabelle 34: Monats- und Jahresmittel und -summen einiger Klimaelemente für 3 Küstenstationen des Finnischen Meerbusens

mehr als die Hälfte des Gesamtniederschlages in Form von Schnee. Im Januar und Februar bestimmt der Schnee zu 80 bis 90 % den Niederschlag. Die schneefreie Zeit dauert im vieljährigen Durchschnitt nur von Mai bis September.

Einen Überblick über die Monats- und Jahresmittel und -summen einiger Klimaelemente für 3 Küstenstationen des Finnischen Meerbusens vermittelt Tabelle 34.

Bottnischer Meerbusen

Stichworte: Arktische und kontinentale Einflüsse; nur Südwest- oder Nordostwind bringen feucht-maritime Meeresluft, Leewirkung des skandinavischen Gebirges für atlantische Luftmassen. Wolkenarm; sehr kalte und schneereiche Winter, warme und beständige Schönwetterperioden im Sommer; „Nebelloch" Bottenvik.

Wetter und Witterung

Der Bottnische Meerbusen mit Bottenvik, Bottensee und Åland-Inseln nimmt als nördlichster Teil der Ostsee eine Sonderstellung ein. In einigen wichtigen Zügen unterscheidet sich dieses Gebiet klimatisch von anderen Teilen der Ostsee. Sowohl arktische als auch kontinentale Einflüsse wirken sich hier am stärksten aus.

Obwohl das Seegebiet nur etwa 300 km von der Nordmeerküste Norwegens entfernt ist, kann feucht-milde Meeresluft nur mit südwestlichen Winden eindringen. Dabei fällt der wesentlichste Teil der Niederschläge. Bei kräftigen Winden aus West bis Nordwest verhindert die bis teilweise über 2000 m hoch aufragende skandinavische Gebirgsbarriere das Vordringen der feuchtereichen atlantischen Luftmassen. An der Westseite des Gebirges regnet sich die Luft aus (Stau-Niederschläge) und sinkt ausschließend in Lee in Richtung Ostsee nieder und trocknet dabei föhnig aus.

Wie in allen anderen Teilen des Ostseeraumes geht auch im Nordteil der Ostsee unbeständige Witterung mit Tiefdruckgebieten einher. Allerdings ist mit dem Erreichen der finnisch-russischen Region die Bewegungsenergie der Zyklonen gewöhnlich erschöpft, und ihre Alterung schreitet ziemlich rasch voran. Dadurch werden die nordskandinavischen und baltischen Länder meist von den Okklusionen verwirbelter Zyklonen beeinflußt, die in diesem Raum häufig ortsfest werden und sich allmählich auffüllen.

Wegen der Leewirkung des skandinavischen Gebirgszuges treten die in der Rückseitenkaltluft von Zyklonen üblichen Schauer erst dann auf, wenn der Wind aus Nord oder Nordost weht und damit feucht-maritime Luft von der Barentssee heranströmen kann, ohne das hohe Gebirge überschreiten zu müssen. Die Niederschläge, die bei Winden aus dem Sektor Nord bis Nordost fallen, sind meist länger anhaltend und damit auch ergiebig.

Zu größerer Beständigkeit neigt die Witterung sowohl im Sommer als auch im Winter im Bereich fast ortsfester oder nur langsam wandernder Hochdruckgebiete. Die hohe nördliche Breite und die Offenheit gegenüber Winden aus dem Ostsektor beeinflussen die Witterung stark kontinental. So stehen sehr kalten und schneereichen Wintern häufig Perioden von sehr warmem und beständigem Schönwetter im Sommerhalbjahr gegenüber.

Wind

Wie die Windsterne in Abbildung 70 erkennen lassen, sind im Bottnischen Meerbusen Süd, Südwest und Nord die häufigsten Windrichtungen. Im Sommer und Herbst dominieren die Süd- und Südwest-Winde, im Frühjahr hat der Nordwind seine größte Häufigkeit. Diese Richtungsverteilung, bei der entgegengesetzte oder fast entgegengesetzte Richtungen gleich oder ähnlich große Häufigkeiten aufweisen, deutet an, daß die Beständigkeit des Windes nicht besonders hoch sein kann. Tatsächlich liegt sie im Jahresdurchschnitt knapp unter 20 % und ist damit im Vergleich zu allen anderen Seegebieten der Ostsee am geringsten. Besonders niedrig – nur etwas mehr als 10 % – ist sie zwischen Februar und April, und von Juni bis Oktober liegt sie zwischen 20 und 25 %.

Die mittleren Windgeschwindigkeiten und die Häufigkeiten von Starkwind und Sturm sind wegen der geographischen Lage des Bottnischen Meerbu-

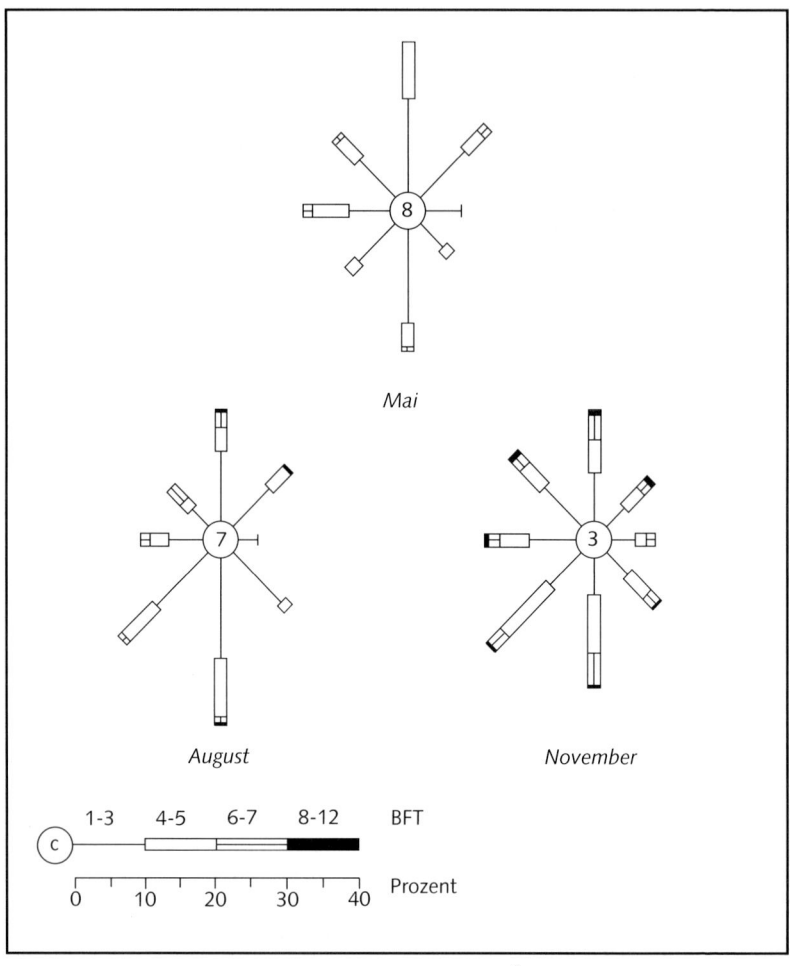

70 Windsterne für das Seegebiet der Bottensee und Åland-Inseln.

sens herabgesetzt. Dabei liegen über der Bottensee im Winterhalbjahr die Geschwindigkeiten im Mittel um 2 bis 4 Knoten höher als über der Bottenvik. Im Sommer verringert sich die Differenz auf 1 bis 2 kn.

Wie in allen anderen Gebieten zeigt die Windgeschwindigkeit im Jahresgang ein Maximum von 16 bis 17 kn in den Monaten November bis Januar. Die niedrigsten Windgeschwindigkeiten von 10 bis 11 kn werden im Mittel in der Zeit von Mai bis Juli angetroffen.

Starkwind (6 bis 7 Bft) mit mehr als 20 % Häufigkeit tritt von November bis Januar, also während des Maximums der Windgeschwindigkeit, auf. Analog dazu liegt von Mai bis Juli, in der Zeit des Geschwindigkeitsminimums, die Häufigkeit unter 5 %.

Mit Ausnahme der Bottenvik und den Monaten Mai bis Juli ist in allen übrigen Monaten mit Sturm ($\geq$ 8 Bft) zu rechnen. Allerdings ist in den Sommermonaten über der Bottensee die Häufigkeit von Sturmereignissen mit 0,5 % sehr gering. Von Oktober bis Januar liegt dort die Häufigkeit für Sturm bei 3 bis 5 %, über der Bottenvik bei 2 bis 3 %.

Schwere Stürme und Orkan (10 bis 12 Bft) können für den Bottnischen Meerbusen so gut wie ausgeschlossen werden.

Zwischen Inseln, an Steilküsten und in Buchten können je nach Windrichtung Düseneffekte auftreten, die eine höhere Windgeschwindigkeit erzeugen als im umliegenden oder vorgelagerten Seegebiet.

Seegang

Im Bereich des Bottnischen Meerbusens treten die niedrigsten Wellenhöhen im Bereich der Åland-Inseln am Botteneingang auf. Södra Kvarken westlich der Åland-Inseln, die Durchfahrt von der zentralen Ostsee zur Bottensee, hat in diesem Bereich von Schären, Klippen und Untiefen noch die größten Wellenhöhen aufzuweisen: von Oktober bis Januar im Mittel um 1,0 m, danach nehmen sie bis Mai allmählich auf 0,5 bis 0,6 m Höhe ab, um danach bis Oktober wieder langsam anzuwachsen.

In der Bottensee selbst werden die höchsten Wellen des gesamten Bottnischen Meerbusens erreicht: im Dezember im Mittel zwischen 1,3 und 1,4 m und von Mai bis Juli als Minima im Jahresgang um 0,7 m.

Im Bereich von Norra Kvarken, der engen Durchfahrt zwischen Bottensee und Bottenvik – sie führt zwischen den Vaasa-Schären auf finnischer Seite und den Umeå-Schären auf schwedischer Seite hindurch – sind die Seegangsverhältnisse denen von Södra Kvarken sehr ähnlich. In der Bottenvik nehmen die Wellenhöhen im allgemeinen wieder zu, ohne jedoch die Beträge zu erreichen, die in der Bottensee herrschen. Hinzu kommt, daß dieser Teil des Meerbusens im Winter, wenn eigentlich verhältnismäßig hohe Wellen auftreten, zufriert, so daß die mittleren Wellenhöhen gegen Null gehen.

Strömung und Wasserstand

Im gesamten Seegebiet ist die Strömung im wesentlichen von geringem Einfluß auf die Schiffahrt. Dies gilt in erster Linie für die finnische Küste von Bottensee und Bottenvik und den schwedischen Küstenabschnitt der Bottensee. Nach [24] sind stärkere Strömungen bis zu 2 sm/h in den Durchfahrten Södra Kvarken, Norra Kvarken sowie im Brämösund zu erwarten. Gerade in dem letztgenannten Fahrwasser zwischen dem schwedischen Festland und der Insel Brämön ist die Strömung oftmals stark und läuft – je nach Windrichtung – entweder nordnordost- oder südsüdostwärts. Diese Abhängigkeit von Windrichtung und -stärke gilt generell für alle Sunde und Buchten und läßt die Strömung damit teilweise unregelmäßig werden. An der schwedischen Küste der Bottenvik ist die Strömung im Sommer meist schwach. Während der übrigen Zeit können jedoch durch den Einfluß von Wind und Oberwasser starke, unregelmäßige Strömungen auftreten, die fast immer Versetzungen zur finnischen Seite hervorrufen. Im nordwestlichen Scheitel der Bottenvik, wo die Küste besonders stark durch Fjorde, Sunde und Buchten gegliedert ist, kann die Strömung zur Zeit der Schneeschmelze im Gebirge und des resultierenden Frühjahrsabflusses für ein bis zwei Monate in der Größenordnung von 1,5 bis 2 sm/h liegen und im Extremfall 3 sm/h erreichen. Diese Fjorde und Buchten sind meist bei südlichen bis östlichen Winden windoffen. Da auch die **Wasserstandsänderungen** windabhängig sind, können am Nordende der Bottenvik bei anhaltenden südlichen Winden Wasserstandserhöhungen bis zu 1,5 m und bei nördlichen Winden Erniedrigungen in der gleichen Größenordnung gegenüber dem mittleren Wasserstand auftreten.

Läßt der Wind nach oder ändert er seine Richtung, kommt es als Ausgleich der Schiefstellung der Wasseroberfläche zu Gefälleströmungen. Bei gleich starkem Wind können die Stromgeschwindigkeiten der Gefälleströmungen örtlich sehr verschieden sein, da der Anstau des Wassers von der Wassertiefe abhängig ist.

Abgesehen von den Extremen, die meist im Frühjahr und Herbst vorkommen, betragen die Wasserstandsänderungen im Bottnischen Meerbusen – bezogen auf den mittleren Wasserstand – etwa ± 0,7 m.

Sicht und Nebel

Im Bereich der Bottensee kann ganzjährig häufig mit guten und sehr guten Sichtbedingungen gerechnet werden. Die Schwankungsbreite zwischen dem Minimum im März (74 %) und dem Häufigkeitsmaximum (87 %) im Juli ist mit 13 % im Vergleich zu den knapp 40 % Schwankung in der Bottenvik recht gering. Im nördlichsten Teil der Ostsee sind vor allem in den ersten fünf Monaten des Jahres gute bis sehr gute Sichtbedingungen erheblich seltener.

Dies ändert sich auch nicht, wenn man die durch Dunst (1,0 bis 3,9 km) oder Nebel (< 1 km) eingeschränkten Sichtweiten betrachtet. Dunst ist in der Bottenvik im Mittel in allen Monaten häufiger anzutreffen als in der Bottensee. Von November bis zum Ende des Frühjahrs sind die Häufigkeiten zum Teil mehr als verdoppelt.

Auch für Nebel liegen die Erwartungswerte im Nordteil des Bottnischen Meerbusens deutlich über denen des Südteils. Mit einer mittleren Jahreshäufigkeit von über 6 % bei einem Minimum von 1 % im Spätsommer und Höchstwerten von 12 bis 13 % im Frühjahr (März, April) ist die Bottenvik das nebelreichste Gebiet der gesamten Ostsee. Tabelle 35 ist zu entnehmen, daß die Nebelhäufigkeit und auch die Eintrittszeiten der höchsten und niedrigsten Werte an den Küstenorten nicht immer mit denen der angrenzenden Seegebiete übereinstimmten. Obwohl die Nebelhäufigkeiten im Bereich der Åland-Inseln etwa denen der Bottensee entsprechen, ist die Zahl der Nebeltage in Maarianhamina und besonders in Turku wesentlich höher als an den beiden Küstenorten Oulu – finnische Seite – und Luleå – schwedische Seite – der nebelreichen Bottenvik.

Ort	Jan	Feb	Mär	Apr	Mai	Jun	Jul	Aug	Sep	Okt	Nov	Dez	Jahr
Maarianhamina	4	4	**7**	6	5	3	4	5	5	5	3*	3	53
Turku	7	7	**7**	6	4	3*	4	6	6	7	6	6	69
Vaasa	3	3	4	2	2	1*	3	5	**5**	4	4	4	41
Oulu	4	3	4	2	2	1*	1	3	4	4	4	5	37
Luleå	4	5	**6**	5	4	3	2*	3	4	5	4	3	48

Tabelle 35: Mittlere monatliche und jährliche Anzahl der Nebeltage an Küsten- und Inselstationen des Bottnischen Meerbusens

Besondere Bedeutung bei der Schiffsführung ist Hochnebel und Landnebel beizumessen, da sie vorhandene Leuchtfeuer und Küstenlinien verhüllen können, während über See gute Sicht herrscht.

Temperatur, Bewölkung, Sonnenschein und Niederschlag

Die durch die Eissaison von Januar bis April bedingte Schiffahrtsruhe führt dazu, daß speziell aus der Bottenvik relativ wenige Schiffsbeobachtungen vorliegen. Dadurch ist auch keine sichere Darstellung des Jahresganges der **Lufttemperatur** über dem Seegebiet für das erste Jahresdrittel möglich. Auf eine entsprechende Abbildung wird deshalb verzichtet.

Im Frühling und Sommer bis etwa Ende August ist die Luft erheblich wärmer als das Wasser. Für die drei Sommermonate resultiert eine mittlere Lufttemperatur von ca. 14,5 °C, während das Jahreszeitenmittel der Wassertemperatur nur etwa 12,5 °C beträgt. Die Abschmelzphase des Meereises und das kalte Schmelzwasser der Flüsse bestimmen über eine lange Zeit die Temperatur des oberflächennahen Wassers.

Im Herbst und Frühwinter ist das Umgekehrte der Fall. Das vorerst noch beträchtlich wärmere Wasser läßt zunächst trotz der allmählich einsetzenden strengen Fröste eine stärkere Eisbildung nicht zu. Die vergleichende Betrachtung der Herbstmitteltemperaturen von Luft (ca. 7,5 °C) und Wasser (etwa 8,5 °C) macht dies deutlich, zeigt aber auch, wie rasch nach dem relativ warmen Sommer der Abfall der Lufttemperatur zum Herbst hin erfolgt.

Die über dem Bottnischen Meerbusen möglichen Extremtemperaturen sind in Tabelle 36 zusammengestellt.

Gebiet	Luft			Wasser				Differenz Luft – Wasser			
	Min	Monat	Max	Monat	Min	Monat	Max	Monat	Min	Monat	Max Monat
A	−30	FEB/MRZ	29	JUL	−0,3	JAN–APR	26	JUL/AUG	−21	FEB	15 JUN
B	−25	JAN	29	JUL	−0,1	DEZ–MAI	19	JUL/AUG	−21	JAN	15 MAI/JUL

Tabelle 36: Extremtemperaturen in °C über dem Gebiet der Åland-Inseln und der Bottensee (A) sowie der Bottenvik (B)

Der Bottnische Meerbusen hat von allen Seegebieten der Ostsee mit nur knapp 5/8 im Jahresdurchschnitt den geringsten **Bedeckungsgrad** des Himmels mit Wolken. Auch in der wolkenreichen Zeit von November bis Februar bleibt der Bedeckungsgrad im Mittel deutlich unter 6/8.

Neben den Bewölkungsverhältnissen und entsprechend der Tageslänge, die im Bottnischen Meerbusen bei geographischen Breiten zwischen 60 und knapp 66°N eine entscheidende Rolle spielt, verläuft auch der Jahresgang der Sonnenscheindauer. Im Juni verzeichnen alle Stationen die größte und

	Jan	Feb	Mär	Apr	Mai	Jun	Jul	Aug	Sep	Okt	Nov	Dez	Jahr
Maarianhamina													
Tmax	−1,0	−1,5	1,3	6,1	12,7	17,7	**19,4**	18,5	13,9	9,3	4,5	1,1	8,6
Tmin	−7,1	−8,4*	−5,7	−1,1	3,4	8,3	11,2	10,5	6,9	3,3	−0,6	−4,7	1,4
Sonne	1,1	2,7	4,2	6,4	9,3	**10,5**	9,4	7,6	4,9	3,0	1,6	0,8*	5,1
RR-Menge	37	25*	26	28	27	34	53	**69**	65	56	63	46	530
RR-Tage	**20**	15	14	11	10	10*	12	14	16	16	19	19	175
Vaasa													
Tmax	−4,6	−4,3	0,1	5,7	13,4	18,6	**20,3**	18,4	13,0	7,4	1,5	−2,4	7,3
Tmin	−12,0	−12,2*	−8,2	−2,2	2,9	8,1	10,5	9,4	5,5	1,6	−3,9	−9,4	−0,8
Sonne	0,9	2,6	4,2	6,3	8,9	**10,1**	9,1	7,1	4,4	2,7	1,3	0,7*	4,9
RR-Menge	30	22*	24	26	33	38	58	**68**	62	62	49	39	500
RR-Tage	**22**	16	14	13	11	11*	13	15	17	17	20	20	188
Luleå													
Tmax	−8,0	−7,4	−2,5	3,4	10,4	17,2	**19,6**	17,2	11,5	5,2	−1,3	−5,5	5,0
Tmin	−16,3*	−15,6	−10,8	−4,0	1,7	8,4	11,3	9,7	4,9	−0,2	−7,5	−13,6	−2,6
Sonne	0,6	2,5	4,4	6,4	8,7	**10,5**	9,8	6,9	4,4	2,6	1,1	0,2*	4,8
RR-Menge	40	28*	32	29	33	33	50	**60**	58	50	52	41	506
RR-Tage	16	14	13	10	9*	10	11	13	15	15	**16**	**16**	157

Tabelle 37: Monats- und Jahresmittel und -summen einiger Klimaelemente für 3 Insel- und Küstenstationen des Bottnischen Meerbusens

im Dezember die geringste tägliche Sonnenscheindauer. Besonders kraß ist der Gegensatz zwischen diesen beiden Monaten an den Stationen nahe des Polarkreises. Während in Maarianhamina auf 60°07′N die Sonne im Dezember durchschnittlich noch 0,8 Stunden pro Tag scheint, sind es in Luleå etwa 5 Breitenkreise weiter nördlich (65°33′N) nur noch 0,2 Stunden. Zur Zeit des Sonnenhöchststandes im Juni haben beide Stationen die gleiche mittlere tägliche Sonnenscheindauer von 10,5 Stunden (vgl. Tabelle 37).

Der Bottnische Meerbusen zeichnet sich durch einen ausgeprägten Jahresgang der **Niederschlagshäufigkeit** aus. Von Dezember bis März werden 10 % überschritten. Das Maximum liegt im Januar bei fast 15 %. Dann ist auch die Zahl der Tage mit Niederschlag im allgemeinen am höchsten. Das besagt jedoch nicht, daß dies auch die Monate mit den größten Niederschlagsmengen sind. Genau das Gegenteil ist der Fall: Der meiste Niederschlag fällt im August bei einer vergleichsweise niedrigen Zahl von Niederschlagstagen und mit nur 3 % Niederschlagshäufigkeit. Konvektive Niederschläge im Spätsommer und Frühherbst, ausgelöst und verstärkt durch das vergleichsweise warme Wasser, sind dann besonders ergiebig. Solche Niederschlagsereignisse können gelegentlich maximale Tagessummen von 50 bis 60 mm bewirken. An je 2 bis 4 Tagen in den Monaten Juli und August ist damit zu rechnen, daß Gewitter an Starkniederschlägen beteiligt sind.

Während der kalten Jahreszeit erhöht sich mit zunehmender geographischer Breite auch der Anteil von Schnee am Gesamtniederschlag. Für die Bottenvik liegen zu wenig Daten für eine gesicherte Statistik vor, doch Auswertungen der Wettermeldungen von Luleå zeigen, daß von Januar bis März mehr als 90 % des Niederschlages in fester Form auftreten. Bereits im Oktober fällt etwa ein Viertel des Niederschlages als Schnee, und im April ist es noch gut die Hälfte.

5 Wetterinformationen für die Sportschiffahrt

GMDSS: Weltweites Seenot- und Sicherheitsfunksystem

Seit Ende der achtziger Jahre wurde auf Initiative der Internationalen Seeschiffahrtsorganisation (IMO) ein weltweites Seenot- und Sicherheitsfunksystem unter der Bezeichnung „Global Maritime Distress and Safety System" (GMDSS) entwickelt. Die in Zukunft vorgeschriebene Kommunikationsausrüstung hängt nicht nur wie bisher von der Größe des Schiffes ab, sondern auch vom Fahrtgebiet. Je weiter es von der Küste entfernt ist, desto umfangreicher muß die Kommunikationsanlage sein. Das GMDSS-Netz erlaubt den automatischen Empfang von meteorologischen und nautischen Warnnachrichten, Funkfernschreibsendungen, Telefonie und Satelliten-Kommunikation. Durch Aufnahme entsprechender Ausrüstungsvorschriften in das SOLAS-Übereinkommen (Internationales Übereinkommen zum Schutz des menschlichen Lebens auf See) und die Schiffssicherheitsverordnung (SchSV) wird das GMDSS seit dem 1. Februar 1992 bis zum 1. Februar 1999 für die ausrüstungspflichtige Schiffahrt schrittweise weltweit eingeführt.

Der nicht ausrüstungspflichtigen Schiffahrt wird empfohlen, sich schon jetzt so auszustatten, daß sie am GMDSS teilnehmen und so die hiermit verbundene höhere Sicherheit nutzen kann.

Seewetterberichte und Warnungen

Nach dem internationalen Schiffssicherheitsvertrag sind die beteiligten Staaten verpflichtet, Seewetterberichte zu verbreiten.

Nahezu alle Wetterdienste der Anrainerstaaten von Nord- und Ostsee erstellen daher routinemäßig Wetterberichte für die Schiffahrt.

Seewetterberichte und Warnungen werden im Sprachmodus über Küstenfunkstellen und Rundfunksender verbreitet. Außerdem gibt es spezielle Wetterfunksender, die Fernschreibsendungen ausstrahlen. Auf Betreiben der Weltorganisation für Meteorologie werden Wetterinformationen auch im Rahmen des „International Safety Net" über die Satelliten von INMARSAT verbreitet.

Eine Zusammenstellung sämtlicher weltweiter Wetter- und Eisfunk- sowie Faksimile-Sendungen findet man im Nautischen Funkdienst Band III, den das Bundesamt für Seeschiffahrt und Hydrographie (BSH) herausgibt und monatlich korrigiert [13].

Wetterfunkstellen und Faksimile-Sendungen im Bereich der Nord- und Ostsee sind im Jachtfunkdienst des BSH aufgeführt, der zu Beginn eines Kalenderjahres aktualisiert und gedruckt wird.

Der Deutsche Wetterdienst (DWD) in Hamburg, Geschäftsfeld Seeschiffahrt (Postfach 301190, 20304 Hamburg, Tel. (040) 31 90 88 58, Fax (040) 31 90 88 03, gibt eine Broschüre heraus, die über alle Produkte des DWD für die Schiffahrt informiert. Diese Broschüre kann man gegen Einsendung von Rückporto in Briefmarken (Stand Ende 1996: DM 3,–) bestellen. Die wichtigsten Informationen dieser Broschüre können Sie auch im Internet abrufen (siehe dort).

NAVTEX- Sendungen

NAVTEX ist ein internationaler Funkdienst, der nautische und meteorologische Warnungen sowie wichtige Informationen für die Schiffahrt in englischer Sprache sendet. Für den küstennahen Bereich erfolgt die Ausstrahlung auf der Frequenz 518 kHz.

Die NAVTEX- Informationen umfassen folgende Bereiche:
- Nautische und meteorologische Warnungen
- Eisberichte
- Seenotinformationen
- Seewetterberichte (Vorhersagen)
- Lotsendienstmitteilungen
- DECCA-, LORAN- und OMEGA-Mitteilungen
- Mitteilungen zur Satellitennavigation
- Sonstige Nachrichten für Seefahrer

Die Nachrichten lassen sich automatisch, falls gewünscht auch eine Auswahl, ausdrucken. Sicherheitsrelevante Nachrichten, z. B. Warnungen, werden immer ausgedruckt.
Einzelheiten zu den NAVTEX-Stationen und -Sendungen sind im Nautischen Funkdienst und im Jachtfunkdienst zu finden.

Wetterkarten über Bildfunk

Gemäß internationalem Schiffssicherheitsvertrag werden auch Wetterkarten über Faksimilefunk ausgestrahlt. Neben Analysen und Vorhersagen des Bodendrucks sind u. a. Seegangs- und Eiskarten erhältlich.
Manche Bodenkarten enthalten neben den Isobaren und Fronten auch Verlagerungspfeile der Druckgebilde oder signifikante gefährdende Wetterelemente, wie Sturm und Nebel.

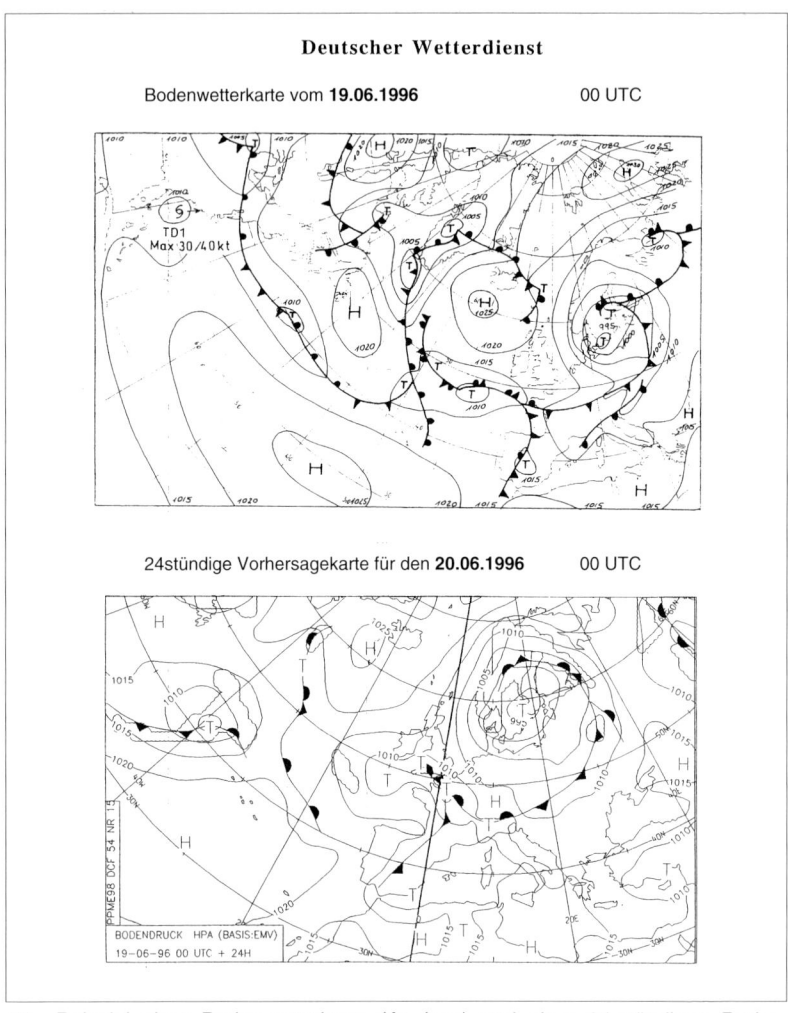

71 *Beispiel einer Bodenwetterkarte (Analyse) und einer 24-stündigen Boden-Vorhersagekarte des Deutschen Wetterdienstes.*

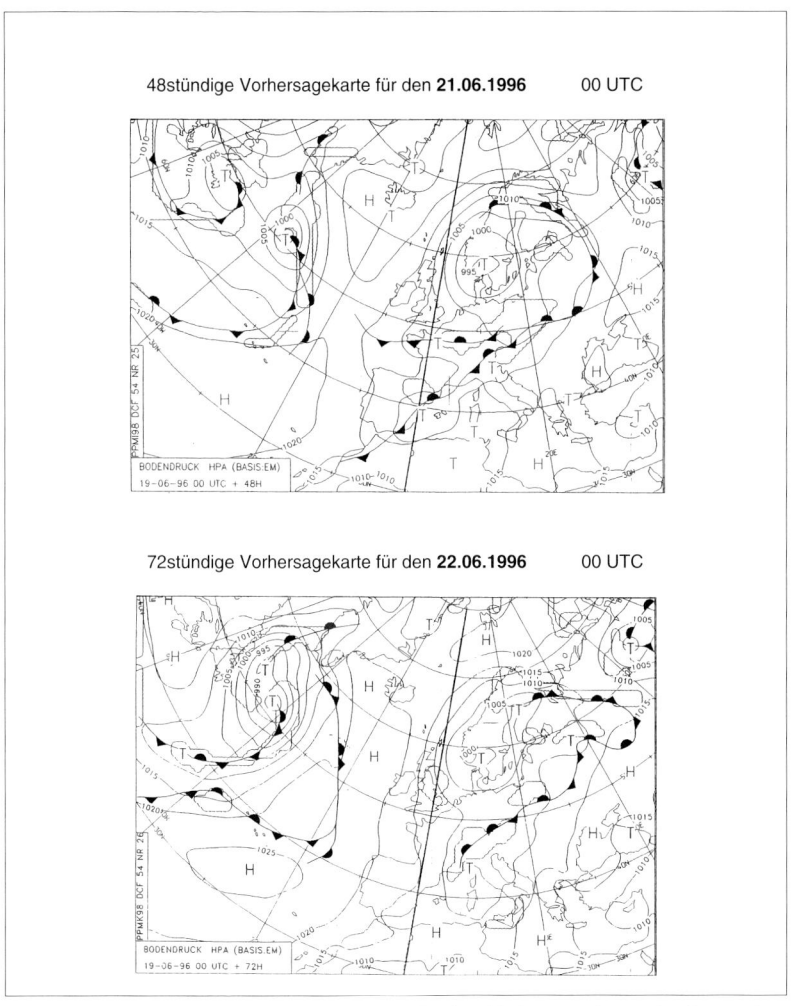

48stündige Vorhersagekarte für den **21.06.1996**   00 UTC

72stündige Vorhersagekarte für den **22.06.1996**   00 UTC

72 Beispiel einer 48- und einer 72stündigen Boden-Vorhersagekarte des Deutschen Wetterdienstes.

Für die Nord- und Ostsee eignen sich neben den Karten des Deutschen Wetterdienstes die von Bracknell (Großbritannien) und Moskau.
Zur Törnplanung erlangen Vorhersagekarten besondere Bedeutung.
Der Deutsche Wetterdienst strahlt über seine Sender bei Pinneberg/Hamburg Bodendruckfelder mit Fronten bis zum 3. Folgetag aus. Als Beispiel sind in Abb. 71 und 72 Vorhersagekarten für die 3 nächsten Nachttermine (00 Uhr UTC) wiedergegeben.
Eine Verbreitung von mittelfristigen Prognosen ist problematisch. Nicht feststellbare unvermeidliche Fehler bei der Analyse des Anfangszustands führen zu Fehlern in der Vorhersage, die mit dem Vorhersagezeitraum anwachsen. Über 5 Tage hinaus nimmt die Genauigkeit der Prognosen stark ab. Außerdem sind die aktuellen Wetterlagen bezüglich ihrer weiteren Entwicklung mal mehr, mal weniger gut berechenbar. Diese Berechenbarkeit, also den Vertrauensgrad der Vorhersage, versuchen die Meteorologen abzuschätzen, indem sie mehrere Computer-Simulationen des Wetterablaufs mit leicht unterschiedlichen Anfangsbedingungen, zum Teil auch mit unterschiedlichen Modellen, vergleichen.
Der für Sportschiffer wichtige Wind wird auf den meisten Vorhersagekarten nicht direkt dargestellt. Auf den britischen Vorhersagekarten kann der reibungsfreie Wind, von den Meteorologen „geostrophischer Wind" genannt, mit einem Zirkel aus dem Isobarenabstand (4 hPa) abgegriffen werden.
Der DWD plottet auf seinen Vorhersagekarten die Isobaren im Abstand von 5 hPa. Der Wind ist umgekehrt proportional zum Isobarenabstand und abhängig von der geographischen Breite (s. Kap. 2).

Das Zeichnen von Bordwetterkarten

Aus selbstgezeichneten Wetterkarten lassen sich in vielen Fällen mehr Informationen, speziell über Wind und Seegang, entnehmen, als in den Seewetterberichten angegeben. Das Anfertigen einer eigenen Wetterkarte führt außerdem zu einer intensiveren Auseinandersetzung mit der Wetterlage. Zusammen mit der eigenen Wetterbeobachtung, die gegenüber dem Wetterlagen- und Herausgabetermin des Seewetterberichts einen zeitlichen Vorsprung hat, ermöglicht das Studium eigener Karten – möglichst über mehrere Sendetermine hinweg – eine genauere Beurteilung der Wetterentwicklung vor Ort.

Für die deutschsprachigen Seewetterberichte, insbesondere die über die Rundfunksender verbreiteten, ist eine Bordwetterkarte (Nr. 9 für den Bereich der Nord- und Ostsee) beim DWD in Hamburg oder im Fachbuchhandel erhältlich.

Eine ausführliche Anleitung zum Zeichnen von Bordwetterkarten nach Seewetterberichten findet sich im Nautischen Funkdienst Band III [13] und in einer speziellen Broschüre des DWD, Geschäftsfeld Seeschiffahrt [30].

Kurzfristige Wetterberichte

Über den Telefonansagedienst der De Te Medien kann man die Seewetterberichte für die am häufigsten befahrenen Gebiete der Nord- und Ostsee abhören. Die Nummern dieser Ansagen sind in den Telefonbüchern aufgeführt. Auch im Internet wird für Sie ein Seewetterbericht des DWD bereitgehalten.

Mittelfristige Seewetterberichte für die Nord- und Ostsee

Über die Rufnummer 01 90-11 69 31 kann man einen mittelfristigen Seewetterbericht abhören, den der Deutsche Wetterdienst täglich mittags aktualisiert. Er enthält die Wetterlage und Entwicklung für die nächsten Tage sowie die Vorhersagen für die gesamte Nord- und Ostsee bis zum 5. Folgetag. Wenn sich die Vorhersagen in einzelnen Bereichen unterscheiden, wird der Bericht gegliedert. Er enthält auch Angaben zu höherem Seegang und Hinweise auf besondere Wetterelemente, wie Nebel oder Gewitter.

Der DWD verbreitet auch im Rahmen seiner Funkfernschreibsendungen einen mittelfristigen Seewetterbericht für die Nord- und Ostsee. Dieser Bericht enthält Zeitreihen von Wind und Seegang für zentrale Positionen in den Teilgebieten der Nord- und Ostsee.

Online Informationen
für die Sportschiffahrt (SEEWIS)

Der Deutsche Wetterdienst in Hamburg bietet ein on-line Seewetterinformationssystem unter dem Namen SEEWIS an. Dieses System ermöglicht den Abruf von aktuellen Wetterdaten über Telefon/Modem und ihre Darstellung auf einem Personal-Computer oder Notebook. Dabei kann sich der Sportschiffer vor Antritt der Reise aus einem umfangreichen Angebot für seine speziellen Bedürfnisse Informationen auswählen und auf Wunsch ausdrucken. Wenn eine Ausrüstung zur Verfügung steht, die eine digitale Datenübertragung gestattet (Satelliten-Telefon, u. U. Mobilfunk), kann eine Aktualisierung auch während der Reise erfolgen.

Der Inhalt umfaßt:

– Aktuelle Wettermeldungen europäischer Küsten- und Seestationen sowie von Schiffen (darstellbar wahlweise in Karten mit graphischen Symbolen oder Klartext)
– Wetterkarten (Analyse- und Vorhersagekarten) mit Isobaren und Fronten
– Satellitenbild
– Wettervorhersagen für die Nord- und Ostsee sowie das Mittelmeer
– Zeitreihen (Punkt/Termin-Vorhersagen) für ausgewählte Orte und Seegebiete (darstellbar wahlweise als Grafik-Symbole, Diagramme oder als Klartext)
– Textvorhersagen (Seewetterberichte)
– Wind- und Sturmwarnungen für die deutsche Nord- und Ostseeküste.

Entsprechend dem Zyklus seiner Modellrechnungen aktualisiert der Deutsche Wetterdienstes zweimal täglich die Vorhersagedaten, alle anderen Informationen häufiger.

Auskünfte über die Gebühren sowie die Nutzungsberechtigung für SEEWIS erhält man durch Anmeldung beim Deutschen Wetterdienst, Geschäftsfeld Seeschiffahrt, Postfach 30 11 90, 20304 Hamburg; Tel. 0 40/31 90 88 52, Fax 0 40/31 90 88 46.

Seewetterberichte über Telefax

Speziell für die Nord- und Ostsee kann man beim DWD in Hamburg einen umfangreichen Berichts- und Wetterkartensatz als Faxabruf abonnieren.
Inhalt:
– Wetterkarte vom gesamten Nordatlantik und Europa
– Wettervorhersagekarten für 1, 2 und 3 Tage im voraus
– Kurz- und mittelfristiger Seewetterbericht
– Aktuelle Wetterdaten von Küstenstationen an der Nord- und Ostsee der letzten 24 Stunden.
Unter der Nummer 01 90/19 25 70 können Sie per Fax einen kurzfristigen Seewetterbericht einschließlich Karten sowie eine mittelfristige Vorhersage für ausgewählte Punkte in der Nord- und Ostsee abrufen.

AOL (American Online)

Der Online-Dienst AOL bietet unter dem Stichwort „wassersportwetter" folgende Beobachtungen und Vorhersagen an, dargestellt in teilweise animierter graphischer Form:
– Stündliche Beobachtungen von Lufttemperatur, Wassertemperatur, Luftdruck, Wind, Böen von ausgewählten Stationen an der deutschen Nordsee- und Ostseeküste sowie vom angrenzenden Binnenland.
– Dreistündliche Beobachtungen (Textform) von Temperatur, Wetter, Wind, Luftdruck von je etwa 50 Stationen rund um Nord- und Ostsee sowie rund ums Mittelmeer.
– Wetterlage und Entwicklung für Nord- und Ostsee, Mitteleuropa sowie das Mittelmeergebiet.
– 30-Stunden-Vorhersagen in Zeitreihenform von Wind, Böen, Seegang ausgewählter Seegebiete längs der deutschen Nordsee- und Ostseeküste (Erneuerung 2mal täglich).
– 5-Tage-Vorhersagen von Wind, Böen und Seegang für Nord- und Ostsee, den Ärmelkanal sowie die angrenzenden nordatlantischen Gebiete und das Mittelmeer.

Unter dem Stichwort „wetter" erhält man weitere Beobachtungen und Vorhersagen aus Deutschland und den weltweiten Reisegebieten.

Informationen über das Internet

Den DWD finden Sie im Internet unter Adresse http://www.dwd.de. Das Geschäftsfeld Seeschiffahrt hat hier (Stand September 1996) die erwähnte Informationsbroschüre gespeichert. Außerdem werden die Warnungen für die deutschen Küsten sowie der kurzfristige Seewetterbericht für die wichtigsten Gebiete der Nord- und Ostsee bereitgestellt.

Törnberatungen

Der Deutsche Wetterdienst, Geschäftsfeld Seeschiffahrt in Hamburg, erstellt auf Anforderung gegen Gebühr weltweit aktuelle Törnberatungen für Segler und Motorbootfahrer.

Zur Törnplanung berechnet der DWD die klimatologisch günstigen Routen mit Hilfe von Häufigkeitsverteilungen des Windes sowie unter Berücksichtigung der Meeresströmungen und Eisberggrenzen, entsprechend der jeweiligen Jahreszeit. Dazu werden für jede Route die Risiken durch Nebel, Sturm und tropische Wirbelstürme benannt.

Sie können individuelle Törnberatungen auf der Grundlage aktueller mittelfristiger Prognosen beim DWD in Hamburg bestellen. Wichtig ist, daß Sie sich rechtzeitig – mindestens 1 Tag vor dem Abruf – zur Törnberatung anmelden. Insbesondere vor Wochenenden und Feiertagen gibt es sonst Engpässe.

Für die Beratung nennen Sie dann Ihre Rechnungsadresse, den Auslaufhafen und Starttermin, sowie den Zielhafen oder das Törngebiet und die Törndauer. Eventuell sollten Sie auch Alternativrouten, z. B. für ungünstige Windverhältnisse, angeben. Falls Sie von unterwegs noch zurückrufen, ist es besser, dies bereits vorher anzukündigen, damit man Ihre Beratungsunterlagen bereithält.

Die Beratungen können sowohl mündlich als auch schriftlich erfolgen. Bei mündlichen Beratungen können Sie gezielt Fragen zur meteorologischen Navigation und zu regionalen Besonderheiten stellen. Bei Bestellung einer schriftlichen Beratung erhalten Sie eine Vorhersage für das von Ihnen genannte Gebiet in der Form eines Seewetterberichts mit der Angabe signifikanter oder auch gefährlicher Wettererscheinungen.

Der Vorhersagezeitraum erstreckt sich maximal auf 5 Tage, wobei die Vorhersagegenauigkeit zwischen etwa 90 Prozent für die ersten 24 Stunden und 70 Prozent für den 5. Folgetag liegt.

Trotz einer individuellen Törnberatung sollte der Skipper aber auf jeden Fall die laufend aktualisierten Seewetterberichte und Warnungen verfolgen. Eine meteorologische individuelle Dauerüberwachung der Törns, wie sie für die Berufsschiffahrt im Rahmen einer Routenberatung praktiziert wird, ist aus organisatorischen Gründen nicht möglich. Sie haben aber die Möglichkeit, während Ihrer Reise beim DWD in Hamburg anzurufen, um sich ein Update der Wetterentwicklung mitteilen zu lassen oder eine aktuelle schriftliche Beratung anzufordern.

Auskünfte über Gebühren erhalten Sie unter der Telefon-Nr. (040) 31 90 88 11 bzw. Fax (0 40) 31 90 88 03. Unter diesen Nummern werden auch die Beratungen entgegengenommen.

Wenn Sie eine Törnberatung per Telefax wünschen, können Sie sich auch spezielle Produkte, wie sie im Rahmen von SEEWIS verfügbar sind, insbesondere Zeitreihen für bestimmte Gebiete oder Vorhersagekarten, übermitteln lassen.

6 Internationales Seewettervokabular

Allgemeine meteorologische Ausdrücke

Deutsch	Englisch	Niederländisch
abnehmend	decreasing	afnemend
an den Küsten	coastal	kust
auffüllend	filling	(op)vullend
Aussichten	outlook	vooruitzichten
bedeckt	overcast	geheel bewolkt
bewölkt	cloudy	bewolkt
Bö	gust	bui
böig	gusty	buiig
dicht	dense	dicht
Druck	pressure	druk
Dünung	swell	deining
Dunst	mist	nevel
einzelne	isolated	verspreid
Entwarnung	cancellation	intrekken van warschuwing
fallend	falling	dalend, vallend
Front	front	front
Gebiet	area	gebied
Gewitter	thunderstorm	onweer
häufig	frequent	veelvuldig
Hagel	hail	hagel
Hoch	high	hogedrukgebied

Hochkeil	ridge or wedge of high pressure	rug van hoge luchtdruk
Isobaren	isobars	isobaren
Küste	coast	kust
Kaltfront	coldfront	koudefront oder koufront
Landwind	off-shore wind	aflandige wind
mäßig	moderate	matig, gematigd
Meer	sea	zee
Nebel	fog	mist
Nebelbank	fog bank	mist bank
Niederschlag	precipitation	neerslag
Nord	north	noorden
Okklusion	occlusion	okklusie
örtlich	local	plaatselijk
Ost	east	oosten
rechtdrehen	veering	ruimend
Regen	rain	regen
Richtung	direction	richting
rückdrehend	backing	krimpend
schlecht	poor	gering, slecht
schnell	quickly	zeer snel
schönes Wetter	fine, fair	mooi
schwach	light, slight	licht, gering, zwak
schwer	heavy	zwaar
Schauer	shower	regenbui
Schnee	snow	sneeuw
Schneeregen	sleet	natte sneeuw
Seewind	on-shore wind	wind van zee
Sprühregen	drizzle	motregen
stark	strong	staerk, krachtig
stationär	stationary	stationair
steigend	rising	rijzend, stijgend
Sturmwarnung	gale-stormwarning	storm warschuwing
Süd	south	zuiden

teilweise	occasional	af en toe
Teiltief	secondary	depressie secundaire
Tief	depression, low	depressie
Tiefdrucktrog	trough	trog, vore van lage druk
veränderlich	variable	veranderlijk
Verschlechterung	veterioration	verslechtering
Vertiefung	deepening	verdiepend
Vorhersage	forecast	verwachting
Warmfront	warmfront	warmtefront
West	west	westen
Wetterbericht	weather report	weerbericht
zeitweilig	intermittent	afwisselend
Zentrum	centre	centrum
zerstreut	scattered	verspreide
ziehen	move	bewegen
zunehmend	increasing	toenemend
zyklonal	cyclonic	cycloonachtig, cyclonisch

Deutsch	Dänisch
abnehmen	aftagen
an den Küsten	kyst
auffüllend	udfyldende
Aussichten	udsigt
bedeckt	overtrukket
bewölkt	overskyet
Bö	vindkast, vinstoed
böig	stormfuld, byget
dicht	taet, tyk
Druck	tryk
Dünung	doenning
Dunst	let tage, tagedis
einzelne	isolere enkelte
Entwarnung	varsel ophoerer
fallend	faldende
Front	front
Gebiet	farvand
Gewitter	tordenvejr
häufig	hyppig
Hagel	hagl
Hoch	anticyklon, hoejtryk
Hochkeil	hoejtrykskile
Isobaren	isobar
Küste	kyst
Kaltfront	koldfront
Landwind	landvind
mäßig	moderat, middlemadig
Meer	soe, hav
Nebel	taage
Nebelbank	taage banke
Niederschlag	nedboer
Nord	nord

Okklusion	okklusion
örtlich	lokal
Ost	oest
rechtdrehend	drejer til hoejre
Regen	regn
Richtung	retning
rückdrehend	venstredrejende
schlecht	ringe
schnell	kvick, hurtigt
schönes Wetter	smukt, klart
schwach	tynd, let
schwer	svaer, kraftig
Schauer	byge
Schnee	sne
Schneeregen	slud, sne og regne
Seewind	soebrise, havbris
Sprühregen	finregn
stark	staerk, kraftig
stationär	stationaer
steigend	stigning
Sturmwarnung	stormvarsel
Süd	syd
teilweise	af og til, ti tider
Teiltief	udloeber
Tief	lavtryk
Tiefdrucktrog	lavtrykudloeber
veränderlich	foranderlig, variabel
Verschlechterung	forvaerring
Vertiefung	uddybende
Vorhersage	vejrforudsigelse
Warmfront	varmfront
West	vest
Wetterbericht	vejrmelding
zeitweilig	intermitternde, tiltider, tidvis

Zentrum	centrum, center
zerstreut	spredt, stro
ziehend	bevaegende
zunehmend	tiltagende, oegende
zyklonal	cyklonisk

Deutsch	Norwegisch	Schwedisch
abnehmen	avta	minska, avta
auffüllen	fylle opp	fylla
Aussichten	vaervarsel	utsikter
bedeckt	overskyet	mulet
bewölkt	skyet	mulet
Bö	vindbye	by
dicht	tett	tät
diesig	disig	disig
Druck, Luftdruck	lufttrykk	lufttryck
Dünung	doenning	dyning
Dunst	dunst, dis	dunst
einzelne	enkelte	enstaka
fallen	falle	sjunka
Front	front	front
Gebiet	gebet, omrade	gebit, omrade
Gewitter	tordenvaer	aska, oväder
gut	god	god
häufig	hyppig	talrik, ofta
Hagel	hagl	hagel
Hochdruckgebiet	hoeytrykksomrade	högtrycksomrade
Hochkeil	hoeytrykksrygg	högtrycksrygg
Isobaren	isobarer	isobar
Küste	kyst	kust
Kaltfront	kaldfront	kallfront
Landwind	landvind	landbris
langsam	langsom	langsam
mäßig	moderat	moderat
Nebel	take	dimma
Nebelbank	takebanke	dimbank
Niederschlag	nedboer	nderbörd
Nieseln	smaregn	duggregn
Nord	nord	nord

Okklusion	okklusjon	ocklusion
örtlich	lokal	lokal
Ost	oesten	ost
Regen	regn	regn
Richtung	retning	riktning
Rücken	rygg	rygg
Rückseite des Tiefs	bakside af lavtrykk	lagtryckets baksida
schlecht	slett	dalig
schnell	hurtig	fort
schönes Wetter	smukk vaer	skön väder
schwach	svak	svag
schwer	svaer	svar
Meer	hav, sjoe	hav, ocean
Schauer	regn-, haglbye	skur
Schnee	snoe	snö
Schneeregen	snoe med regn	snöblandad regn
Seewind	sjoevind	havbris
Sprühregen	duskregn	duggregn
stark	sterk, tykk	stark
stationär	stajonere	stationär
steigen	stige	stiga
Sturmwarnung	stormvarsel	stormvarning
Süd	syd	syd
teilweise	delvis	partiell
Teiltief	sekundaert lavtrykk	sekundärt lagtryck
Tief	lavtrykk	lagtryck
Tiefdrucktrog	lufttrykkstrog	lagtryksutlöpare
Wolke	sky	moen
umlaufender Wind	vind af skiftende retning	växlande vind
veränderlich	foranderlig	foränderlig
Verschlechterung	forverrelse, forringelse	försämring
Vertiefung	utdypning	fördjupande

Vorhersage	vaervarsel	prognos
Warmfront	varmfront	varmfront
West	vest	väst
Wetterbericht	vaeroversikt	väderleksrapport
zeitweilig	midlertidig	temporär
Zentrum	sentrum	centrum
zerstreut	stroe	förströdd, disträ
ziehen	trekke	tåga
zunehmen	tilta	tillta
zyklonal	syklonal	cyklonal

Windstärke

Bft	Deutsch	Englisch	Niederländisch
	Windstärke	wind force	windkracht
0	Stille	calm	stilte
1	leiser Zug	light air	flauw en stil
2	leichte Brise	light breeze	flauwe koelte
3	schwache Brise	gentle breeze	lichte koelte
4	mäßige Brise	moderate breeze	matige koelte
5	frische Brise	fresh breeze	frisse bries
6	starker Wind	strong breeze	stijve bries
7	steifer Wind	near gale	harde wind
8	stürmischer Wind	gale	stormachtig
9	Sturm	severe gale	storm
10	schwerer Sturm	storm	zware storm
11	orkanartiger Sturm	violent gale	zeer zware storm
12	Orkan	hurricane	orkaan

Bft	Dänisch	Norwegisch	Schwedisch
	vindstyrke	vindstyrke	vindstyrka
0	stilte	stille	stiltje
1	flau vind	naesten stille	nästan stiltje
2	svag vind	svak vind	lätt bris
3	let vind	lett bris	god bris
4	jaevn vind	laber bris	frisk bris
5	frisk vind	frisk bris	styv bris
6	hard vind	liten kuling	hard bris

7	stiv kuling	stiv kuling	styv kultje
8	hard kuling	sterk kuling	hard kultje
9	stormende kuling	liten storm	halv storm
10	storm	full storm	storm
11	staerk storm	sterk storm	svar storm
12	orkan	orkan	orkan

Seegang

	Deutsch	**Englisch**	**Niederländisch**
	Seegang	state of sea	zeegang
0	ruhige, spiegelglatte See	calm-glassy	vlak, spiegelglad
1	ruhige, gekräuselte See	calm-rippled	vlak, gerimpeld
2	schwach bewegte See	smooth wavelets	kabbelend tot lichtgolvend
3	leicht bewegte See	slight	golvend
4	mäßig bewegte See	moderate	matig zee
5	grobe See	rough	aanschietende zee
6	sehr grobe See	very rough	wilde zee
7	hohe See	high	hoge zee
8	sehr hohe See	very high	zeer hoge zee
9	außergewöhnlich schwere See	phenomenal	buitengewoon hoge en wilde zee

	Dänisch	**Norwegisch**	**Schwedisch**
	soegang	sjoegang	sjögang
0	havblik	havblikk	spegelblank sjö
1	let kruset	smakruset sjoe	lugn sjö
2	smult vand	smul sjoe	smul sjö

3	let soe	svak sjoe	svag sjö
4	moderat soen	oe sjoe	mattlig sjö
5	svaer soe	mye sjoe	grov sjö
6	meget svaer soe	hoey sjoe	mycket grov sjö
7	hoej soe	svort hav	svar sjö
8	meget hoej soe	veldig opproert hav mycket	mycket svar sjö
9	udsaedvanling hoej soe	overordentlig opproert hav	valdsam sjö

Sicht

	Deutsch	**Englisch**	**Niederländisch**
	Sicht	visibility	zicht
9	außergewöhnlich gute Sicht	excellent visibility	buitengewoon helder zicht
8	sehr gute Sicht	very good visibility	helder zicht
7	gute Sicht	good visibility	vrij goed zicht
6	mäßige Sicht	moderate visibilty	matig zicht
5	schwach diesig	poor visibility	slecht zicht
4	diesig	very poor visibility	nevelig
3	dünner Nebel	moderate fog	mistig
2	mäßiger Nebel	fog	mist
1	starker Nebel	thick fog	dikke mist
0	dicker Nebel	dense fog	zeer dikke mist

	Dänisch	Norwegisch	Schwedisch
	sigtbarhed	sikt	sikt
9	usaedvanlig god sigtbarhed	overordentlig god sikt	mycket god sikt
8	meget god sigtbarhed	meged god sikt	mycket god sikt
7	god sigtbarhed	god sikt	god sikt
6	moderat sigtbarhed	moderat sikt	mattlig sikt
5	ringe sigtbarhed	take dis	disigt
4	meget ringe sigtbarhed	lett take dis	mycket disigt
3	let tage	tett take	dimma
2	tage	middels take	dimma
1	taet tage	tett take	tät dimma
0	meget taet tage	meget tett take	mycket tät dimma

7 Literaturverzeichnis

[1] Bundesamt für Seeschiffahrt und Hydrographie, Hrsg.: „Klima und Wetter in der Nordsee", Sonderdruck aus Nordsee-Handbuch, östlicher Teil, Nr. 2182, Hamburg, Rostock, 1994

[2] Das Autorenteam des Seewetteramtes: „Seewetter", DSV-Verlag, Hamburg

[3] P. Hess, H. Brezowsky: „Katalog der Großwetterlagen Europas", Berichte d. Deutschen Wetterdienstes in der US-Zone, Nr. 33, Bad Kissingen 1952

[4] Deutscher Wetterdienst: „Kleine Wetterkunde", Wetterkundliche Lehrmittel Nr. 10, Hamburg 1990

[5] Kaufeld, Dittmer, Doberitz: „Mittelmeerwetter", Delius Klasing Verlag, Bielefeld 1994

[6] Bundesamt für Seeschiffahrt und Hydrographie: „Norwegen-Handbuch, Südlicher Teil", Seehandbuch Nr. 2012 A, Hamburg 1994

[7] Bundesamt für Seeschiffahrt und Hydrographie: „Nordsee-Handbuch, Westlicher Teil", Seehandbuch Nr. 2008, Hamburg, 1994

[8] H. Lamb: „Historic Storms of the North Sea, British Isles and Northwest Europe", Cambridge University Press, 1991

[9] Bundesamt für Seeschiffahrt und Hydrographie: „Nordsee-Handbuch, Südlicher Teil", Seehandbuch Nr. 2007, Hamburg 1993

[10] Bundesamt für Seeschiffahrt und Hydrographie: „Nordsee-Handbuch, Östlicher Teil", Seehandbuch Nr. 2006, Hamburg 1994

[11] Bundesamt für Seeschiffahrt und Hydrographie: „Kattegat-Handbuch, I. Teil", Seehandbuch Nr. 2004, Hamburg 1994

[12] Bundesamt für Seeschiffahrt und Hydrographie: „Kattegat-Handbuch, II. Teil", Seehandbuch Nr. 2005, Hamburg 1994

[13] Bundesamt für Seeschiffahrt und Hydrographie: „Nautischer Funkdienst Band III"

[14] Martin Rodewald: „Leitfaden der praktischen Seewetterkunde", Deutscher Wetterdienst, Seewetteramt, Hamburg 1984

[15] Dieter Karnetzki: „Wetterregeln für Segler", Delius Klasing Verlag, Bielefeld 1993

[16] Karl Rocznik: „Wetter und Klima in Deutschland", Hirzel Verlag 1995

[17] Bundesamt für Seeschiffahrt und Hydrographie „Ostsee-Handbuch, III. Teil", Nr. 2003, Hamburg 1991

[18] Bundesamt für Seeschiffahrt und Hydrographie „Kattegat-Handbuch, I. Teil", Nr. 2004, Hamburg/Rostock 1994

[19] Ministerium für Bau, Landesentwicklung und Umwelt des Landes Mecklenburg-Vorpommern, präsentiert von Redieck u. Schade: „Dokumentation der Sturmflut vom 3. und 4. November 1995 an den Küsten Mecklenburgs und Vorpommerns", Rostock, 1996

[20] Seehydrographischer Dienst der DDR: „Handbuch der Nord- und Ostsee, Band II", Nr. 8102, Rostock, 1983

[21] G. Rheinheimer (Hrsg.): „Meereskunde der Ostsee, Kapitel Klima und Witterung", Springer-Verlag Berlin Heidelberg New York, 1996

[22] H. Reuter und W. Schrade: „Bericht über Tromben vom 15. August 1965 über der Pommerschen Bucht", Zeitschrift für Meteorologie, Bd. 19, H. 3–4, 1967

[23] H. Maede: „Der jährliche Witterungsverlauf im Spiegel der Regenwetterlagen an der südlichen Ostseeküste", Zeitschrift für Meteorologie, Bd. 3, H. 8/9, 1949

[24] Bundesamt für Seeschiffahrt und Hydrographie „Ostsee-Handbuch, I. Teil", Nr. 2001, Hamburg 1992

[25] Bundesamt für Seeschiffahrt und Hydrographie „Ostsee-Handbuch, II. Teil", Nr. 2002, Hamburg 1992

[26] P. Hupfer: „Die Ostsee – kleines Meer mit großen Problemen", BSB B.G. Teubner Verlagsgesellschaft, Leipzig, 1978

[27] F. Defant: „Klima und Wetter der Ostsee", Kieler Meeresforschungen, Bd. 28, H 1/2, 1972

[28] Berichte für den Geophysikalischen Beratungsdienst der Bundeswehr, Nr. 1: „Das Klima der Ostsee, Teil 1: Wind und Windeinfluß", Porz-Wahn, 1970

[29] J. von Bebber: „Die Wettervorhersage", Verlag von Ferdinand Enke, 2. Auflage, Stuttgart 1898

[30] Deutscher Wetterdienst: „Anleitung zum Zeichnen von Bordwetterkarten", Wetterkundliche Lehrmittel Nr. 13, Hamburg 1997